「日本の朝鮮統治」を検証する
1910-1945

ジョージ・アキタ，ブランドン・パーマー

塩谷 紘＝訳

草思社文庫

JAPAN IN KOREA
Japan's Fair and Moderate Colonial Policy (1910-1945)
and Its Legacy on South Korea's Developmental Miracle
by George Akita and Brandon Palmer with Ikumi Matsufuji-Flynn

Published by arrangement with George Akita
through Tuttle-Mori Agency, Inc., Tokyo

*なお、本書のアメリカ版は
The Japanese Colonial Legacy in Korea, 1910-1945: A New Perspective
のタイトルで2015年2月にMerwinAsia Publishersより刊行されている。

「日本の朝鮮統治」を検証する　１９１０－１９４５◉目次◉

II　統治の実相

III 統治と司法

Ⅳ　日本の統治と近代化

第15章　欧米と日本の植民地政策を比較する　199

V　軍人と文官

第16章　朝鮮政策における〝軍部の指導性〟神話　229

VI　統治政策の評価

第17章　修正主義陣営の多様な声　255

第18章 「九分どおり公平（フェア）」だった朝鮮統治 354

序文

ケビン・M・ドーク　ジョージタウン大学東アジア言語文化学部教授（日本近代史）

近代日本政治史研究の第一人者であるジョージ・アキタ博士は、長きにわたる輝かしいキャリアを通して、「開かれた歴史検証」にコミットする姿勢をみごとに貫いてきた。博士は、若い世代の歴史学者にとっては今や常套手段となった観のある極端な主張や感情に訴える議論を避け、歴史考証によって裏書きされた史実のみに基づいて論を展開する。すなわち伝統にのっとった節度ある研究姿勢を半世紀にわたって守ってきたのである。

アキタ教授は、若年の研究者ブランドン・パーマー氏と共同で取り組んだ本書の中で、開かれた歴史検証がいかに目覚ましく重要な成果を生み出すかを示している。本書は、「日本統治下における植民地朝鮮の体験」という、北東アジアの近代政治史の中ではイデオロギーと感情の両面で最も物議を醸(かも)すテーマを検証したものだが、ここで二人が示す清々しいまでの率直さ、健全な判断力、そしてどこまでも客観的な証拠に依拠して展開する議論は、注目に値する。今日、本書ほど時宜に適(かな)った著作はないだろう。

東アジアの現代政治の大きな悲劇の一つは、韓国と日本の間の近年の緊張の高まりであろう。東アジアのこれら二つの主要な民主主義国には、この地域の民主主義文化が直面している共通の脅威に立ち向かい、その連帯の中で両国間にある深い溝を埋める努力を払うことが求められている。

にもかかわらず、両国間で増幅する緊張は、二〇〇六年以来、特に二〇一二年八月十日に李明博（イミョンバク）大統領（当時）が竹島に上陸して物議を醸した後に一気に高まり、日韓両国民の間で相互の敵意がエスカレートしている。韓国民の間ではそれが民族の誇りの発露の形を取り、日本国民の間では、韓国民に対する軽蔑とは言わないまでも、深い幻滅感となって噴出した。こうした悲しむべき事態に至ったのは、韓国においては、一方で民主主義的でグローバルな価値観が芽生えつつあるものの、民族主義はいまだ死に絶えてはいないということを示唆している。

さて、複雑な感情と仮借ない非難が入り混じるこの巨大な混乱の渦の中から聞こえてくるのが、「歴史の真実は公正かつ客観的に探ろうではないか」というアキタ氏とパーマー氏の冷静にして理に適（かな）った呼びかけである。

二人は、細心の注意を払い、あくまでも史実を用いて過去を検証する姿勢を崩さない。公平にして慎重な歴史検証を無視し、その言動が日韓関係を著しく損なう感情の奔出を招来せしめた歴史学者やその他の関係者を痛烈に批判する中で、二人は日本と韓国という北東アジアの二つの重要な民主主義国家間の協調関係を脅かす「民族史観的パラダイム」に勇気を持って異議を唱えている。そうやって二人は問題の核心をも的確に描き出していくのである。

イギリスの経済学者、J・A・ホブソンは『帝国主義論』〔改造社、一九三〇年、岩波文庫、一九五一年〕で、帝国主義を、一国が自らの「本来の国境」の枠からはみ出して外に活路を求める現象と定義した。以来、民族主義の形で「市民権を得たナショナリズム」を、帝国主義がもたらす脅威に対する最良の「解毒剤」と見る向きがあった。だが、ボスニアとルワンダから得た教訓は——その数十年前のあのナチの民族主義的イデオロギーはともかくとして——、もともと人民を帝国主義から解放してくれるフォース（力）に過ぎないと考えられていた民族主義が、実際にはどれほど由々しき恐怖を生みだすかを思い知らせてくれる。

政治の世界においては、現代を生きる人々の誰もが昔と同じジレンマに直面している。つまり民族主義の〝スキュラ〟と帝国主義の〝カリュブディス〟という二匹の怪物の間で身を守らなければならない状態にあるのだ〔スキュラとカリュブディスは、シシリー島とイタリア本土の間にあるメッシーナ海峡の危険な岩礁と潮流。ギリシャ神話には、それぞれが舟や乗組員を飲み込む、擬人化された女の怪物として登場する〕。

アキタ、パーマーの両氏は、朝鮮統治における日本の帝国主義の負の側面まで良しとして正当化する意思は毛頭ないことを読者に納得してもらおうと真摯に努める。一方で二人は、民族主義としてのナショナリズムの恐ろしさをはっきりと認識しており、すべての人種が、種族の幻影 the idols of the tribe から解き放たれる新時代の到来に期待する。お二人が正しい選択をしたことは、歴史が必ず証してくれると考えるものである。

二人の選択を裏付ける価値観がグローバルなものであることを示すエピソードを一つ、紹介したい。本書には、「フィリピン人は、日本の敗戦後、おそらく最も反日的だったと思われる国民である」〔第7章〕と記されている。私がここで取り上げるのは、一人のフィリピン生まれの婦人の体験談であり、それは、彼女の国の人々の日本人観には、実は全く別の見方もあるのだということを示すものなのである。

数年前、私はバージニア州の地元の教会で、ジョセファ・Mと名乗る年配のフィリピン女性の知遇を得た。彼女は戦時中、フィリピン陸軍の高級将校と結婚したが、その夫の行方を日本軍が探していた。日本軍は彼女を逮捕したのちに拘束し、夫の居場所を教えるように迫った。居所を知らせれば夫は確実に処刑されることを知っていた彼女は、大胆にも日本人将校にこう告げたそうだ。「あなたが私の立場だったら、教えるでしょうか」。実際のところ、彼女は夫が部隊とともにジャングルのどこに潜んでいるのか知らなかったのだが……。

　一人の日本人将校が軍刀を抜き、その場で彼女を処刑すると言った。そのとき彼女はこう答えたと言う。

「結構です。でも、一つだけお願いがあります。私が死んだら、死体は両親の許に届けてください。そうすれば、両親は私の身に何が起こったか理解して、後に遺された私の子供たちを育ててくれるでしょうから……」

　私は戦争中の試練を生き延びたフィリピン生まれのこの軍人の妻の勇気に胸を打たれた。そこでこう尋ねてみた。

「あなたは、日本人を本当に憎いと思っておいでなのでしょうね」

　なんと彼女は、こう答えたものである。

「いいえ、私は日本人を憎いなどと決して思ってはおりませんわ。どの国民の中にも、良い人も悪い人もいるのですから……」

　年配のフィリピン女性のこの言葉こそ、まさしくアキタ、パーマー両氏の著作のメッセージの核心なのだ。いずれの国民の中にも、良い人間も悪い人間もいる。それは、朝鮮でも日本でも同じことだったのである。

編集部注
原注は数字で示し、各章末にまとめた。訳注は「序文」も含めて〔　〕で示した。
またアステリスクを付して章末にまとめたものもある。

漸進主義的な植民地政策の方針を示した
山縣有朋

大津事件に際して
司法の独立を進言した
井上毅

初代韓国統監（1906－09年）
伊藤博文

（　）内は任期

〈歴代朝鮮総督〉

初代　寺内正毅（1910－16年）

第3代、第5代　斎藤実
（1919－27年、1929－31年）

第2代　長谷川好道（1916－19年）

臨時代理、第6代　宇垣一成
(1927年4－10月、1931－36年)

第7代　南次郎（1936－42年）

第4代　山梨半造（1927－29年）

第9代　阿部信行（1944－45年）

第8代　小磯國昭（1942－44年）

「朝鮮服で頬をほころばす総督とお孫さん」の説明文が付された南次郎総督の写真。朝鮮総督府発行の雑誌『朝鮮』1941年11月号の口絵、「豊年祭」のタイトル中の1葉

「日本の朝鮮統治」を検証する　1910-1945

はじめに

ジョージ・アキタ

まず、今回の研究を進めるにあたって私が従ってきた一定のガイドラインについて、少々説明させていただきたい。読者各位は、1章を読み始めるとすぐに、本書執筆の資料とした諸文献からの引用を次から次へと読まされることになると気づかれることだろう。こうした叙述の仕方が読者を退屈させてしまう場合もあることを、私は十分心得ているつもりだ。

それでも私はこの際、読者各位には少々大目に見ていただくようお願いしたい。なにしろ私は、まだまだ知るべきことが多いうえに、場合によっては読む人々の感情を激しく掻き立てる「日本統治時代の朝鮮」という、きわめて微妙かつ重大なテーマに取り組んでいるからである。また、読者各位は、私が近代日本の政治史研究を専門とする歴史学者であること、あるいは私が日系人であることから、この重大なテーマに関して、私が個人的な偏見や否定的な先入観を持っているのではないか、と当然のことなから感じられるかもしれない。

そのような事態を可能な限り避けるために、私は本書の中で、韓国語あるいは英語を母国語とする朝鮮問題の専門家たちにできるだけ多くの意見表明の場を提供した次第である。もちろん、韓国および北朝鮮の人々や、民族主義的歴史観〔朝鮮民族の優秀性や自立性を強調する、いわゆる「民族史観」〕を信奉するその他多くの人々の微妙な感情を逆撫でするようなことは、もとより私の意図とするところではないし、共著者のブランドン・パーマー氏にしても、その点は同じことだ。また、当然のことながら、われわれの目的は日本を崇めることでもない。本研究が示す詳細な事実や分析によって、われわれが本書のために選んだタイトルが正しかったことが、必ずや立証されることを固く信ずる次第である。

本書の内容の大半は、私が記したものである。文中で傍点を振った部分も、特別の注釈がない場合、すべて私によるものだ。読者はもしかしたら、私をきわめて自己中心的な人物だと思われるかもしれない。全文を通して〝私が〟、〝私自身の〟、あるいは〝私個人の〟などといった表現が頻繁に使われているからだ。これらの表現に用いられた〝私〟とは、すなわち筆者自身である。この点は物書きの自己主張がなせる業と思って、お見逃しいただきたい。

以上、いろいろと述べたが、私の意図するところは共同執筆者[1]のパーマー氏の本書への偉大な貢献度を矮小化したり、それに難癖をつけたりすることでは、さらさらない。実のところ、もしもパーマー氏の貴重な協力がなかったら、私はおそらく今でも、日本の朝鮮統治に関して、いわゆる〝民族史観的な論述〟の信奉者たちの立場を何の迷いもなく熱烈に支持していたかもしれないのである。

重要なことは、パーマー氏は朝鮮史を含む朝鮮半島に関するあらゆるテーマについて、豊かな知識の泉を掘り下げることによって、今なお私の学究生活に多大に貢献してくれているという事実である。ちなみに、彼は学者として優れているばかりか、人間としても一流であることを、ここで付言しておきたい。私としては、氏に対しては、ただただ〝感謝あるのみ〟である。しかし私は、ここで一つ強調しておきたい。それは、仮に本書の記述に何らかの過ちがあったとしたら、責任は判断ミスも含めて、すべて筆頭執筆者である私にあるということである。

原注

1　共著者略歴は以下のとおり。ジョージ・アキタ（博士）は、ハワイ大学マノア校歴史学名誉教授。専門は明治・大正期の日本政治史。ブランドン・パーマーは、アメリカサウスカロライナ州コンウェイ所在コースタル・カロライナ大学歴史学教授。本書執筆に要した十余年間、日米両国の多くの関係者に一方ならぬお世話になった。敬称は略させていただくが、特に以下の方々に厚く御礼申し上げたい。日本では、駿河台大学の広瀬順皓名誉教授、国立国会図書館憲政資料室の堀内寛雄室長、富永和泉、藁谷恭子の諸氏にお世話いただいた。アメリカでは、崔永浩（ハワイ大学マノア校名誉教授兼同校アジア・太平洋研究所臨時学長）、エドワード・J・シュルツ、アルバータ・ジョイ・フレイダス、伊藤美名子、デイヴィッド・フリン、フリン松藤・育美の諸氏にご支援いただいたことを感謝したい。パーマーは、コースタル・カロライナ大学歴史学部の同僚たちの理解と支援を特に多とするものである。

I　統治史研究の最前線

第1章　修正主義史観と民族主義史観

修正主義とは何か

本書は、修正主義的な観点から日本の朝鮮統治を分析したものである。「修正主義」あるいは「リビジョニズム revisionism」という用語に対する誤解が日本のみならず諸外国にも少なからずあるため、ここでその定義をしておくべきであると考える。

かつて私は、リビジョニズムに関する著作を日本で出版した。『大国日本　アメリカの脅威と挑戦――リビジョニストの思考と行動』[1]である。その中で私は、成長路線を驀進する日本の経済力を、国際社会におけるアメリカの地位に対する脅威とみなす、いわゆるジャパン・バッシャー＝リビジョニスト（修正主義者 revisionist）たちの思考と行動を詳細に分析した。しかし私は、彼らジャパン・バッシャーたちを単に日本叩きに明け暮れる学者やジャーナリストの一群としてではなく、「強硬派」「穏健派」さらには次の日米戦争までも予言する「悲観派」の三つのグループに分類して読者に伝えるべく注意を払った。要するに私は、そのころ勇名を馳せていたリビジョニストたちの主張するところを詳細に分析し、彼らの誤った見方を「リバイズ revise」つまり「修正」するために、「リビジョニスティック（修正主義的 revisionistic）」なアプローチによる研究を行なったわけである（修正主義（リビジョニズム）。本来は〝歴史修正主義〟と呼ばれた、新しい史料や既存の情報をこれまでとは異なった角度から解釈する歴史学的な試みで、特にホロコーストとの関連で注目を浴びた。日米経済戦争のさなかの一九八〇年代後半、日米のマスコミは、〝修正主義〟を米政府に強硬派的姿勢を取ることを求めるアメリカの対日政策見直し論者たち＝〝ジャパン・バッシャー〟の姿勢を意味する語と解釈して、狭義に用いた。アキタ、パーマーの両氏は、修正主義の本来の精神に基づいて今回の研究に取り組んだ」）。

それから二十年を経た今、奇しくも本書はふたたび修正主義に基づく著作となった。修正主義とは、従来〝真実〟として容認されてきたが、少なくとも別の観点からの見直しが（理想を言えば学者による反駁）が必要な研究、概念、あるいは原理に対するアンチテーゼの追究である。この〝真実〟なるものは、イデオロギーやナショナリズム、あるいは感情的な（それも、往々にして激情的な）確信に基づくものであったり、

「物事を自分が見たいようにしか見ない」という人間の生来の習性に基づくものであることが少なくない。また、研究者自身が選択する事実確認の手段（脚注、索引、資料目録の作成など）や、人間である以上、完璧ではないはずの己（おのれ）の力量を反映した研究成果こそが、あたかも絶対的な〝真実〟であるかのごとく提示される場合も少なくないのである。

一般的に受容されている観念なり研究の成果なりを鵜呑みにすることの危険性を知らせる要素は四つある。一つは、「白対黒」あるいは「われわれ対彼ら」のように、単純な二元論的な前提が強調されている場合である。つまり調査の対象を、研究者があらかじめ特定の道徳的判断基準の下で評価していることが明らかで、ときにはそのことをむしろあからさまに正当化している場合だ。二つ目は、そもそも人間とは決して完璧ではあり得ないのであり、その不完全な人間が決して完全ではない世界で行動しているのだという現実が無視され、解説があまりにも〝手際よく〟なされている場合だ。三つ目は、議論があまりにも攻撃的に展開されている場合。そして四つ目は、あることに関する〝真実〟または〝普遍化〟がステレオタイプな用語を用いるか、あるいは具体的な解説を伴わない概念で示されている場合である。

一般的に容認され、高い評価を受けてきた研究や資料に対して警鐘を鳴らすのは、シニシズムに毒されることのない懐疑的精神である。警鐘が鳴らされた段階で取るべき行動は、これまでに公開された、あるいは未公開の一次史料（書簡、日記、公的または私的な〝意見書〟の類）と、各種文献（学位論文、修士論文、学生たちによる調査・研究報告、新聞記事、各種評論などを含む）を積極的に探し求め、真摯に真実を追究することだ。つまり、修正主義的研究の成果を支えるあらゆる証拠を精査し、発表の段階でそれらすべてを十分に活用するのである。当然のことながら、こうした作業には刻苦勉励の精神と忍耐、そして多大な時間が求められる。修正主義的研究の成果が説得力を持つためには、拙速は禁物なのだ。

以上のような定義を踏まえ、日本の朝鮮統治の検証からは少々外れるが、日本の戦時中の行為の再検証を行なってみたい。

二〇一三年一月二日付のニューヨーク・タイムズ紙の社説を見ることから始めよう。同紙は一九一〇年から一九四五年までの海外における日本の軍事行動を厳しく非難しているが、問題は二つある。一つは同紙が、戦時中における朝鮮、中国、その他のアジア諸国に対する日本の支配は「非道な」ものであり、にもかかわらず安倍晋三首相はその事実をごまかそうとしているとの一方的な主張だ。もう一つは、日本の戦時中の行為をすべて「侵略」の範疇でとらえている点である[2]。

もちろん私は、ニューヨーク・タイムズに日本をこのように非難する権利があることを否定するつもりは毛頭ない。また、もとより私は「活字化に値するすべてのニュース」ソースとしての同紙の無類の立場を否定するつもりもなければ、テレビから流れる「世界で最も偉大な新聞」という、自信に満ちた同紙の謳い文句に異議を唱えるつもりもない。しかし、こうした無比のステータスを誇るがゆえに、同紙が太平洋戦争終結までの日本の行為を「侵略」という、たった一語であっさりと片付けていること、またその結果、それが戦時中の日本の行為に関する絶対的な真実として読者の意識に組み込まれたであろうことの危険性を大いに危惧するのである。これはきわめて危険なことであり、当然のことながら、同紙の報道姿勢に内在する欺瞞的傾向に対して、学者による本格的な反駁が必要となる。

真っ先に指摘すべきは、ニューヨーク・タイムズは、李栄薫（イヨンフン）教授が韓国の学校教科書に関して行なった研究[3]（李教授は、韓国の歴史教科書の記述の多くが、民族史観的観点に強く影響され、事実をほぼ無視した一般論に基づくものであることを証した）の中で指摘したように、物事を「事実不在のまま普遍化」するという罠（わな）に落ち込んでいるという点である。李教授の指摘を軽々に扱うことはできない。なによりも李教授は、韓国の最高学府の一つ、国立ソウル大学で経済史を教える優れた学者なのである。李教授はこれまでの学究生活を通じて、多岐にわたる証拠を基に結論を下すよう修練を重ねてきた。

さらに言うなら、ニューヨーク・タイムズの報道姿勢は、〝真実〟をとことんまで追究することを生業とするわれわれ学者をいたく落胆させる。[4] ここで特に指摘しておきたいのは、同紙の右の社説に見られる一面的な歴史解釈は、同紙の絶大な影響力ゆえに、朝鮮において展開された日本の植民地政策に関するわれわれの研究と、そのためにふんだんに費やされた時間という、研究者にとってはとりわけ貴重な資源を無意味なものにしてしまいかねないということだ。

　第二次大戦は全面的に日本の「侵略」に起因する戦争だったという一方的な主張に対する反駁に時間をかけることは控えようと思う。なぜなら、たとえば日本が自らの植民地だった朝鮮半島を「侵略する」戦争をするはずなどあり得ないからだ。しかし不幸にして、一九三〇年代以降の日本の海外における行動を「侵略」と単純に断定して行なわれる告発こそ、一九一〇年から一九四五年までの間に日本が朝鮮人民に対して犯したとされる〝残虐行為〟を含むさまざまな罪状の核心部分であることは間違いないと私は考えている。しかしながら、この「侵略」に対して詳細に反論することは、このたびの研究のそもそものゴールから逸脱することになるため、反論の場は目下執筆中の次の著作に求める所存である。

　以下に、三十五年に及んだ日本の朝鮮統治に関する修正主義的研究の成果を披露したい。

日本人に対する朝鮮民族の憎悪の根源

韓国人の片準範氏〔国連政治局東アジア担当アナリスト〕と日本人の塚越由郁女史〔みずほ総合研究所政策調査部アナリスト〕は、二〇〇七年、アメリカの保守系シンクタンク、戦略国際問題研究所（CSIS）の付属機関、パシフィック・フォーラム（在ハワイ）のフェローとして研究を続ける中で、今なお朝鮮民族の感情を激しく掻き立てるテーマに共同で取り組んだ[5]〔「日韓関係を〝本物の〟パートナーシップに」、パシフィック・ネット第14号、未訳〕。残念なことに二人は彼らが調査の対象とした韓国人の総数を特定していないが、それでも調査対象者の中のかなりの数の人々は、以下に述べる二人の観点にどうやら賛成のようである。

すなわち二人は、日本統治下の朝鮮で日本人が犯した数々の〝悪行〟に対して、韓国人は彼ら特有の批判を繰り返す（ちなみにこれは、反日カードを振りかざそうとする韓国の政治家たちの意欲とは言わないまでも普遍的な傾向に触発される）が、このように朝鮮民族が日本に謝罪を要求し続けることを誰も妨げることはできないと見ている。二人の観点はあくまでも率直である。

朝鮮における反日感情の根源は、*民族の誇りが傷つけられたことにある*。朝鮮人は、高度な文明社会だった祖国が、野蛮人とみなされていた日本人によって侵略されたことで侮辱され、面子をつぶされたと感じている。朝鮮民族は、〝偉大な民族〟が儒教や仏教の手ほどきをしてやった民族に侵略されたという事実をどうしても受け入れることができないから、いつまでも日本人を憎むのである。

二人が、日韓両国が今後採用することが可能と思しき〝本格的で持続可能なパートナーシップ〟のための具体的な提言を行なっている点は評価に値する。だが、遺憾ながら、彼らの希望的観測は、少なくとも当分の間は、はかない夢に過ぎないように思われる。

韓国における反日感情の再燃

二〇一二年八月十五日、人気歌手の金章勲（キムジャンフン）氏を含むおよそ四十人の韓国人青年が、水泳リレーによる竹島上陸を目指して韓国東部の海岸〔蔚珍（ウルチン）〕から竹島付近に向かったが、高波で島に接岸できなかったため大学の水泳部員だったメンバーが代表して上陸するという事件があった。彼らの狙いは、八月十五日が日本の植民地支配からの独立六十七周年にあたる日だとアピールすることだった。これらの若者の行動は、その五日前に違法に竹島に上陸した最初の韓国大統領、李明博（イミョンバク）氏に倣（なら）うものだった。[6] ＡＰ通信社によるこの事件の解説はわれわれの研究に直接的なかかわりを持つものである。

一九四五年の日本降伏の記念日は、アジアにおいて長年展開されてきた領土紛争と、終戦によってようやく終焉を迎えた日本による多くの近隣諸国への容赦ない植民地支配の記憶を蘇らせる。[7]

だが、日本の植民地政策を「容赦ない（ものだった）」と評したことで、AP記者を咎めることはできない。なぜなら、英語圏の朝鮮史研究者の間には、日本の統治に関するこのように否定的な評価が根強く存在するからである。

日本の朝鮮統治政策に対する否定的見解：マーク・R・ピーティー氏

The Japanese Colonial Empire, 1895-1945[8]〔『日本の植民地帝国　一八九五—一九四五年』、未訳〕の「はじめに」で、マーク・R・ピーティー氏〔マサチューセッツ大学名誉教授、元仙台アメリカ文化センター館長〕は〝民族史観的論法〟の支持者たちと同じような主張をしている。

「（初代朝鮮総督）寺内正毅大将の支配は冷酷だった」（一七頁）

「朝鮮における〝武断政治〟時代は、過酷で懲罰的だった」（一九頁）

「（朝鮮は）極端に抑圧的な軍事政権下に置かれていた」（一九頁）
「（寺内総督下で）無慈悲な政治、教育、社会的な変革が断行された」（二〇頁）
等々。

三・一独立運動〔一九一九年〕後に施行された〝文化政治〟に関するピーティー氏の見解も、ほぼ同様に否定的である。たとえば以下のような記述がある。

「『文化政治』が施行された十年間の行政・社会改革が脆弱だったことは否めない」（二一頁）
「日本の植民地帝国における見せかけのリベラルな改革ですら、一九二〇年代には消滅してしまった」（二二頁）
「（朝鮮と台湾の日本人総督はいずれも）『きわめて独裁的』だった」（二五頁）
「日本軍の激しい要求の下で軍司令官たちが布いた規則はつねに破られ続けた」（二六頁）等々。

その後も日本の朝鮮統治に関するピーティー氏の立場は揺るがなかった。一九八四年にこの「はじめに」が書かれてから十一年後に、彼はこう記している。

朝鮮人は……世界で最も過酷だった日本の植民地支配の下で民族としての怒りで腸が煮えくりかえる思いをしていた……（アメリカに住む）日本人（移民）に対して仕返しとして加えられた侮辱的な行為の一つ一つは、日本や日本統治下にあった外国で、日本人が朝鮮人や中国人に対して日常的に行なっていた侮辱的な仕打ちをはるかに凌駕するものだった。[9]

だが、ピーティー氏のこのような見解を、日本の朝鮮統治に関する彼の学者として深みを欠く弾劾とみなすのは間違いであろう。そのように片付けてしまうには、ピーティー氏はあまりにも優れた学者なのである。そのことは、件の「はじめに」で、彼が次のように主張していることからも明らかである。

「朝鮮総督府の日本人行政官たちは、専門家の一集団として高く評価されなければならない。……植民地における平均的な日本人官僚は優秀だった……それぞれが、公職者としての積極性に富んでおり……仕事に真剣に取り組んでいた」（二六頁）

ていた。

彼はまた、現代のリビジョニストによって重要な結論が提起されることをも予期し

「(日本人官僚による)土地の調査と登録計画は徹底的に正直なものであり、朝鮮の耕作者の犠牲の下で土地を日本人に再分配するように初めから意図されたものではなかった」(三二頁)

ピーティー氏はまた、朝鮮のメディアを日本の政策に合わせて組織化する際に有効な手段となった取り締まり措置の適用にあたって、強硬策を採らなかった植民地当局の柔軟な姿勢に注目している(四一―四二頁)。

さらに、「はじめに」の結びの部分に書かれた言葉は、あたかも詩のように韻を踏みながら、日本人の植民者たちに関する本格的な研究の必要性を訴えているのである。この日本人の植民者たちとは、後述するヒルディ・カン教授の研究[10]が示すように〔第5章〕、朝鮮人が「黒い雨傘の下 under the black umbrella」で生きる中、日本の植民地政策の要(かなめ)であった同化政策の促進に、同じ人間として積極的に貢献した普通の日本人のことである。

「……なぜなら、植民地の日本人は、制服に身を包んだ顔のないエリートの抑圧者でもなければ、全員が大理石でできた進歩と文明の標本でもなかった。彼らの一人一人は、生真面目な行政官であり、抜け目のない投機家であり、裕福な地主であり、小作農であり、教師であり、ごろつきであり、主婦であり、娼婦であり、医師であり、冒険家であり、全体として日本のビジョンと偏見、計画と情熱、知識と無知、私欲と利他主義を代弁していた。現代の朝鮮史研究者が、植民地時代の朝鮮に普通の人間として生き、行動した日本人の姿を認識し始めたとき、いまだに認められてはいないのだが、日本の植民地主義は、人間らしさとは言えないまでも、少なくともある面で人間的な表情を帯びることになるだろう」（五二頁）

日本の朝鮮統治政策に対する否定的見解：アンドレ・シュミット氏

ピーティー氏が示したアプローチと著しく対照的なのが、アンドレ・シュミット氏の *Colonialization and the 'Korean Problem' in the Historiography of Modern Japan: A Review Article*（「植民地主義と現代日本の修史論における『朝鮮問題』総説集」、未訳）における激しい批判だ。[11] 端的に言えば、シュミット氏は〝古手の〟日本研究者たちによる日本の植民地支配に対する批判は手ぬる過ぎる、と非難しているのである。

シュミット氏に関しても、まず認めるべき点は認めなければならない。氏は韓国の各紙に掲載された記事と論説を用いて右の著作を上梓したのであり、日本の植民地政策に関するわれわれの認識不足をある意味で補ってくれたパイオニアなのである。[12]

同書の中でシュミット氏は、日本の朝鮮支配を控えめに描こうとする試みが見て取れるとして、ピーティー氏の先の著作の「はじめに」を容赦なく批判している。シュミット氏はまた、ピーター・ドウス教授の *The Abacus and the Sword: The Japanese Penetration of Korea, 1895–1910*[13]〔『そろばんと刀　日本の朝鮮浸透　一八九五―一九一〇年』、一九九五年刊、未訳〕をも激しく批判している。だが、端的に言えば、シュミット氏はあまりにも一方的に批判することで、自らの論文の信憑性を損なわしめるという結果を招くことになりかねないのである。[14]

日本の朝鮮統治政策に対する否定的見解：内田じゅん氏

日本の朝鮮統治政策に対する批判は果てしなく繰り返される。スタンフォード大学の内田じゅん氏は、口頭および書面による証言という形をとって記録された八十七人の日本人入植者の記憶を通して、日本の朝鮮統治を批判している。この研究結果は、ヒルディ・カン女史が集めた朝鮮人の意見〔第5章〕と併せて使われた場合、特に重要であり、払われた努力に十分に見合う成果をもたらすものだった。しかし内田氏の論文の前提となっているのは、朝鮮人民の反日的な心情は「朝鮮総督が公布した規則の下で被った不当な行為、偏見、暴力の所産」であるというものだ。[15]

歴史とは時を経て移ろいゆく物事を研究することであるとの定義を受容することから、われわれが取り組む研究の次の側面を考察していきたい。そして、その前提の下に日本の朝鮮統治に関する〝民族史観的〟あるいは〝愛国的〟な記述のさまざまな側面を紹介し、その後で、旧来の見解に再考を促すいくつもの〝修正主義的〟研究の成果について論じたいと思う。

「近代化」の視点を加えた研究

日本の朝鮮植民地支配（一九一〇―四五年）に対する歴史認識が、ゆるやかながら変化しつつあることに議論の余地はない。日本による迫害と、それによって朝鮮が受けた犠牲に焦点を当てた研究に基づく民族史観的な論述は、一九五〇年代の初めから一九九〇年代の半ばまで、西側およびアジアにおける日本の朝鮮統治研究の世界を席巻した。だが一九八〇年代の半ばに入ると、韓国とアメリカにおいて少数の学者が国家の「近代化」を朝鮮の歴史研究の方法論として採用することになり、その過程で研究者たちは、朝鮮の人々が日本の植民統治の恩恵に浴したさまざまな側面を検証するようになったのだった。[16]

これらの学者による研究は、「植民地発展論」として知られるものだが、朝鮮の人々が被った苦しみに疑義を唱えたり、否定したりするものではない。研究の過程において歴史分析の枠を広げ、日本による統治が朝鮮の人々を益したとみなされる部分をこの枠の中に含めたに過ぎないのである[17]。

近年現れた第三の研究分野は、植民地の近代性にかかわるものだが、これは伝統的な朝鮮社会が近代に足を踏み入れた過程を分析することによって、これまでの韓国の歴史書に見られた民族主義と植民地時代に焦点を絞った頑なな解釈を一歩越えて日本統治の実態を検証しようとするものだ。この研究は、朝鮮が被った犠牲ではなく、日本統治下の朝鮮の社会、経済、技術革新面における適応能力を検証する。とはいえ民族史観的な論述は、韓国と日本の学界、さらには西側各国の多くの学者の間では相変わらず有力であり、多くの学者が強く支持する概念として深く根を張っている。

本書執筆のきっかけとなったのは、日本統治時代の朝鮮人の徴兵と志願兵に関する研究だった。日本政府の最高指導層によって宣言され、実施された植民地動員政策に主に的を絞った研究である。このような分野を取り入れて修正主義の狭い窓を大きく開くことによって、われわれは、列強の植民政策との対比において、日本の朝鮮統治は現実主義と相互主義に裏打ちされた、より穏健でバランスの取れた政策の下に実施され、戦後韓国のあの驚異的な発展の奇跡の礎になったとの結論を下すに至った次第である。

原注

1 日本評論社、一九九三年刊。

2 Another Attempt to Deny Japan's History, *The New York Times*: Editorial, 2 January 2013. ニューヨーク・タイムズ紙社説（二〇一三年一月二日付）
http://www.nytimes.com/2013/01/03/opinion/another-attempt-to-deny-japans-history.html?_r=0
なお、ニューヨーク・タイムズ紙の傘下にあるインターナショナル・ヘラルド・トリビューン紙は、二日後の一月四日の社説で同じ非難を繰り返している。
http://ihtbd.com/ihtuser/print/old%20THT/04-01-2013/a0401x06xxxxxxx.pdf.
ちなみにAP通信社は、二〇一二年八月十五日の配信で、戦時中のアジアにおける日本の行為は「残酷だった」という表現を用いている。
http://bigstory.ap.org/article/hk-activists-boat-nears-disputed-islands

3 李栄薫著、永島広紀訳『大韓民国の物語 韓国の「国史」教科書を書き換えよ』（東京、文藝春秋、二〇〇九年）。同書は、日本の高名なジャーナリスト櫻井よしこ氏にお送りいただいた。厚く御礼申し上げたい。

4 次の本を参照されたい。George Akita, *Evaluating Evidence: A Positive Approach to Reading Sources on Modern Japan*, University of Hawaii Press, 2008.
本書は歴史に関するきわめて深刻な問題を論ずるにあたり、問題を正しく認識し、真摯に対処するために細心の注意を払う必要性について論じたものである。

5　Turn Japan-ROK Relations into a 'Real' Partnership, *Pac Net Newsletter*, no. 14, 19 March 2007, Pacific Forum CSIS.

6　Hilary Whitman, South Korean singer swims into island dispute with Japan, *CNN*, 15 August 2012.
http://www.cnn.com/2012/08/14/world/asia/south-korea-dokdo-takeshinma-islands/index.html

7　Mari Yamaguchi, Asian island dispute flares on WWII anniversary, *Associated Press*, 15 August 2012.

8　Ramon H. Myers and Mark R. Peattie ed., Princeton University Press, 1984.

9　Mark R. Peattie, A Historian Looks at the Pacific War, *Hoover Essays*, no. 13, Stanford, Hoover Institution, Stanford University, 1995, p2, p4.

10　Hildi Kang, *Under the Black Umbrella: Voices from Colonial Korea, 1919-1945*, Cornell University Press, 2001. 桑畑優香訳『黒い雨傘の下で　日本植民地に生きた韓国人の声』(東京、ブルースインターアクションズ、二〇〇六年)

11　*The Journal of Asian Studies*, Vol. 59 No. 4, November 2000, pp951-976.

12　アンドレ・シュミット氏はトロント大学東アジア研究学部准教授。*Korea Between Empires, 1895-1919* (Columbia University Press, 2002) で、米国アジア研究協会（北東アジア評議会）のジョン・ホイットニー・ホール・ブック賞を受賞。

13 University of California Press, 1995.

14 したがって *The Japanese Colonial Empire, 1895–1945* の編者であるマーク・R・ピーティー氏とレイモン・マイヤーズ氏がシュミット氏の批判に精力的に反論したのは驚くことではない。以下を参照されたい。*The Journal of Asian Studies,* vol. 60 no. 3, August 2001, pp813–15. シュミット氏の対応は同 pp815–16 を参照。

15 A Sentimental Journey: Mapping Interior Frontier of Japanese Settlers in Colonial Korea, *The Journal of Asian Studies,* vol. 70 no. 3, August 2011, p707.
内田氏はシュミット氏とは異なり、スタンフォード大学の先輩教授であるドウス氏を「日本人入植者の貴重なプロフィール」を提供したとして称賛している。内田氏はスタンフォード大学歴史学部准教授。

16 Chŏng Chae-jŏng（鄭在貞）, Look at the Economy and Society of Korea under Japanese Rule: Beyond the 'Theory of Development' and 'Theory of Exploitation', *Korea under Japanese Rule Past and Current Research Results and Issues for Future Research,* Matsuda Toshihiko ed., International Research Center for Japanese Studies（国際日本文化研究センター）, 2009, pp39–49.

17 尹海東他編『近代をふたたび読む――韓国近代認識の新しいパラダイムのために』（ソウル、歴史批評社、二〇〇六年）、並びに朴枝香他編『解放前後史の再認識』（ソウル、冊世上、二〇〇六年）

第2章　日本の統治に対する民族史観的な非難

韓国社会に広く浸透する民族史観

日本の朝鮮統治に対する民族史観的な論述の下では、日本による迫害は誇張され、朝鮮人が被った犠牲は注目を浴び、あらゆる形の抗日的言動が賛美される。朝鮮の人々は、日本は朝鮮に売春制度をもたらした、朝鮮支配の野望を古くから抱いていた、近代朝鮮の歴史的発展を阻害した、朝鮮人民の愛国心を抑圧した、などを理由として挙げて日本を激しく非難する。

このようなパラダイムの〝スタンダード版〟は、在日朝鮮人作家の金一勉氏の発言やその作品に典型的に明示されている。金氏が唱え続ける朝鮮統治下の日本の〝大量虐殺政策〟の中には、朝鮮人の若者の徴兵、朝鮮の婦人たちを対象としたいわゆる「性的奴隷制度」、朝鮮の一般大衆の麻薬濫用の奨励などが含まれる。金氏はさらに、朝鮮の人々に日本語の使用、創氏改名、神社参拝、天皇への忠誠の誓い等を強要した朝鮮総督府の文化的同化政策*をも手厳しく非難している。[1]

こうした民族史観に基づく朝鮮統治研究のパラダイムは、太平洋を隔てたアメリカや北東アジアの学会で今なお大きな影響力を持つ。日本では、在日朝鮮人の歴史研究者朴慶植氏が「朝鮮人は『非人道的で奴隷並みの労働条件』を強いられ、『植民地的、半封建的、ファシスト的抑圧』の犠牲になった」と述べている。[2] 朝鮮史に関して英語で出版された本は、諸々のテーマを取り上げてこうした非難を継続的に伝播(でんぱ)している。事実、ある歴史家は、日本帝国主義の目指すところは「朝鮮人を奴隷並みで下級な人間の地位に貶(おと)めることだった」と主張している。[3]

これらの本に盛り込まれた用語は、これでもまだ足りないと言わんばかりに極端に過激である。たとえば、ある本は、日本の宮家と李朝(りちょう)との縁組による関係緊密化のための努力を「歪んだ良心（の持ち主）にしか考えられない、おぞましいこと」[4]と書き、別の本は「朝鮮人は歴史上最も冷酷な植民統治の下で生きた」と、自明のことのように記している。[5]

日本の植民地としての朝鮮の三十五年の歴史が、当時の世界の植民地の実態から離れて語られる場合、こうした記述によれば、日本統治下で朝鮮人民は限りなく虐待され、搾取されたことになる。しかし、朝鮮の歴史が、当時、世界の各地に存在した植民地との比較の下に検証されるなら――実は、これこそがこの小論の意図するところなのだが――日本が統治下の朝鮮で行なったことは驚くほど穏健だったと言えるのである。

日本の朝鮮統治に対する民族史観的なパラダイムは、一筋縄ではいかない代物であり、いまもって韓国および西側の研究において強力な力を維持している。ハーバード大学のカーター・J・エッカート教授は、民族史観的なパラダイムは「韓国人の知的生活にあまりにも強い影響を与えてきたため、それ以外になされるべきすべての歴史分析の方法を混乱させ、形骸化させ、消し去ってしまった」と語っている。[6]

事実、日本の朝鮮統治に関する民族主義史観は、韓国社会全般に広く浸透している。公共図書館、学校のカリキュラム、記念碑、ガイドブック、メディア等々。どこを見ても一目瞭然だ。それは、韓国人のイデオロギーとアイデンティティーに密接に絡み合っているのである。ここではまず、二人の韓国系アメリカ人の言動を分析することによって、このパラダイムの意味するところを吟味してみたい。

童元摸教授による非難

童元摸(ドンウオンモ)教授は一九六五年に学位論文を執筆するにあたり、冒頭で「問題全体を日本の朝鮮統治、あるいは総督府の基本的方針としての朝鮮同化の選択を、正当化または糾弾するような道徳的制裁論に陥ることなく取り扱いたい」と、殊勝とも言える立場を表明した。[7] だが童教授は最後まで民族史観的パラダイムに固執することになった。

しかし、このような史観が日本の朝鮮統治政策の修史を支配していたことを考えれば、これは驚くべきことではない。

それでは彼はこの論文の中で、自身が民族史観的見解に拘泥する根拠をどのように説明しているのだろうか。

まず彼は、日本の植民地政策は一九〇五年から一九四五年に至るまで、ほとんど変化しなかったとし、「寺内内閣（一九一六—一九一八年）の（朝鮮）開発政策は変わったとしても、その結果が見られるのは斎藤（実）と水野（錬太郎）が……一九一九年に朝鮮に到着してからのことで、変化といってもそれは微々たるものだった」と説く。さらに小磯國昭総督は「差別を撤廃するために最善を尽くすと約束した」が、「すべての前任者と同様に、約束を果たさなかった」と続ける。[8] 彼はまた「総督府は（同化を唱える一方で）朝鮮人の政治参加や登用にかかわる政策の調整を（終戦まで）怠った」と書いている。[9]

論文の前半部分で、彼は三・一独立運動の後、日本は「（統治政策に）いくばくかの変化をもたらしはした……（だがその規模は）他の執筆者がこれまでに誇張して伝えてきたより、実際には、はるかに小さかったのである」と述べている。彼は斎藤総督と水野政務総監が進めた教育政策を「基本的には懐柔的な取り組みに過ぎなかった」[10]と記しており、この点は評価されていい。

次に童氏は日本の統治政策の軍事的側面を強調し、次のように書いている。「日本の政府指導層の間で明治維新以来一貫して支配的だった軍国主義は、無視できない重要な要素であり……軍事的要因は一九〇五年に朝鮮に植民地を作る際に……明確な役割を果たした[11]」

三つ目に童氏は、軍部のトップ・ダウンのシステムを〝権威主義的国家〟の存在[12]に結びつけ、それは「憲法の下で人民に対して責任を負う義務を持たないリーダーもしくはエリートたちへの権力の集中」と解釈できるとする。

四つ目に童氏は、さらにこう主張する。「十九世紀の……西側の植民地主義」に関して「いくばくかの知識」を持つ「日本の植民地政策の理論家たちの大半」は、「植民地政策下における同化の原則」は「……当該植民地の特殊な事情や慣行をおおかた無視」する傾向があり、「そして……この類の統治国と植民地間の関係は最も失敗しやすい点を認めていた[13]」。

韓国系米国人外交官アンドリュー・ハク・オウ氏による非難

アメリカの外交官であるアンドリュー・ハク・オウ氏は、さらに多くの紙幅と注目に値するだろう。というのは、オウ氏はユニークな経歴の持ち主であり、日本の植民地政策に関して確たる信念の下に積極的な言論活動を展開しているうえに、二〇一二年まで東京の在日アメリカ大使館の政治部一等書記官として、日米関係に関するアメリカ政府の見解を公式に表明する立場にあったからだ。アメリカ合衆国連邦政府の代表であるオウ氏が、同盟国たる日本の過去の朝鮮統治に対して親朝鮮的な民族史観的論述の信奉者であるのは、なんとも皮肉なことである[14]。

ちなみにオウ氏の両親は福岡県八幡市〔現・北九州市〕の出身である。

オウ氏はソウルで生まれ育ち、ケニアのナイロビで中等教育を受けた後に米国の首都ワシントンに移り、ジョージ・ワシントン大学外交学院（スクール・オブ・フォーリン・サービス）に入学。国際政治で学士号を得ると、四年間、日本の政府機関および民間の教育関連部門に勤務した。その後ホノルルのハワイ大学イースト・ウェスト・センターで東アジア史を専攻し修士号を得る。ここで日本統治下の朝鮮における日本の文化的同化政策をテーマに学位請求論文を書いた。さらに早稲田大学とソウル大学で学び、日本語と韓国語を話す。二〇〇一年九月に米国国務省に入省。以来、ジャマイカ、香港勤務を経てワシントンの本省でコリア・デスクを務め、その後東京に派遣された。オウ氏は「ベイカー・加藤外交官交流プログラム」の米国側の二人目の代表として日本の外務省で勤務し（二〇〇八―〇九年）、日本の対インド・パキスタン関係にかかわる任務に当たった。

二〇〇九年七月から二〇一二年九月まで、オウ氏は東京赤坂のアメリカ大使館の政治部で日本の国内政治分析の任務に就いた。[15]

ハワード・H・ベイカー駐日アメリカ大使（任期、二〇〇一―〇五年）と加藤良三駐米日本大使（任期、二〇〇一―〇八年、前日本プロフェッショナル野球組織コミッショナー）が設立した右の交換プログラムは、二〇〇五年以来、日米の外交官が相手国の外務省で勤務することを可能にしてきた。なおこの計画は、当時のコリン・パウエル国務長官と川口順子外務大臣の合意に基づくものである。[16]

オウ氏がアメリカ政府の対日政策の公式スポークスマンであることは、二〇一〇年十一月に福岡市で学生たちとの対話の場を設定した前福岡駐在アメリカ領事、ステファニー・ウェストン教授（福岡大学法学部）が配布したイベント案内の内容からも明らかである。

オウ氏の任務は、自民党から民主党への政権転換期にある現在の米日関係の実態について、（自らの印象を交えつつも、むろんアメリカ政府の公式見解に合致するように整理して）日本の国内政治を分析し、報告することである。氏は日本における政権与党の交代は同盟国間の強力な協力関係を損なうものではないと強調する。また氏は、沖縄に海兵隊が継続的に配備されるべきであると主張し、米日関係や在日米軍の役割に関する学生たちの質問を歓迎している。[17]

ここで、二〇〇一年に書かれた氏の修士論文を見てみよう。タイトルは The Japanese Policy of Cultural Assimilation in Colonial Korea under Governor-General Minami Jirō（「南次郎総督下の植民地朝鮮における日本の文化的同化政策」）である。

その中でオウ氏は、同化政策とは日本が朝鮮人民から文化とアイデンティティーを奪おうとしたことを意味すると断言している。彼は、朝鮮人民は「自らの母国語を話すことを禁じられ……日本語を学ぶことを強要された」と述べ、さらに「改名して日本式の姓名を名乗ることを強いられた」ばかりか、自らの意思に反して「(異教である神道の) 神社を参拝する」ことを要求されたと主張している。そして、さらにこう付け加える。「これらの政策はすべて、植民地時代の朝鮮において最も悪名の高かった総督、南次郎の任期中に新規に施行されたか、あるいは強化されたもの」であり、これらの「規制……の下で、朝鮮人は日本統治時代で最も苛烈な制約に縛られたのだった[18]」

以上の記述からオウ氏は、日本の同化政策は「これはさらに重大なことだが……戦後の日韓関係を損ね、今日に至るも両国民の相互感情に深刻な影響を及ぼしている」

と推論しているのである。[19]

論文の冒頭に「(苦難の)歴史を学ぶことを決意させてくれた、わが両親と祖父母に捧ぐ」との献辞があることからして、朝鮮の受難者たちについて語る際のオウ氏の強烈な民族主義的対日批判の根源がどこにあるのか疑う余地はない。こうして父母並びに祖父母から学んだことが、氏が次のように記す理由なのかもしれない。

「今日に至るも、韓国人は一九一〇年から一九四五年までの三十五年間を、依然として彼らの歴史の中の〝暗黒時代〟と呼ぶのであり、多くの人々はそれを、できることなら忘れ去りたい、恥辱にまみれた過去の一部とみなしているのだ[20]」

しかし、氏が取り組んだ基本的なテーマとその内容は、氏の論文の次の一文が示すように童元摸氏の博士論文と類似していることは間違いない。

しかしながら、朝鮮人民に大きな損害を与えた過去と対峙する以上に建設的なアプローチは、(民族として)さらに前向きなアイデンティティー意識を助長し、植民地後の時代に相応しく、もはや韓国民の存在理由を日本に対する反感に求めない、(新しい)形のナショナリズムを育むことであろう。苦痛をもたらした民族に対する深い憎悪を超越し、日本との絆を再構築することによって、韓国人は彼らの母国により前向きな信念を抱き、国家としての独自の文化と豊かな伝統を助長していくことができるのである。[21]

以上の記述は、確かにきわめて前向きではあるが、それでもオウ氏は民族史観的な歴史の捉え方をさらに一歩進んで変えようとはしない。逆に彼は、修士論文の序論で示した民族主義的なテーマに戻り、結論部では、日本は朝鮮統治時代に自らの文化を「押し付けることによって（朝鮮人を）痛めつけた」と読者に訴えている。[22]

二〇〇八年、オウ氏は東京のアメリカ大使館政治部の政務官として任務に就く一方で、（ベイカー・加藤）外交官交流プログラムのアメリカ側代表として、その年の秋には日本の外務省で勤務を開始することになっていた。そのころ彼は、レイクランド・カレッジ日本校で「日本の占領が朝鮮と日本の関係に及ぼした影響」と題する講演を行なっている。ちなみにレイクランド・カレッジは、一八六二年にウィスコンシン州シェボイガンに創立された人文系の優秀な大学で、日本校は東京都新宿区にある。二〇〇八年九月二十四日付のオウ氏の講演の案内の結びの部分は、以下のように記されていた。

一九三六年から、一九四五年に日本の統治が幕を閉じるまでの間に……（日本の）徹底した文化的同化政策の下で……朝鮮の人々は最も過酷な制限を強いられた。おそらくそれ以上に重要なことは、朝鮮人民から文化的アイデンティティーを奪い去ろうとした日本の試みが、戦後の韓日関係を損ない、今日に至るも両国民の相互感情に影響を及ぼし続けているという点であろう。[23]

遺憾ながら、二〇一二年七月の時点でオウ氏の講演内容の写しは入手できなかった。しかし重要なことは、一九三六年から一九四五年までの間に日本が朝鮮人民を容赦なく抑圧したと主張するオウ氏の基本的な認識は変わっていないという点である。親韓的かつきわめて民族主義的な色彩の濃い案内がオウ氏の講演の前に配布されている以上、その文言は仮に彼自身が書いたものではなかったとしても、彼が承認していたであろうことはほぼ間違いない。いずれにせよ、アメリカ政府の公式代表者の一人であるオウ氏の発言のトーンは、外交官として少なからず公平性に欠けると言わざるを得ない。

訳注

＊「同化政策」とは、〝強い〟民族が〝弱い〟民族に対して自らの文化伝統の受け入れを強いる統治政策。朝鮮総督府は、一九一〇年から一九年まで、「武断的」同化政策の下で朝鮮人民を統制したが、一九一九年に発生した三・一独立運動後、明治政府は「文化政治」に切

り替え、朝鮮語による新聞・雑誌の発行を含むかなりの自由を認めた。この新体制を「文化的同化政策」という。民族史観派は、朝鮮人民は一九四五年に日本の支配が終わるまで過酷な弾圧の犠牲になったと主張している。

原注

1　Bob Tadashi Wakabayashi, et. al., Comfort Women: Beyond Litigious Feminism, *Monumenta Nipponica*（以下 *MN*）, vol. 58 no. 2, summer 2003, p226. 金一勉『天皇の軍隊と朝鮮人慰安婦』（東京、三一書房、一九七六年）。同書は出版と同時に（日本で）一大センセーションを巻き起こした。金氏はいわゆる〝従軍慰安婦〟に関し、さらに続けて『遊女、からゆき、慰安婦の系図』（東京、雄山閣出版、一九九七年）を発表している。

2　朴慶植『朝鮮人強制連行の記録』（東京、未来社、一九六五年）、および『日本帝国主義の朝鮮支配（下）』（東京、青木書店、一九七三年）一六三頁。

3　慎鏞廈『韓国近代史と民族主義』*Modern Korean History and Nationalism*、N・M・パンカジ英訳（ソウル、知文堂出版社、二〇〇〇年）二六〇頁。

4　Wanne J. Joe, *A Cultural History of Modern Korea: History of Korean Civilization*, Hollym, 2000, p806.

韓国の主要英字紙コリア・タイムズは二〇一〇年五月三〇日付の社説で、「ちょうど百年前の日本による朝鮮併合」は、「近代朝鮮が直面したあらゆる悲劇の出発点だった」として激しく日本を非難している（ザ・デイリー・ヨミウリ、二〇一〇年六月三日付）

5 『韓国近代史と民族主義』二三八頁。
そのほかの民族主義的パラダイムは、以下の書籍を参照されたい。李基東『日本帝国軍の韓国人将校たち』（新東亜、第二九九巻、一九八四年八月号、四五二—九九頁）。C. I. Eugene Kim and Han-Kyo Kim, *Korea and the Politics of Imperialism, 1876-1910*, University of California Press, 1967, pp203-04. Kang Man-gil, *A History of Contemporary Korea*, Global Oriental, 2005, pp140-41. Jong-Yol Rew（柳正烈）, *Japanese Colonial Government of Korea: Empire Building in East Asia*, South Korea, KSI, Han'guk Kaksul Chongbo, 2008, p240.

6 Carter J. Eckert, Epilogue: Exorcising Hegel's Ghosts: Toward a Postnationalist Historiography of Korea, *Colonial Modernity in Korea*, Gi-Wook Shin and Michael Robinson eds., Harvard University Asia Center, 1999, p366.

7 Wonmo Dong（童元摸）, Japanese Colonial Policy and Practice in Korea 1905–1945 : A Study in Assimilation, Ph. D. diss., Georgetown University, 1965, v.
私は、童氏のジョージタウン大学時代の〝指導教官〟だったイエズス会士のジョン・S・シビス教授（故人）が、ハーバード大学大学院の初年度（一九五一—五二年）に私の同級生だったことを面白い因縁だと思った。シビス氏は革新主義者で懐疑的な気質の学生だった。童元摸氏はすでに引退しているが、二〇一二年の段階でその近況は把握していない。われわれが得た最新の情報ではワシントン大学朝鮮問題研究所客員教授として登録されていた。本書で取り上げた人々に関する情報を提供されたデイヴィッド・フリン氏に感謝したい。

8 前掲、p445, p476. 一九一九年八月二十日の勅令による総督武官制の廃止に伴い、文官でも総督就任が可能となった。

9　前掲、p487.

10　前掲、p153, p380.

11　前掲、p74.

12　前掲、iv.

13　前掲、p18.

14　オウ氏は、ジョン・ルース駐日アメリカ大使が着任する二カ月前の二〇〇九年七月から二〇一二年九月までアメリカ大使館政治部一等書記官を務めた。

15　東京大学学生国際交流機構主催の講演（二〇一一年二月二十三日）に際して掲載された英文によるプロフィール。http://ut-iris.org/page/event_464.html

16　アメリカ国務省ファイル「米日政府、外交官交流プログラムで合意」http://wfile.ait.org.tw/wf-archive/2004/040701/epf408.htm

17　2010 Consulate Activities. 在福岡アメリカ領事館提供。原文は英文。http://fukuoka.usconsulate.gov/fukuoka/e/f-20101124.html

18　オウ氏の修士論文、一頁。氏はまた、朝鮮総督南次郎を「植民下の朝鮮で最も恐れられ、軽蔑された人物の一人」と記している（同三八頁）。

19　前掲論文、二頁、四二頁。氏はさらに、元〝従軍慰安婦〟の苦しみの歴史は、日韓関係の改善を阻んでいると付言している（同二頁、脚注3参照）。

20　前掲論文、iv頁および七頁、四一頁を参照されたい。オウ氏が記すこれらの記憶と、ヒルディ・カン女史が紹介する日本統治下を生きた彼女の義父および（朝鮮人の）友人たちの記憶（本書第5章）との対照は啓発的な意味を持つであろう。カン女史は、日本統治時代を生きたこれらの人々の側に恨みつらみの念がないことに驚き、こう記している。「私が想定していた日本人による残虐行為（に対する恨みや怒り）は、一体どこへ行ってしまったのだろうか」（*Under the Black Umbrella: Voices from Colonial Korea, 1910-1945*, xi）

21　前掲論文、九七頁。この記述を、オウ氏が「序」の結論部分で記した、より否定的な以下の文章と比較していただきたい。

「結局私は、自分の研究の基礎をなす疑問に戻るのである。それは、南総督時代の同化政策が、朝鮮人と日本人の間に容易には消えない緊張関係が続くという現実にいかなる影響を与えたか、というものだ」（二頁）。

22　前掲論文、九九頁。

23　レイクランドにおける講演「アメリカ大使館員アンドリュー・ハクは語る」http://www.h-net.org/announce/show.cgi?ID = 164032

第3章　徴兵制度に見る朝鮮統治の特性

日本における徴兵制度——黎明期に起きた暴動

本書のテーマである日本の朝鮮統治の民族史観的論述に対するわれわれの反論は、正確かつ公平なものであると信ずる。しかしながら、ここで告白しておきたいことがある。つまり私自身、共著者のパーマー氏が大学院生時代にものしたレポート Koreans in the Japanese Army during the Second Sino-Japanese War: The Korean Special Volunteer System, 1937-1943〔「第二次日中戦争時における日本軍の中の朝鮮人たち——一九三七—四三年の朝鮮人対象の特別志願兵制度」[1]〕を読むまで、日本による朝鮮統治に関する民族史観的な論述は正確なものであると全面的に確信していた、ということである。

かつて私は、人気作家梶山季之（一九七五年没）が朝鮮を舞台に書いた五つの短編からなる単行本『族譜』の英語版の序文を、崔永浩（チエヨンホ）教授[2]と共同執筆したことがある。梶山は広島県出身の父親が総督府の技術者だった関係で、ソウルで生まれ育っている

（一九三〇−四五年）。母親はハワイ生まれの日系二世だった。翻訳書の序文でわれわれは、総督府による朝鮮統治の性格を語るにあたり、「きわめて過酷な軍事統治 extremely harsh military rule」「極端な蛮行 extreme brutality」「圧政的統治 heavy-handed rule」などの表現を用いた。[4] 執筆当時、そうした表現が果たして妥当か否かということに些(いささ)かの疑問も感じなかったのは、私が日本人はそうした非難に値する罪を犯したことを一応は認めていたからだった。

パーマー氏の修正主義的史観が徐々に納得できるようになりつつあったころ、私は六波羅弘子女史の論文 Local Officials and the Meiji Conscription Campaign〔「地方役人と明治の徴兵運動」、未訳〕に出会った。[5] この論文を読むに至ったきっかけは、私が日本の徴兵令〔一八七三年発布、一八八九年に全面改正〕の起草者、山縣有朋(やまがたありとも)の研究を三十年以上にわたって行なってきたことにある。六波羅女史の研究には教えられることが多かった。きちんと調査されていて詳細であり、他では探し得ない用語の英訳も載っていた。

私は徴兵制度をめぐる朝鮮と日本の経験には類似点があったことを知った〈朝鮮における特別志願兵制度は、陸軍は一九三八年、海軍は一九四三年に施行。一九四四年から徴兵検査が始まるも、そのさなかに終戦を迎えた〉。たとえば、徴兵逃れへの対応や徴集された兵士の苦しみを和らげるための政府の努力がそれだ。しかし私は、パーマー氏と六波羅女史の論文によって、徴兵制度に対する朝鮮と日本の反応には甚だしい違いがあることを知った。そしてその結果、私は民族史観的論述を標榜する向きが、彼らの見解を証明する手段として朝鮮人の徴兵制度を利用することには無理があるのではないか、と考えるようになったのだった。

日本の徴兵制度は朝鮮のそれに七十年ほど先行しているが、六波羅女史の記述によれば、暴動が起きるほどの、血なまぐさい黎明期があった。

「徴兵令が（一八七三年に）発布された二カ月後」、これから起こる不吉な事態を予見するかのように、三重県のある村〔度会県牟婁郡神内村〕の住人たちが、力を合わせて徴兵令に異議を唱えるよう、「竹槍を手に近くの村の人々を説得した」のだった。暴動が回避されたことは、当局にとって幸運なことだった。しかしながら、岡山県内の村民たちは、徴兵令が発布されたのと同じ日に太政官が布告した「徴兵告諭」の中に「血税」という言葉が使われたことに憤慨し、暴動を起こしている〔北条県（岡山県東北部）から広がった美作地方の血税一揆〕。彼らはその言葉の意味を、徴兵の年齢に達した若者の体から血を抜いて売ることだと誤解し、抗議のための暴動という手段に訴えたのである。まもなく別の村の住人たちも彼らに合流した。合計三百を数える元武士からなる警備隊をしても彼らの暴動を抑え込むことはできず、大阪駐屯の政府軍〔大阪鎮台〕がその任を全うしたのだった。結局、約二万人もの人々が暴動に加担した罪で告発され、うち十五人は死罪に処され、六十四人が投獄された。[6] しかし、社会不安は収まるところを知らなかった。一八八三年には、大阪のある村の住人たちが戸長（後の村長）の家を打ち毀そうとしている。[7]

朝鮮における徴兵制度――総督府の努力、穏やかな反応

朝鮮における徴兵制度は日本の場合とは明らかに対照的で、目立った騒動もなく施行された。そのため、最も包括的に編纂された大学レベルの朝鮮史の著書のどれ一つを見ても、徴兵制度に起因する暴動に関する言及はない。以下の二つの記述がなされているのみだが、いずれも暴動が起こったことを示唆するものではない。

つまり「一九四三年以降、戦争によって日本の労働力が減少の一途をたどっていたため、最終的に朝鮮人の召集が必要になった」。そして「多数の朝鮮人男子が軍役に服したが、日本の戦争努力に対して朝鮮人によってなされたより重要な貢献は、なかんずく徴集された朝鮮の一般市民が満州、北朝鮮、あるいは日本にある工場や鉱山に勤務したことだった」というものである。[8]

志願兵および徴兵制度の設立と施行について論ずるにあたり、パーマー氏は朝鮮側の予想外に穏やかな反応を丹念に解説している。パーマー氏によれば、絶大な権力を誇り、独裁主義的と目された日本の支配体制下で、朝鮮人に対して大量殺戮的な行動

が取られたことを暗示するものは何も見当たらないのである。彼は、朝鮮総督府は全知全能で、四六時中朝鮮人民を支配していたとの考えは捨てるようにと説き、総督府が朝鮮全土に対して「絶対的な支配権」を行使していたという観点は、もっと微妙な表現に差し替えるべきだと付言している。[9] なぜなら、朝鮮人民の協力と（日本政府の植民政策の）容認を得るために総督府が広範かつ莫大な出費を伴う種々の試みをなしたことは、れっきとした事実だからである。

そうした努力の一例として、総督府は一九三〇年代の後半までは日本語の広範な使用をそれほど強く求めていなかったことが挙げられる。日本と朝鮮の官僚並びに大衆は、一九四六年の設立を目指して総督府が熱心に推進していた義務教育制度の導入のほうが、実は、徴兵制に先んじて実施されると予測していたのである。これらの制度の順番が変わったのは、ひとえに戦時の事情による。こうした事実は、総督府は、朝鮮人民は日本との関係において決して日本の言いなりになるほど無気力な相手ではないという現実になんとか折り合いをつけたいと願い、実際に具体的な対策を講じたことを示すものである。

そのような総督府の行為の背景には、ある事件の強烈な記憶があった。パーマー氏は、三・一独立運動に匹敵するような暴動が、日本が列強と戦っている最中の朝鮮で再発することを総督府は甚だ危惧し、「（朝鮮人民に対する）あからさまな強要を控えた」と断言している。[10] 特別志願兵制度と徴兵制度を実施するにあたって総督府が選んだ手順と行動は、日本の植民地政策は日本の国益にかなうかたちで施行されたとはいうものの、比較的穏健なものであったことを知る重要な手がかりになるが、実はその起源は三・一独立運動のはるか以前に遡(さかのぼ)るのである。

原注

1　同レポートは、ブランドン・パーマーの博士論文 Brandon Palmer, Japan's Mobilization of Koreans for War, 1937-1945, Ph. D. diss., University of Hawaii, 2005（「日本による朝鮮人の戦時動員　一九三七—四五年」、ハワイ大学学位論文、二〇〇五年、未訳）の一部となった。『検証　日本統治下朝鮮の戦時動員1937—1945』として二〇一四年小社より刊行。

2　崔永浩氏はハワイ大学マノア校歴史学部の名誉教授で、現在も近代朝鮮史に関する研究と著述に携わっている。日本統治下の朝鮮で育ち、人生のその時期は苦しい記憶に満ちている。教授と私は一時期、小さな研究室でともに過ごしたが、一九一〇年から一九四五年の日朝関係に関する見方が大きく異なるために、互いに敬意を表して見解の相違を認め合い、これについては議論しないことに合意したのだった。しかし私は、おそらく朝鮮近代史に関する二人の見解は近いのではないかと思っている。

3　梶山の母親は、当時はアメリカ領だったハワイのオアフ島カフクで生まれ、九歳で日本に帰り、広島の親戚に育てられた。

4　私と崔永浩教授が序文を寄せた梶山季之『族譜』の英語版は、ダイクストラ好子氏訳 *The Clan Record: Five Stories of Korea* として、ハワイ大学出版会から一九九五年に発行された。

5　Local Officials and the Meiji Conscription Campaign, *MN*, vol. 60 no. 1, spring 2005, pp81-110.

6　前掲論文、pp84-85.

以下の文献も参照されたい。Simon Partner, Peasants into Citizens?! The Meiji Village in the Russo-Japanese War（サイモン・パートナー「百姓から市民へ?!　日露戦争当時の日本の村々」）*MN*, vol. 62 no. 2, summer, 2007, pp179-209.

パートナー氏の情報源は神奈川県相原村（現相模原市）の村長だった相沢菊太郎（一八六六―一九六二年）の広く知られた日記である。パートナー氏の論文は、マルクス史観の影響力が強かった一九五〇年代に書かれたものである。氏は、村の「不幸な仲間たち」、それも特に小作人の状況を正しく分析するため、日記の「行間を読むように努めた」と述べている。彼としては、「戦争がもたらした苦難と抵抗の可能性」を検証するのが研究の主たる目的の一つだったから、相沢のような地主に反発し、小作人たちに肩入れしていたであろうことは明らかだ。私個人としては「(日記の）行間を読む」手法に一抹の不安を感じるが、パートナー氏が英訳した『相沢日記』の検証は、徴兵制度に対する村の長老たちと彼らの家族の行動や反応に一定の光を当てるものである。日本の研究者はこの日記の存在を認識しており、その内容を公表している。その一つが、小木新造氏の『ある明治人の生活史――相沢菊太郎の七十八年間の記録』（中公新書、一九八三年）である。

相沢は傑出した人物であり、その日記の資料的価値は高い。彼は一八八五年、十九歳のときから日記を書き始め、一九六二年に九十六歳で他界するわずか十日前まで、一日も怠らずに書き続けた。日記は、神奈川県の相原と相模原の住民たちの生活に焦点を当てた貴重な記録であり、養蚕業に触れているとともに、明治憲法発布（一八八九年）、関東大震災（一九二三年）、戦後の農地改革などを含む重要な歴史的出来事に対する村人たちの反応が鮮やかに描かれている。

7　Local Officials and the Meiji Conscription Campaign, p90.

ロジャー・F・ハケット氏は「徴兵制度に対する反対は、少なくとも十五に及ぶ大規模な暴動の主因となった」と述べている。Roger F. Hackett, *Yamagata Aritomo in the Rise of Modern Japan, 1838–1922*, Harvard University Press, 1971, p68. およびE. Herbert Norman, *Soldier and Peasant in Japan: The Origin of Conscription*, University of British Columbia, 1943; 1965 ed., p48, p49.

8　Carter J. Eckert, Ki-baik Lee（李基白）, et al., *Korea Old and New: A History*, Seoul, Ilchokak, 1990, p322.

この本は朝鮮史の研究者として特に尊敬を集める学者数名によって執筆された。

9　Japan's Mobilization of Koreans for War, 1937–1945, p4, p17, p20, p124.

10　前掲論文、p25, p130, p137, p188.

II　統治の実相

第4章　朝鮮統治の主役たち

山縣有朋の同化計画に見る相互主義

民族史観的な論述から本書のテーマである修正主義的な見解に視点を移し、分析の第二段階に入るために、近代日本が海外に活動拠点を求めた当初から、日本政府の最高位に位置する意思決定者たちが明確に語っていた植民地政策の根本方針を紹介したい。植民地政策はまず山縣有朋（やまがたありとも）（一八三八―一九二二年）によって示され、その後、大隈重信（一八三八―一九二二年）、原敬（たかし）（一八五六―一九二一年）、長谷川好道（よしみち）（一八五〇―一九二四年）らを含む明治政府の指導者に受け継がれた。山縣以前の政府指導層もかような方針を明言していた可能性はあるが、ここで説明するように、山縣の発言には、はるかに重みがあった。明治政府の植民地政策に関する規定を方向づけた文書について初めに簡単に説明しておくことは有用であろうと考える。

山縣は内務大臣時代（一八八五―八九年）の一八八六年五月二十五日、長州・萩出身の親友で駐ドイツ日本全権大使だった品川弥二郎（一八四三―一九〇〇年）に書簡を送っている。山縣は別紙を添え、書状の内容は琉球、五島列島、対馬に対して日本が取るべきと考える政策に関する「一己の意見」だと説明している。

あくまでも「個人的見解である」との但し書きは、当時彼が内務大臣として財務、司法、文部、そして農商務各省の役人からなる随行団を従えてこれらの地域を公式に視察している以上、額面どおりに受け取ることはできない。山縣はまた、他の閣僚たちにこの意見書の写しを送っている。したがって、この「別紙」は実は「復命書」であり、山縣はそのように意図していたのだった。復命書とはこの場合、山縣が政府の命を受け、東京から遠く離れたこれら三つの地域で行なった公式視察の詳細な報告書である。[1]

山縣の政策は台湾や朝鮮などの特定の植民地を対象としたものではなく、日本列島と地続きではない琉球の統合にかかわるものだった点は注目に値する。琉球は一八七九年に沖縄県となっていた。しかし、その後の展開によって立証されるように、このとき明確化された漸進主義的で穏健な政策は、後になって台湾と朝鮮に適用された。山縣が一八八六年に書いたこの書簡が示す日本政府の政策の最終目的は、琉球の人々を日本人として日本に同化させることだった。

　では山縣は、日本政府の行動を律する基本原則はいかなるものであるべきと考えていたのだろうか。第一に、十九世紀における列強間の熾烈な領土獲得争いの現実に鑑(かんが)み、山縣の当初の関心事は沖縄を要塞化することによって日本の南の側面を外国勢の侵略から守ることだった（これは、対馬が朝鮮の近くに位置することによって、日本の西の側面が守られるという見方と共通するものだった）。当時の列強の指導者に課せられた最重要の任務は、自国あるいは自国が統治する地域を死守することにあった点は強調されなければならない。

　このことは、イギリスがアメリカ大陸で経営していた十三の植民地の独立宣言（一七七六年）が、植民地および植民地開拓者の「安心と安全」について繰り返し言及していた点に余すところなく示されている。すなわち植民地開拓者によって設立される新政府は「その基盤を人々の安心と安全の原則に置き、彼らに幸福をもたらす可能性が最も高いと思われる形でその権限を行使する」とされた。独立宣言はさらに「（専制的な）政府を倒し、人々の将来の安心と安全のために新しい見張り番を任命する」のは人民の権利かつ義務である、と続けて記している。そして改めて、英国王は自らの過(あやま)てる行為によって「（植民地を）外国による侵略並びに内なる動乱の危機に晒(さら)した」と指摘する。当時の日本とて、同様の状況に直面していたのである。

次に重要なのは、山縣は活気ある生産的な経済は、新規に獲得した領土を日本の要塞として機能させることと密接にかかわっていると信じていたことだ。ここに見られるのは、明治日本の国家政策だった富国強兵論である。山縣は、あらゆる国家の経済力は、その国家特有の地形によって育まれた諸産品に依存できるか否かにかかっていると指摘している。沖縄にとって、それはサトウキビの生産、畜牛と馬の飼育、雑穀の栽培、織物の生産、さらには石炭の採掘を意味した。山縣は、これら諸産品の販売が日本と沖縄の双方を「補益」する状況を心に描いていたが、これは日本の植民地政策を理解する上で決定的に重要なことなのである。

ここに、われわれは日本の植民地政策における「相互（補助）主義」の最も明確な表現を見ることができる。双方を益することを目論んだこの取り決めは、さらには沖縄の人々に自らの土地および日本を防衛する強い動機を与えるという、追加的な効果をもたらすのである。だが、沖縄には軍事的な伝統がなかったために、その実現には時間がかかった。したがって山縣は、当初は控えめに徴集兵からなる小規模な分遣隊から始め、それを育てることによって徐々にすべて沖縄兵からなる部隊を編成し、最終的に日本軍沖縄守備隊の一部とすることを提案したのだった。

沖縄文化における軍事的な伝統の不在は、山縣も指摘したとおり、琉球王朝が自らの意思で、宗主国だった清国との封臣関係を黙認した結果だった。沖縄の人々の間に愛国心の感覚が希薄であることは、そのことのさらなる結果であると山縣は書いている。こうした軍事的な伝統と愛国心の欠如によって生ずる諸々の障壁を克服するために山縣が考えた妙薬は、彼らに日本的な教育を施すことだった。そして彼は、教育こそ「われわれの対沖縄政策の最も基本的な側面」であるとみなしたのである。ここでも山縣は兵士の徴集と同様に、あくまでも控えめに着手することの重要性を強調している。

　こうした山縣のスタンスは、明治政府が改革、政治的変化、植民地統治等に取り組む際の基本的な姿勢を示している。つまり「漸進主義」である。別の言い方をすれば、日本の植民地においては、改革に関して強制的な手法は採らないということである。

　このように緩やかで漸進主義的な日本本土への編入は、まずは沖縄の小学生の少数グループを核として控えめに実行されることを意味した。[2]すなわち山縣は、沖縄の最も優秀な小学生たちを日本本土に迎えることを提案したのだった。本土に渡った彼らは、正規の日本語を教わり、日本の政治機構並びに歴史に関する全般的な知識を授かるのである。生徒たちは、これらの種目を十分に習得した後に卒業し、小学校教師として沖縄に戻る。この提案の根底にある哲学は公式に記されることはなかったが、沖縄の人々にとって最も有用な教員は、今後増えることが期待される同じ沖縄同胞の中から生まれるだろうという考えだった。

山縣はこのように教育を重視し、沖縄の選ばれた小学生たちに正規の日本語教育を施すことを奨励したのだが、一見したところ、あまりはかばかしい成果を生まなかったようだ。明治維新から二十一年後の一八八九年の段階で、沖縄県の非識字率は七十六・三パーセントで、日本中で最も高かった。それから十五年後の一九〇四年になっても二十パーセントを超えており、これはこの時点でも日本で最低の数字だった。[3] だが、沖縄の人々が最低線からスタートしたのが一八八六年であり、一八八九年まではわずか三年しか経っていない。さらに、右の数字は徴兵試験のデータに基づくものだが、徴集兵と沖縄社会の有力者を同じレベルで見てはならない。米ブラウン大学名誉教授で日本学の泰斗(たいと)、スティーブ・ラブソン氏は「沖縄社会の指導者たちは言語の『標準化運動』に熱心に取り組んで」おり、一九〇三年の時点で沖縄の主要紙は、「本物の日本人」である沖縄人が台湾人やアイヌと同じ扱いを受けていることに憤慨していたと指摘している。[4]

次に山縣は沖縄の統治と財政改革に関心を向けている。山縣は、政治改革も含めて沖縄にとって必要なあらゆる改革は、沖縄の伝統的な流儀と習慣に対する尊敬の念を前提にして行なわれなければならない、と固く信じていた。彼は沖縄の司法改革にもこの原則を適用し、新たな法制度はあくまでも沖縄の司法レベルとの釣り合いを考慮して創設されるべきであると述べている。そうすれば法的な問題は効果的に解決されることが期待できると考えたのである。また山縣は、政府は司法改革の推進を沖縄に性急に押し付けてはならないとし、改革の進展の度合いは人々の生活により密接に関与している沖縄県の官吏たちに任せることが最善の策と信じていた。

沖縄の税制改革の点で山縣は、政府は近代化を試みたものの、沖縄の人々がそれに「強く反対した」ことから、税の徴収がきわめて困難になっていると指摘している。そのため中央政府は自らの決定を覆し、〝旧慣温存政策〟に則り、現物納入制度を含む沖縄の従来の徴収制度を、問題を残したままの形で復活させた。山縣は、それでも沖縄の人々は自分たちの制度のほうが「しっくりいく」と満足しているため、とりあえずこれまでの収税官が可能な限り採用されたと報告している。このような形の改革は「人々の疑念の解消に貢献し、その結果（彼らは）納税を厭わないようになった」と、山縣は記している。

ここでわれわれは、明治日本の改革努力には一つのきわめて優れた側面があったことを指摘したい。つまり、自らの政策の欠陥を、現実的な観点から躊躇うことなく認め、関連するすべての筋にとってより良い結果を導き出すためには、後に朝鮮でも見られたように、方向転換することをあえて厭わない姿勢である。山縣は、適当な時期に同様の原則が政府の対馬・五島列島対策にも適用されるよう希望すると述べて復命書を締めくくっているが、そうした措置によって、外国の侵入に対する日本の西の側面の防衛体制は強化されると考えていたのだった。

大隈重信の朝鮮政策

大隈重信の朝鮮政策には、以下に記すとおり、経済発展とそれによってもたらされる恩恵は双方にとって有益となるとした山縣の力点を補強する視点が含まれている。

われわれの朝鮮政策を永続的な成果を伴うものにするためには、第一に、それは経済の発展との調和の下になされなければならない。……個人間における真に有益な取引では双方がともに受益者となる。これは、国家間においても同じことである。……（われわれは）隣国、それも特に朝鮮を犠牲にしてわが国を偉大にすることは、決してできないのである。[5]

大隈の立場は、山縣にも支持できるものだった。しかし、アメリカの論説雑誌フォーラム（一九〇六年四月—六月号）に英文で掲載された大隈のこの論説は、歴史の解釈においてはしばしば見られるのだが、読者に「白か黒か」の短絡した二者択一を求める危険性を伴っている。

大隈は主要政党を結成〔立憲改進党、一八八二年〕したが、同党は山縣を含む元老が主導する明治政府や、より保守的な対立政党と激しく競い合った。大隈は教育界のパイオニアであり、早稲田大学の創立者としても知られ、没後は国民のための政治家として広く尊敬されているのは、ご承知のとおりだ。だがこのリベラル派の政治家は一九一五年、日本国の首相として、あの対華二十一カ条要求を袁世凱(えんせいがい)政府に突き付けてもいる。中国がこれらの要求を完全に呑んでいたとしたら、日本は中国を事実上支配下に収めていただろう。

ワンマン政治家にして軍国主義者かつ帝国主義者だったとされる山縣自身は、日本の対清国政策を次のように批判しており、私は以下の点に特に注目している。すなわち「日本の軍事力を過信しがちな連中がいるが、これは、連中が清国に対処する方法は強制しかないと信じている証拠である。現実の世界では、力を行使するだけで物事は解決できない（ということを彼らは忘れている）」という点だ。[6] これは、軍国主義者と誤って描かれてきた山縣のイメージを糺(ただ)すためには不可欠な引用だが、これに関しては後で改めて述べることにする。

歴史を白か黒かで判断することがきわめて危険であることは、ハンス・マーティン・クレーマー氏が発表した、時宜を得た論文が示すとおりである。クレーマー氏は、明治政府の朝鮮統治政策の中核をなす教育面に新たな光を当てたのみならず、日本近代史のあらゆる側面に関する二者択一論的な解釈——これには日本統治下の朝鮮に関する民族史観も含まれる——は、遅きに失した観こそあれ、再考する必要が依然としてあることを指摘している。

クレーマー氏はまず、太平洋戦争終結直後、西側の代表的な教育専門家らは、戦前の日本の教育は、それも特に一九三〇年代のそれは「ファシスト的」だったと確信していたという点から説き起こし、彼らはまた、この時代の日本社会には超国家主義的風潮が横溢していたと考えていたと指摘する。そしてクレーマー氏は、戦後のSCAP（連合国軍最高司令官）の改革政策によってようやく「民主的かつ平等な日本」が誕生したと一般的には考えられていたという推論を取り上げる。ついでながら、こうした観点は今でも広く受け入れられている点を付言しておく。

だがクレーマー氏は、一九二五年から一九四五年の間に日本で「教育改革に関する活発な議論」が展開されていたことを示して、このような見方に反論するのである。彼は、この間の議論の中心的なテーマは、将来の「人的資源を最大限に活用」する手段として広範な学校教育を実践し、すべての日本人に「平等な機会」を与えることだった点に注目している。[7] クレーマー氏の指摘は的を射たものであり、山縣の信念の核心部分を正しく反映している。この点は、山縣が一八八九年の地方政府制度の創設に腐心したのは「大衆のエネルギーを国内政治に結集させる」ためだったと記したリチャード・ストービッツ氏が強調するところでもある。[8]

確かに、すべての独裁的あるいは全体主義的な政権は国家目的のために民衆を動員する。だが、日本の場合、不法な手段は講じられていない。ジェームズ・ファローズ氏は、これに関して洞察に満ちた見方を披露している。リベラル派に属するファローズ氏はローズ奨学金受給者で、ジミー・カーター元大統領の主任スピーチ・ライターを務めた後に、アトランティック・マンスリー誌の編集長に就任し、一九八〇年代後半にはジャパン・ソサエティーのフェローとして二年間を日本で過ごしている。その間に彼が、ストービッツ氏の記述や山縣の著作を読んだ可能性は少ないと思われるが、二人が存命だったとしたら、おそらくファローズ氏のスタンスをよしとするだろう。

ファローズ氏は、日本社会は円滑に機能しているが、それは国家の指導者たちが「国民に最大限の努力を払わせる適正な方法」を編み出したからだと主張する。ファローズ氏は、日本には「つねに最大限の努力を払おうと努める一般市民が非常に多い」と考える。氏はさらに、日本人のこうした努力は、同時に『自発的』だったに違いない」と続け、なぜなら「(当局が) つねにすべての市民を四六時中監督することは不可能だから」としている。ファローズ氏はさらに、日本社会が円滑に機能するのは、「自分たちの運命は自分で決めることができる」という意識を個々の日本人に植え付けることに当局が成功したからだと付言している。[9]

山縣有朋と共通する原敬の朝鮮観

原敬は、日本の朝鮮統治政策に関して重要な意見を述べた明治政府のもう一人の要人である。原は、第二次西園寺公望内閣（一九一一年八月―一九一二年十二月）の内務大臣だった時代に、以下に記す注目すべき発言を行なっている。原は保守派であるのみならず、反動主義者ですらあったという紋切り型の評価を受けているが、こうした見方は人間を固定観念という既成の〝箱〟に押し込めてしまう危険な罠の一つの好例だ。実際には、原の朝鮮観は真にリベラルなものであり、一般的に進歩派として受け止められていた大隈のそれとは対照的だった。さらに言うなら、原の意見には、いわゆる〝反リベラル派〟だった山縣のそれと共通点があったのである。ちなみに山縣は、一九一八年に原の主導の下で（近代日本初の本格的政党内閣となった）立憲政友会内閣の誕生を直前まで妨害したことで、原が最も忌み嫌う人物だったと今なおみなされている。[10]

一九一一年、原は、衆議院議員井上角五郎（一八八〇年から八四年まで朝鮮の外交顧問等を務め、『漢城旬報』を創刊）に自らの朝鮮観を述べている。このときの会見で原は朝鮮人の同化の必要性を強調したが、これは明治政府が新たに獲得した沖縄に対処する際に、山縣が当初の目標として語った方針を想起させるものだ。原は、朝鮮人は同化させ得るし、させなければならないから、朝鮮は一般的に受け止められている意味での単なる〝植民地〟とみなされてはならないと主張した。自らの観点を強調するために原は、日本は朝鮮人を台湾における支那人とは別扱いすべきであると述べたのだった。[11]

原は次に、朝鮮人には日本人とは異なった教育を施すべきであるとする向きがあるが、この考え方は間違っていると井上に語っている。これは山縣の「意見書」の重要な論点に同調するものだった。原の意見では、朝鮮の人々の日本語能力のレベルを高めて日本人と同じ教育を施すことこそが本格的な同化のための解決策だった。原は井上に対し、さらに進んだ発言をしている。つまり、日本語能力が十分なレベルに達した暁には、朝鮮人は朝鮮における府県の行政に参画することが望ましいと語ったのである。彼はさらに、朝鮮人議員が将来、帝国議会に進出することには何の問題もないと語っている。要するに原は、朝鮮を、日本に編入された北海道や沖縄と同等に扱うことに何の障害も考えられないと断言したのである。井上との会見を終えるにあたり、原は以上の発言は記憶にとどめておいてほしいが公表するのは時期尚早だと語っている。[12]朝鮮が日本の植民地になってわずか一年後に原がこのような発言を行なったことは、注目に値する。

朝鮮における日本の意図に関して総じて懐疑的な童元摸（ドンウォンモ）教授は、それでも原の寛容さを正しく直感しており、次のように主張している。

「特に植民地朝鮮の政治的同化に関して、原は朝鮮人が日本の政治システムに参画する可能性を容認した点で、そうとうな鷹揚さを示した」[13]

原は朝鮮を短期訪問した後も、依然として前向きの発言をしていた。彼は、朝鮮人を同化させるのは難しいことではないとし、事実、朝鮮人は「日本人になりたがっている」とすら書いた。原は朝鮮人を三つのグループに分けることによって、こうした結論の正当性を具体的に示そうとしている。すなわち、朝鮮社会の上層階級は、表向きは日本の朝鮮統治に強い不満を表明してはいるものの、内心では同化の可能性を大いに喜んでいると主張したのだった。原は、下層階級も同じように日本の政策に好感を抱いていると考えた。ただ、三つ目の中産階級の中の少数グループは、主として生活手段を奪われたという理由から、日本の政策に不満を抱いている……というのである。だがそれでも原は、朝鮮人の反対をさして問題視していなかったのである。[14]

長谷川好道と「騒擾善後策私見」の背景

原の積極性は高く評価されるべきだが、実は少しばかり〝珠に瑕〟があった。かつて井上角五郎は、初代朝鮮総督寺内正毅の統治政策は無神経で高圧的だとの理由から、自分の朝鮮の友人たちは寺内に不満を抱いていると原に警告していた。[15] こうした不満は、一九一九年三月一日、朝鮮人にとっては悲劇的な結果をもたらした、総督府に対する「三・一独立運動」の大規模な民衆デモの形で噴出したのだった。

デモは平和裏に始まりはしたものの、たちまち朝鮮全土に広がり、抗議運動に参加した朝鮮人の数は二百万人を超えた。総督府は参加者にデモをやめるよう求めたが、命令は無視され、その時点で植民地政府は鎮圧のために警察に加えて軍隊を出動させた。抗議運動は四月中旬までに鎮圧されたが、日本人と朝鮮人の間の衝突は年末まで続いた。

逮捕者と死傷者の数がこの悲劇の規模を物語っている。日本側の筋によると、逮捕者は一万二千五百二十二人、死者は五百三十三人、負傷者は千四百九人だった。だが、朝鮮側が示す数字は、それらをはるかに上回るものだった。すなわち、四万六千九百四十八人が逮捕され、死者は七千五百九人、負傷者は一万五千九百六十一人である。暴動は生身の人間を巻き込んだばかりか、学校、教会等を含む朝鮮全土の各種建造物に大きな被害をもたらした[16]。フランク・P・ボールドウィン・ジュニア〔在ニューヨーク州ブルックリン、社会科学調査協議会 Social Science Research Council 上級顧問。博士論文は、「The March First Movement: Korean Challenge and Japanese Response, Ph. D. diss., Columbia University, 1969〔「三・一運動　朝鮮の挑戦と日本の対応」、未訳〕」は、五つの異なった情報源から得たという、朝鮮人の死傷者数を示す図表を所持しているが、そこに示された数値にズレがあることを認めつつも、次のように推断している。「日本側の推測は、朝鮮側の被害をそうとう過小評価している」[17]

長谷川好道総督の「騒擾善後策私見」に論を進める前に、この文書について簡単に紹介しておきたい。同文書は、東京の国立国会図書館所蔵の「斎藤実関係文書」並びに憲政資料室所蔵の資料に含まれている。文書自体に日付は記されていないが、一九一九年用ファイルに収められているから、おそらく三・一運動後に記されたものと思われる。私は研究仲間の広瀬順晧教授とともに、リチャード・ディヴァイン教授の訳文を原文のコピーと突き合わせてみた。訳文の正確性を確認するためではなく、このきわめて重要な文献の〝ニュアンス〟を摑みたかったのである。

長谷川が表題に用いた「私見」という言葉は、そこに記された提案の数々が彼の個人的な提案の概論以上のものであったという意味において、山縣が遺した「一己の意見」と一脈通じるものがあったと見てもよいかもしれないが、こちらは総督府当局者の支持を得ていた。これらの「提案」は書記が複製を作っており、余白に「朝鮮総督府」と印刷された用紙に書き写されている。そして、これはディヴァイン教授も指摘していることだが、辞めていく総督が後任のために意見書をしたためておくことは、総督府におけるしきたりだったのである[18]。

「騒擾善後策私見」の内容

長谷川の「私見」の内容は、総じて穏健なものである。したがって朝鮮駐箚(ちゅうさつ)軍司令官としての、お世辞にも慈悲深いとは言えない一九〇五年当時の長谷川の朝鮮観を知る人々には、意外に思えるかもしれない。事実、長谷川は当時、以下のように記しているのである。

知識レベルの低さ、国家観の不在、そしてさらには強者への盲目的崇拝という点においてほとんど野蛮人に近い（朝鮮の大衆に）対処するにあたり、力に依拠しない手段を用いることは効果的ではないと考えざるを得ない。[19]

だが、当時の国際事情を考えてみれば、長谷川のこの辛辣で断定的なトーンはいくぶん割り引いて考えていいのかもしれない。一九〇〇年代の国際社会の朝鮮観は、激動する朝鮮の国内事情に対して極端に否定的だった。欧米の政治家も旅行者も、公衆衛生面の問題点、未開発の産業、汚職の横行、官界にはびこるえこひいき等を理由に、ひとしく朝鮮を蔑視していた。一九〇五年十二月、親朝鮮派のソウル駐在アメリカ公使ホレース・アレンは、こう断言している。

（朝鮮の人々は）これまでのように最高君主を持たねばならない……先進的な人

種が（そのような指導者として）これら土着のアジア系の人種の統括を肩代わりし、圧政的な官吏を抑圧し、秩序の維持と商業の発展に尽くすことに私は反対（ではない）[20]。

長谷川の「私見」は、まず間違いなく、日本の植民地史において最も重要な文書の一つと言えよう。そして以下に挙げる四つの点がその顕著な特徴である。これらの点は、山縣の沖縄に関する「意見書」にも見られるものだ。

第一に、長谷川は（三・一運動に関しては）あらゆる政策に鑑みて、総督府が自らの重大な判断ミスを認めるよう提案していること。

第二に、「私見」書は、これらの失策に対処するために植民地当局は速やかに改革を実行する、すなわち総督府は（三・一運動を通して）認識された諸問題に取り組むにあたり、目に見える形で必要な手段を講ずる意欲を示していること。つまり総督府は、孔子の教えである「過則勿憚改（過ちては則ち、改むるに憚ること勿れ＝過ちを改めるのに躊躇してはならない）」（『論語』第一編八章より引用）を実践したのである。

第三に、明治政府は朝鮮総督としての長谷川自身の「不面目」と「失態」を看過し、彼が記した「私見」を速やかに公式に承認したこと。

そして第四に、沖縄に関する山縣の「意見書」と長谷川の「私見」は、植民地政策を遂行するにあたって日本が、バランスを維持することの重要性を直視しつつ、現実主義的で穏健かつ相互主義的な原則、規範、そして行動を首尾一貫して厳守したことを示している点である。

ちなみに二〇一〇年、ニューズウィーク誌のジョン・ミーチャム記者は、メキシコ湾石油流出事件について論評するにあたり、ものを書くことを職業とする者にふさわしい、読者の共感を呼ぶ意見を述べているが、テーマがテーマだけに、山縣や長谷川が一世紀前に遺した文書よりも読者の心にさらに強く訴えかける内容だった。「物事の道理をわきまえた人間は、組織がつねに正しく行動することなど期待していない。同様に、分別あるいかなる組織の指導陣も、自らの機構が決して過ちを犯さないと大衆に思わせてはならない。学習し、不具合を調整し、失策を認めること、これこそが成熟した人間、そして成熟した組織の証なのである」[21]

さらに言えば、東京政府は、総督府が朝鮮の状況を過度に楽観視していた責任の一端を自らが負っていることを認識していたのかもしれない。一九二〇年一月二十二日の第四十二回帝国議会における演説で、原は、前年に朝鮮全土に広がった大衆運動は、日本が「想定していなかった」こと、すなわち朝鮮人が朝鮮における日本の目的を「誤解した」ことが原因であると主張したのだった。[22]その直後、一九二〇年二月十九日に行なわれた国会質疑で、男爵佐竹義準（よしのり）の質問に答えて原は、三月二日（ママ）の朝鮮人民の蜂起は、そのような大衆運動の兆候を察知し得なかったため、日本政府を仰天させたことを認めている。[23]

では、中央政府と総督府は想定外だったこの事態にどのように対処したのだろうか。「私見」の中で長谷川は、まず総督府が犯した失策と未解決の問題点を検証し、日本の植民地統治の原則をテーマごとに謙虚に解説し、ついで自らが推奨する解決策を提言することにより、今後の事態に有効に対処するための明確な方針を打ち出した。長谷川は「私見」の序文にも遺漏なく、総督府の犯した失策と自身が提案する解決策の要約を記している。

長谷川の言によると、植民地統治の第一原則は、植民地に外国勢力の侵入に対して本国防衛の要塞としての機能を果たさせることにあった。一方、山縣はこの原則を拡大し、「主権線」と「利益線」という用語で国家の安全保障を定義している。ロジャー・ハケット氏〔ミシガン大学歴史学部名誉教授で山縣有朋の研究家〕は、「主権線（line of sovereignty）」とは「一国の領域の限界線」を意味し、一方「利益線（line of [national] interest）」については詳細に説明されていないものの、これは日本の領土の境界線を越えた……つまり、日本が「国家として支配的な影響力を行使すべき地域」あるいは「敵対勢力下に入った……場合に、国家の安全を脅かす恐れのある、国家防衛のための緩衝地帯、すなわち戦略的エリア」を意味していたのかもしれないと説明している。[24]

長谷川が指摘した第二の原則は、総督府は（利己的な）経済開発を強調するのではなく、むしろディヴァイン氏の言う日朝「双方を益する」方途としての経済発展の重要性を強調すべきということだった。長谷川は山縣のように「補益」という言葉は用いなかったが、「わが帝国の存続を保証する前提条件は『渾然』（つまり『調和』）と『融和』に基づき、（日本と朝鮮を結ぶ）絆を強化することである」と断言していることからして、その真意は明白である。長谷川は後に、三・一運動に関して総督府が最も後悔した点は、朝鮮併合に続く九年間に、朝鮮の経済発展は日本の朝鮮政策の中核であり、その恩恵は朝鮮人と日本人の双方にもたらされるものであることを、「見識ある」朝鮮の人々に説得できなかったことだと強調している。[25]すでに見てきたとおり、大隈重信も、日本の朝鮮政策の要（かなめ）は経済発展であり、朝鮮と日本は協力することによって互いに得るものは大であると言明しているのである。

三つ目の原則として、長谷川もまた他の明治政府の指導者たちと同様に、教育が果たすべき重要な役割を重視していた。この点で長谷川は山縣の先を行っており、中学生以上の日本人と朝鮮人生徒の共学を朝鮮人の同化のために必要な手段として提唱した。しかし、山縣と長谷川がそれぞれ教育の重要性に関して信念を述べた時点で、沖縄人と朝鮮人の日本語能力は異なったレベルにあったことを付言しておきたい。事実、朝鮮のエリートたちは、自分たちは日本人より文化的に進んでいるし、より洗練されているとすら考えていたのだった。

長谷川が、共学は朝鮮人の同化を容易にするに違いないと楽観的に考えていたにもかかわらず、結果は思ったほど芳しくなかった点は注目すべきである。ヒルディ・カン女史への情報提供者の一人は、朝鮮人と日本人の生徒は席を並べて授業を受けたものの、互いに交わることはなかったと回想している。さらに、朝鮮人の生徒たちが学生寮で日本人と同室の生活を共にしなければならないことに抗議すると、日本人の寮監たちは方針を変え、それぞれのグループが別々のホールで起居することを認めたのだった。[26] これは、日本の統治が情け容赦なく、専横で差別的、かつ抑圧的ではなかったことを示す一つの事例である。それはまた同時に、朝鮮人が日本の官僚によって施行された穏健な政策にも反発したことを示すものでもある。

長谷川はまた、明治政府内の彼の同僚らとともに、「漸進主義」とその効力を信じていた。たとえば彼は、朝鮮の学生たちは国家思想（つまり愛国心）とは何たるかをいまだ十分に把握できていないと見ていた。[27] だが、国家思想や愛国心を学生たちが十分に把握することは、朝鮮を「漸を追ふて」日本化させるための重要な部分だったから、性急に結果を求めることは近視眼的過ぎる、と長谷川は考えたのである。

そしてこの時点で長谷川は、四番目となる、非の打ちどころのない日本の植民地統治の原則を明らかにするのである。それは、近代日本の政治史を研究する多くの学者たちが見過ごしてきたことだが、実は日本の指導陣の本流（メインストリーム）が合意していた原則だった。すなわち長谷川は専制政治に起因する万国共通の苦悩は、下位に位置する人々の関心事を権力者に伝える動きを阻塞（そへい）することだという点を認識していたのである。[28]長谷川は、明治政府の指導陣の基本的な信念を一般論として唱えることから一歩進めて、総督府は朝鮮人民との距離を大至急狭めることに努力を払うべきであると断じたのだった。政府指導陣が朝鮮に対して家父長的な姿勢を取っていたことに疑問の余地はない。もしも彼らが専制的かつ独裁的で、朝鮮の大衆を抑圧しようと考えていたとしたら、指導陣の一人で陸軍大将だった長谷川がこのような指令を発することを期待する向きは、まずなかったに違いない。

彼は天道教信者（てんどうきょう）が三・一運動に参加し、その結果教団は重要な役割を果たすことになったものの、教団自体が運動を指揮したわけではなかった点を最初に指摘した。したがって、「これ（天道教）を解散させるわけにはいかないだろう」と記している。[29]

次に長谷川は、総督府は破壊活動を目論む団体として天道教を解散させるだけの力を持っていたことは確かだが、この選択肢を採っても信者たちを地下に潜行させるだけで、今以上に厄介な頭痛の種を作ることになると書いている。長谷川が提案した解決策は、天道教を宗教として認めたうえでその活動を厳しく規制し、より建設的な方向に導く、というものだった。[30]「厳しく規制する」という表現は、要するに総督府には朝鮮人民を「抑圧する」ほどの過酷な措置を講ずる意思はなかったことを意味するものである。疑わしい組織や団体に対するこの種の穏健な取り組みこそが朝鮮総督府のやり方だったのである。

長谷川は言論と報道の自由にかかわる問題にも、同様のやり方で臨んだ。彼は、言論と報道に関する総督府のそれまでの規制が「厳し過ぎた」点を認め、これらの規制を緩和することによって、総督府は朝鮮の民衆の言わんとすることが聞けるようになるわけだから、彼らが誤っていることを察知した段階で正しい方向に導けばよいと考えた。それがなされれば、「下から上へ、そして上から下への意思の疎通」への道[31]が開けるだろう、と長谷川は推断し、効果的な意思の疎通を達成するための解決策を提示したのだった。それはつまり、総督府は現地語の新聞をそれまでに承認していた一紙から、二紙あるいは三紙に増やすべきであるという提言[32]だった。

総督府と朝鮮の人々との間の隔たりを塞ぐために長谷川が行なった次の提案は、きわめて重要だった。つまり、貴族院選挙で朝鮮人に投票権を与えようというものである。この措置によって、朝鮮の大衆ばかりか日本人にも、朝鮮人民は日本人と同様に「日本帝国の真の構成員」なのだという意識を持たせることができる、と考えたのだった。

ここに、朝鮮人市民に参政権を与える運動の種が蒔かれたのだったが、その可能性は、一九四〇年代初期の帝国議会の貴族院における朝鮮人徴用に関する質疑で、繰り返し言及されている。

原敬の政府が長谷川の提言を真摯に受け止めていたことは、帝国議会における質疑で回答を迫る佐竹男爵に対し、原が長谷川の提言をほとんど逐一引用して長い答弁を行なっていることから十分に窺える。[33] 原は佐竹男爵に対する答弁の中で、沖縄の代表は「すでに帝国議会の議員なのだから……朝鮮人の代表もあとに続くであろう」との、注目すべき発言を行なっている。[34] 原はさらにその後の審議で、政府は「朝鮮が日本と同等の（近代化の）レベルに可及的速やかに達することを引き続き望む。……そして、もし朝鮮の地方自治の制度がわれわれの期待どおりに実現するのであれば、朝鮮人民は（その時点で）彼らの代表を帝国議会に送り、貴族院・衆議院両院の審議に参画するであろう」と、聞く者すべてにとって疑う余地のない方針を明示している。[35]

当時、日本在住の朝鮮人男子は年齢と住居に関する必要条件を満たしてさえいれば、投票権を有していたことを指摘しておくのは有用だと思う。もちろん、同じ条件は日本人男子にも適用された。実際、一九三〇年以降は、朝鮮人の有権者はハングルで投票用紙に記入することが認められていた。朝鮮人は日本国内の公職に立候補する権利を持っていたことも、同じように興味深いことである。一九三〇年代から一九四〇年二年と一九三七年の選挙では、朴春琴(ぼくしゅんきん)のみが当選している。[36] 一九三二年以降は、さらに朝鮮人三名と台湾人一名が貴族院の終生議員に任命されている。そして終戦の年にあたる一九四五年四月には、「朝鮮人と台湾人は投票に参加し、代表を帝国議会貴族院に送る権利を得た……」のだった。[37] だが、選挙が行なわれる前に太平洋戦争は終結した。

長谷川の後を襲って朝鮮総督(一九一九—二七年)に就任した斎藤実(まこと)提督は朝鮮着任直後、爆弾による暗殺を辛うじて逃れている。このように過激な反日姿勢を見せつけられたにもかかわらず、斎藤は長谷川が唱導した改革のいくつかを実践した。斎藤は朝鮮人官吏の待遇を改定し、警察組織を再編成・拡大したほか、不評だった憲兵制度の廃止、地方の知事職の民間人官吏への開放、教育改革などを断行し、ハングルの新聞や雑誌の発行を許可した。斎藤が行なったもう一つの改革は、天皇によって任命された地位にふさわしくないという理由から、日本人教員、裁判官、そしてその他の民間人の佩刀(はいとう)を禁じることだった。

ヒルディ・カン女史の取材協力者の一人は、当時通っていた学校にいたある日本人教師について、次のように回想している。その教師は「襟元、肩、胸、そして袖口に金ぴかの装飾品をふんだんにあしらった」黒い制服姿で、「腰にサーベルをぶら下げて」教室に姿を現した。その威嚇的ないでたちに対するその人物の反応はこうだった。「たった十歳の子供が、あのように仰々しい制服と長い剣を目の前で見たら、心底から恐怖を味わって当然ではありませんか[38]」

これらの節度ある改革は、一九二〇年代から一九三〇年代初期の朝鮮における文化ナショナリズムの台頭を促した。つまり、総督府が大小さまざまな規模の改革の必要性に関して敏感だったことは、その政策が民族史観の熱烈な唱導者たちが主張するような、表面的で不誠実なものではなかったことのしるしだったのである。

フレデリック・スタール教授（一八五八―一九三三年）は、シカゴ大学に正式に雇用された最初の人類学者である。引退後、スタール教授は「日本と朝鮮で働く」ことに多くの歳月を費やした。「東京で死去した」とき、教授は「生涯十四度目の訪日中」だった。三・一運動の後、スタール教授は斎藤実総督と会い、斎藤の印象を「正直かつ真剣に自らの任務について語り、朝鮮人民の抱負に対して好意的と思える」人物だった、と述べている[39]。

「騒擾善後策私見」に基づく改革の効果

これらの改革の効果を測る一定の尺度が、童元摸氏が引用した一九三六年の警察関係の二つの調査〔The Gendarmerie Survey of Korean Attitude (a) Independence

Thoughts（「朝鮮人の独立に関する意識調査」、未訳）および The Gendarmerie Survey of Korean Attitudes: Toward the Japanese Government（「朝鮮人の日本政府に対する意識調査」、未訳）」に記されている。われわれとしては、統計、それも特に政府主導で行なわれたこの類の世論調査を用いることに、ある種の不安を覚えることを禁じ得ない。こうした慎重さが重要なことは、マーク・トウェインの警告が示すとおりである。すなわち「（英国首相ベンジャミン・）ディズレリーが言ったとされる次の言葉は、司法と権力にも当てはまるだろう。『嘘には三つの種類がある。嘘と真っ赤な嘘、そして統計である[40]』」。

われわれは、前述の調査が行なわれた状況について無知であり、示された数字になんらかのバイアスがかかっている可能性が大きいであろうことを認識している。それでも、これらの調査を通して得られた数字は、日本の朝鮮統治を、特に日本に有利に描こうとする意図など持たない修正主義者たちの研究との関連で用いられる場合、三・一運動直後の日本統治下の複雑な状況を解明する一助となるかもしれない。

童氏が引用する最初の世論調査は、「朝鮮の独立に関する意識」について問うたものだが、調査に参加した人々の八・一パーセントは独立すべしとつねに考えており、十一パーセントは朝鮮にとって有利な時期に独立することを望み、三十二・六パーセントは独立を断念していた。なお四十八・三パーセントは「どちらでも構わない」という態度だった。

興味深いことに、知識層の間では四十七・二パーセントが独立を諦めており、二十八・一パーセントは「どちらでも構わない」と答え、さらに学生たちの間では、三十三・六パーセントが独立を諦めており、五十・六パーセントが「どちらでも構わない」と答えている点だった。また、この調査の結果、知識層の九・三パーセントがつねに独立すべしと考えており、十五・四パーセントが（朝鮮にとって）有利な時期に独立することを考えていることがわかっている。ちなみに、学生たちの間では、これらを示す数字はそれぞれ、五・六パーセント（独立すべし）と十・三パーセント（時期を選んで独立すべし）だった。また、農民と一般労働者の間では、六・五パーセントが独立を望み、六十八・三パーセントはどうでもよいと考えており、宗教界の指導者の意見は、それぞれ二十七・一パーセント（独立を望む）と二十五・二パーセント（どちらでもよい）と、ほぼ均衡していたことは注目に値する。[41]

別の調査では、日本政府に対する姿勢に関しては、全体として十一・一パーセントは反日的で、十四・九パーセントは改革を求め、三十七・七パーセントは満足しており、三十六・一パーセントはこの点に関して関心を示さなかったという結果が出ている〔以上の数字は原典の「表」による。合計が百パーセントに満たないが、そのまま引用した〕。知識層の間では、以上の意見はそれぞれ十・七パーセント（反日的）、二十四・

九パーセント(改革要求)、四十四・九パーセント(満足)、十九・五パーセント(無関心)と示されている。さらに学生たちの間では、これらの数字はそれぞれ、九・九パーセント(反日的)、十二・七パーセント(改革要求)、四十・七パーセント(満足)、三十六・七パーセント(無関心)だった。[42] 朝鮮人民が当時、「つねに独立すべしと考えている」と正直に回答しても身に危険は迫らないと感じていたこと、そして日本側が彼らのこうした回答を記録した点は注目すべき点である。

原注

1 山縣が送った書状と別紙は、尚友倶楽部編『品川弥二郎関係文書』第八巻(東京、山川出版社から刊行予定)に掲載が予定されている。

2 戦前の沖縄の生徒たちは、本人がそれを希望し、学力があったとしても中学校にしか行けなかった。屋嘉比収「近代沖縄知識人の戦時下の言論――井波普猷と島袋全発」(『本郷』誌86号)一六―一八頁。

3 Richard Rubinger, Who Can't Read and Write?: Illiteracy in Meiji Japan, *MN* vol. 55 no. 2, summer 2000, p179, p184.
徴兵試験のデータは、一定期間における日本人男性の文盲率の実態を反映することから、ルビンガー氏はこれを用いた。これらのデータは、二十歳になったすべての男性が受けた試験の結果を示すものである。だがルビンガー氏は、非識字の程度を測定するために徴兵試験の問題を使うことには問題があることを認めている。右記論文 pp170–73, pp193–95 参照。

4　Meiji Assimilation Policy in Okinawa: Promotion, Resistance, and 'Reconstruction', Helen Hardacre and Adam L. Kern ed., *New Directions in the Study of Meiji Japan*, Brill, 1997, p647, p649.

5　Japan's Policy in Korea, *The Forum* vol. 37 no. 4, April -June 1906, pp577–80. 大隈のこの論説は英語のみで発表されたが、その目的はおそらく一九〇五年の日本による朝鮮保護国化の方針を国際社会に対して正当化することだったと思われる。同文書の存在を教えていただいた法政大学の長井純市教授に御礼を述べたい。この文書を翻訳するにあたり、長井教授は「双方とも受益者となる」の部分を「互恵的」と訳出しておられる。「大隈重信の朝鮮開発構想」（『日本歴史』第六九五、二〇〇六年四月号）七四頁。

6　大山梓編『山縣有朋意見書』「対支政策意見書」（東京、原書房、一九六六年）三四〇—四一頁。

7　Hans Martin Krämer, The Prewar Roots of 'Equality of Opportunity': Japanese Educational Ideals in the Twentieth Century, *MN* vol. 61 no. 4, winter 2006, p523, p544. ハンス・マーティン・クレーマー氏はドイツのルール大学ボーフム（ノルトファーレン＝ヴェストファーレン州所在の州立大学）准教授で、専門は日本研究。

8　Richard Louis Staubitz, The Establishment of the System of Local Self-Government (1888–1890) in Meiji Japan: Yamagata Aritomo and the Meaning of 'Jichi (self-government)', Ph. D. diss., Yale University, 1973, viii.

9 James M. Fallows, *More Like Us: Making America Great Again*, Houghton Mifflin Company, 1989, p5, pp13–14, pp25–35.

10 Tetsuo Najita（ナジタ・テツオ）, *Hara Kei in the Politics of Compromise, 1905–1915*, Harvard University Press, 1967.

これは、原敬の政治家としてのキャリアに関して英語で書かれた唯一の論文である。内容はしっかりしており、有用である。ナジタ氏は山縣主導の官僚閥と原敬の政友会との葛藤を強調している。京都大学教授で〝犬と酒と人〟を愛したとされる伊藤之雄は、『山縣有朋 愚直な権力者の生涯』（東京、文春新書、二〇〇九年）の中で、原と山縣は全く対照的な政治家だったと主張する一方で、自分は「山縣がどんどん好きになっていった」（四七五頁）と書いている。伊藤氏の心境の変化は喜ばしいことだが、二人が全く異質であったか否かに関する評価はしばらく待ちたいと思う。

11 原がなぜ朝鮮人を支那人とは別扱いをすべきであると説いたかを理解する鍵は、冒頭の大隈の発言にあるかもしれない。大隈は「朝鮮半島南部に住む民族は、日本民族の発生と起源を同じくするものであり……（朝鮮人は）わが民族の親戚であると信ずるに足る証拠がある」と述べている。一方大隈は、朝鮮半島北部に住む朝鮮人はタタール族の血縁だとしてこれを退けた。大隈の論説は Japan's Policy in Korea, *The Forum*, vol. 37 no. 4, p571 参照。

12 原奎一郎編『原敬日記』第三巻（東京、福村出版、一九六五年）〈一九一一年四月二十四日〉一一四頁。また男爵藤村義朗による国会質問演説に対する一九二〇年七月二十一日の原の回答は、田中浅吉編『原敬全集』第二巻（東京、原敬全集刊行会刊、一九二九年）五一五—一六頁を参照されたい。

13　Japanese Colonial Policy and Practice in Korea, 1905-1945: A Study in Assimilation, pp246-47.

14　『原敬日記』第三巻〈一九一一年五月三十一日〉一三〇—三一頁。

15　前掲、〈一九一一年四月二十四日〉一一四—一五頁。

16　Richard Devine, Japanese Rule in Korea after the March First Uprising: Governor General Hasegawa's Recommendations, *MN*, vol. 52 no. 4, winter 1997, p524.

リチャード・ディヴァイン教授は同論文執筆当時、上智大学比較文化学部の助教授だった。現在は同大学内にあるS・J・ハウスに居を構え、彫刻制作活動に専念しているが、その作品は彫刻家仲間の間で高い評価を得ている。二〇一二年六月中旬、われわれは電話で長時間語り合った。統治下の朝鮮で日本が果たした役割の理解に優れた貢献をした教授に敬意を表することができて幸いであった。

17　Frank P. Baldwin, Jr., The March First Movement: Korean Challenge and Japanese Response, Ph. D. diss., Columbia University, 1969, pp232-36. ボールドウィン氏の記述を読むにあたっては、いささか注意を要する。というのは、彼の視点は、日本の植民地支配に関してきわめて否定的な認識に基づく〝民族史観的パラダイム〟に偏しているからである。

18　Japanese Rule in Korea after the March First Uprising: Governor General Hasegawa's Recommendations, p524. 訳文は称賛に値するもののごく僅かに瑕疵がある。氏はカタカナの助詞の〝ハ〟を漢数字の〝八〟と勘違いし、訳文の中の一カ所（朝鮮統治の年数）を誤って〝八年〟と訳している。長谷川自身も日本の朝鮮統治の年数を〝九年〟あるいは〝十年〟と記すことによって混同に拍車をかけている。筆者アキタは、憲政資料室の堀内寛雄室長から同文献並びにその他諸々の資料のコピーを提供していただいたことを深く感謝するものである。

19 Peter Duus, *The Abacus and the Swords; The Japanese Penetration of Korea, 1895-1910*, University of California Press, 1995, p196.

20 前掲、p189. アレンは後に日本人を「開化された民族」と呼んでいる（元駐英大使ジョセフ・チョート宛の書簡、一九〇五年。同p206）。

21 Jon Meacham, Trial, Error, and the Gulf of Mexico, *Newsweek*, 7 June 2010, p2.

22 『原敬全集』第二巻、三二九頁。

23 前掲、三七七―七八頁。

24 Roger F. Hackett, *Yamagata Aritomo in the Rise of Modern Japan, 1838-1922*, Harvard University Press, 1971, p138. ハケット氏は英文では「利益線」を line of advantage と表現しているが、われわれは line of (national) interest つまり「国益線」とすべきと考える。なぜなら、後者は潜在的敵対勢力に対して〝優位〟に立つための、積極的かつ攻撃的な手段を示唆するからだ。このような概念が列強各国によって当時どのように応用されたか、また今日もなお応用されているか否かに関して、ここで本格的に論議をするのは場違いである。ただ、一例を挙げるなら、モンロー主義は西半球におけるヨーロッパ勢の影響力と支配力の拡大を妨げるために宣言されたもので、アメリカの「主権線」と定義されてよいかもしれない。

しかしながら、アメリカの「利益（あるいは国益）線」は、長い年月の間に、西半球からしだいに押し出されることになり、その過程で、最初にフィリピンが一九〇〇年に、そしてその後日本、朝鮮、さらには台湾が、さらにその後のイラクやアフガニスタンが同様に、アメリカの「利益線」内に組み込まれていったのである。

25　この部分を英訳してアキタは、ディヴァイン氏は長谷川の心情を正しく捉えていると思ったものである。Japanese Rule in Korea after the March First Uprising: Governor General Hasegawa's Recommendations, pp529-30.

26　*Under the Black Umbrella: Voices from Colonial Korea, 1910-1945*, pp54-55.

27　ディヴァイン氏はここで、原典に用いられた用語を「国家思想」と訳している（Japanese Rule in Korea after the March First Uprising: Governor General Hasegawa's Recommendations, p535）。だが私アキタは、山縣が教育を通して沖縄人に愛国心を吹き込むことを意図した点に鑑み、「国家思想」と「愛国心」を互換的に用いることにした。しかし、ここでも朝鮮のエリートたちは、儒教に基づく自国の官僚的伝統は日本の武人的歴史を凌駕すると誇らしげに考え、朝鮮は文化と国家の洗練度において日本より優れていると信じていたのである。

28　Japanese Rule in Korea after the March First Uprising: Governor General Hasegawa's Recommendations, p532.「専制政治」および「阻塞」はアキタによる訳語。

29　前掲、p538. ヒルディ・カン女史は、三・一運動を「儒教、仏教、並びに道教」的要素が混在する、一種の「宗教運動」と捉え、その目的は「農民の平等」「農村の置かれた状況の改善」「腐敗した政府の改革」の要求だったと記している。彼女の取材協力者の一人は、この運動は「非常に排外的」であり、「西洋的な観念はすべて拒否したものだった」と回想している。参照：*Under the Black Umbrella: Voices from Colonial Korea, 1910-1945*, p10.

30 前掲、p526.

31 前掲、p539.

32 前掲、p538. その結果、二紙が創刊されたが、それ以外にも「多数の大衆誌と、政治をテーマとする各種出版物」が誕生した（*Korea Old and New: A History*, p283）。

33 帝国議会のその他の会議で、原は三・一運動後の日本政府の政策は「公明正大」な手段に基づいた「一視同仁」の精神をもって朝鮮人民の福祉と安全を目的に行なわれる改革であると語っている（一九二〇年一月二十二日の第四十二回帝国議会会議における演説、『原敬全集』第二巻、三一九頁。および一九二〇年一月二十七日の阪谷芳郎男爵への回答、同三五六頁）。

34 前掲、三八四頁。一九二〇年二月十九日。

35 前掲、五一五―一六頁。一九二〇年七月二十一日の男爵藤村義朗の質問に対する答弁。

36 Takashi Fujitani（藤谷健）, *Race for Empire: Koreans as Japanese and Japanese as Americans during World War II*, University of California Press, 2011, p24, p28.

37 前掲、p66.

38 *Under the Black Umbrella: Voices from Colonial Korea, 1910-1945*, p52.

39 Robert Oppenheim, 'The West' and the Anthropology of Other People's Colonialism:

Frederick Starr in Korea, 1911-1930, *The Journal of Asian Studies*, vol. 64 no. 3, August 2005, p677, p688.

40　http://www1c.btwebworld.com/quote-unquote/p0000149.htm

41　Japanese Colonial Policy and Practice in Korea, 1905-1945: A Study in Assimilation. Table（表）37, p341.

42　前掲、Table 39, p345.

第5章　日本統治下の朝鮮の暮らし——ヒルディ・カン女史の聞き取り

修正主義史観による検証を進めるにあたって、民族主義史観の枠組みの中でなされ、これまでにも頻繁に引用されてきた研究を取り上げることは妙だと思われるかもしれない。ヒルディ・カン女史が聞き取りをもとに描いた日本統治下の朝鮮の実態は、著者自身の言葉によれば、このテーマに関する史料と「殉難者たちが遺した熱烈な言い伝え」の系統的な研究から派生したものであるという。そして、彼女が自らの著作のために選んだタイトル *Under the Black Umbrella: Voices from Colonial Korea, 1910–1945*〔『黒い傘の下で　日本植民地に生きた韓国人の声』〕は、反日的な史観で日本統治時代の朝鮮を見ようとする当初の強い意思を示すものである。

同書は、サンフランシスコ地区に住む五十一名の朝鮮生まれの年配の人々へのインタビューをまとめたものであり、取材対象者は民族主義的な語り口を期待するに十分な陣容である。登場するのは、たとえば投獄され、拷問を受け、絶え間ない迫害を受けたかつての青年であり、水責めの刑を受けた体験を持つ人物であり、さらには鞭打ちの刑を受けた人もいる。このほかにも報酬や昇進の面で差別を受けた人や配給カードの配布を拒否されたという人もいる。ヤン・ソンドック氏（Yang Sŏng-dŏk）は、日本の朝鮮人同化政策について典型的な朝鮮人の視点からこう語っている。

あの政策は、朝鮮人を日本人にするための手段に過ぎませんでした。日本人が目的なしに事を運ぶことなどあり得なかったことは、おわかりいただけますよね。日本人は朝鮮民族に対してインケン（陰険）なことを企んでいました。朝鮮名を日本名に代えることの目的が、われわれ朝鮮人を名前のうえで日本人にしてしまうことだったのは明らかでした……。これは、われわれ人民から朝鮮人としての意識のあらゆる痕跡を拭い去る目的で展開された、長期的な計画の一部に過ぎなかったのです。[1]

しかしカン女史は学者であり、五十一名という少数の取材対象者へのインタビューには一次史料のサンプルとして限界があること、また、当事者の思い出に基づく記述には思い違いや記憶の喪失を含む曖昧さが伴うことを率直に認めている。特に称賛に値するのは、カン女史はあらかじめ用意しておいた質問を自らの取材対象者に対して発することを控え、朝鮮時代の思い出を自由に語ってもらうという手法をとったことである。

カン女史はまた、調査に協力した人物（女性）の家族たちが、日本統治下の朝鮮で過ごした夫の父親の青春時代の思い出話を女史が語るのを聞きながら、「くすくす笑ったり」「微笑(ほほえ)んだり」する様子を観察しているうちに、突然ひらめきを得たと記している。つまりカン女史は、彼女の義父がいかにも懐かしげに語っていた体験談は、すべて「日本の過酷な統治時代に起こったこと」だったと気づいて感銘を受けたのである。そこで彼女は自問する。「私が聞けると期待していた（日本の）残虐行為に関する話が出ないのはなぜなのだろうか[2]」

カン女史の調査に臨む真摯な姿勢を通して、われわれは彼女の学者としての清廉さを知ることになった。つまり女史は、インタビューされる側に自由に発言させ、質問する際には自らの先入観をいっさい加えなかったのである。そのため、カン女史の研究は「熱烈な殉教者的物語」に見られる典型的なパターンを踏襲しない結果に繋がった。カン女史が面談した人々は、日本の朝鮮統治の中に陰影、矛盾、そして正常な部分を見ていたのと同時に、一般の日本人のみならず警察官まで含めて、ときには好意的にすら受け止めていたのだった。

「面談した人々はいずれも『私は辛いことは何も体験していません』の類(たぐい)の前置きをしてから回想を始めた」というカン女史の記述をもとに論を進めることにする。

序文の中で彼女は、「ありきたりな生活」の思い出や「事実関係に関して重複した部分」は削除したと記している。前述のとおり、彼女は「あまり辛いことは起こらなかった」と語る回答者が多くいた点にも注目している。民族史観の信奉者諸氏にとっては心外かもしれないが、「辛いことは何も体験していない」あるいは「ほとんどの人は日本の統治に順応していた」といった発言の頻度が高かったことは、「ある程度」以上の数の朝鮮人は「正常に近い生活を送っていた」とのわれわれの主張を支えるものである。さらに言うなら、もしカン女史が、生活が「ありきたりだった」と答えた人々と、「重複した回答」をした人々の答えまで加えていたとしたら、これらの数字の合計はわれわれの主張するところをさらに強力に裏書きすることになっていたであろうと考える。[3]

ではここで、「生活はありきたりだった」との回答は削除されていることを念頭に、彼女が提供する証言を見てみよう。

一九〇五年から一九一一年に至る朝鮮を描いた第一章で、カン女史はその時代の朝鮮で生まれ育った三人の高齢者を取り上げ、いずれも「自分たちの人生は、おおかた自分たちの選択に基づいて生きることができた」と述べたと記している。当時の警察や個人としての日本人警察官の振る舞いに対する複雑な反応も、カン女史の描くエピソードを通して如実に描かれている。最初の回想は「日本人は総じて悪くはなかった。

私たちは互いにうまくやっていた。けれども私たちを困らせたのは警察官だった。だから、警察官たちとはできるだけ接触しないことにした」という、警察に対する朝鮮の人々の一般的な見方を確認するものだった。だが、その後に続く話はそれほど単純なものではなかった。

　当時九歳だったという一人の回答者は、三・一運動が始まったころの状況と日本人兵士による血に塗(まみ)れた報復の日々を回想している。警察はデモ参加者を逮捕し始めたが、特に年長の男たちに対する「警察署長の……ものの言い方は丁寧」で、「彼らを縛っていた縄を解き、帰宅を許してくれた」と、この人物（男性）は述懐している。彼は日本人の中でも「特に親切だったのは警察官だった」と、カン女史に語っている。もう一人の男性は、自分の父親は日本人の指導者より高い教育を受けていたため、「われわれの町で最高権力者だった日本人の警察署長は、父に出会うといつも深々と礼をしたものだ」とカン女史に伝えている。別の一人は、「私は日本の警察官からも政府の役人からも、不愉快な目に遭わされた記憶は一切ない」と語った。[4]

　上海に住んでいたという女性は、父親が独立を内心で強く希求していたとの疑惑を持たれ、特高警察が刑事を派遣して常時身辺を探っていたと語った。だが彼女の一家は、やがてこの刑事と親しくなり、ときおり食べ物を振る舞うなどしていたという。そのため、一家は戦時中に日本人と協調したかどで、太平洋戦争終結後に告発されたのである。監視する側と監視される側に芽生えた心の交流に関するこの女性回答者の識見には感動させられる。「要するに、日本人も、私たちも、同じ人間だったということよ」[5]

著作に収められた協力者の多くの回想が、日本人との交流が積極的かつ友好的だったことを示している点は印象的である。ある人はこう語っている。「私は日本人に対して敵意を抱いたことは一度もありません。日本人がわれわれ朝鮮人を迫害しているなどと思ったことは、全くありませんでした」。別の一人は、「自分たちに話しかけるときの日本人教師の言葉遣いは丁寧でした」と述べた。さらにもう一人は、「私は日本人のクラスメートたちととても親しくしていました」。

インタビューに応じた高齢の朝鮮人の話はさらに続く。上海の小学校に通っていたという人は、「日本人に邪険に扱われたことは一度も記憶がありません」と語り、別の一人は、「私の学校の（日本人の）校長先生が朝鮮人を見下していたとは思いません……校長先生は、朝鮮人を教育することに非常に熱心でした」と語った。さらに、若い日本人の男性教師は、担任したうちの三人の朝鮮人女子中学生に多大な影響を与え、格別の努力を払って彼女たちに高校入試の準備をさせてくれた、という話も出た。ちなみに、彼女たちは、自分たちの生まれ故郷で「四十年後にこの教師との再会を果たした」のだった。[6]

以上の回想に、崔永浩(チェヨンホン)名誉教授の体験を加えておきたい。崔教授は、小学校時代の日本人校長を「鬼」と表現する一方、担任の女性教員は「天使様」だったと語っている。教授はその担任の名前を西村スミ子と鮮明に記憶していた。一九八〇年代に、九州・小倉市〔現・北九州市〕を訪れ、お世話になった恩師に挨拶をし、敬意を表したのは、教授の人間としての器(うつわ)の大きさを示す行為だった。その後西村先生に再びお目にかかれていないことを遺憾に思うと教授は語っている[7]。

実際のところ、朝鮮側にも日本側にも崔教授が期待するような環境をつくりだす善意は十分にあった。別の調査協力者は、「四、五年の間に私は四度昇進し、そのつど昇給しています。ですから私は、日本人の同僚と同等の待遇を受けており、差別されたことはなかったことを指摘しておきたいと思います」と述べ、もう一人の取材協力者は、彼の上司は「典型的な日本人」ではなく、「朝鮮人に対する差別扱いを忌み嫌っており、だから……職場の全員を同等に扱ってくれました」と述懐している。その他の取材協力者の何人かは、近所に住む日本人家族の子供たちと「友達になって親しく遊んだものです」と語り、別のグループ（女性）は、近所の日本人の主婦の人たちと「仲良くなりました」と述べている。もう一人は、「いちばん親しかった友人は日本人でした」と付け加えた[8]。

説教調になったり、感傷的になったりするつもりはないが、以上のさまざまな回想の中には、人間愛の糸で固く結ばれた二つのエピソードがある。その一つは、すでに引用済みだが、上海に住む朝鮮人一家が、〝同じ人間〟ではないかという理由で、偵察に来た複数の刑事を温かく迎えたケースだ。もう一つは、洪（ホン）ウルス（Hong Ŭlse）という名前のかつての〝夢多き朝鮮人青年〟の話だ。

彼は日本に渡り、やくざの手下になる。洪が言うところから判断すれば、彼の親分はおそらく的屋（てきや）だったと思われるが、学費まで負担して学校に通わせ親切にしてくれ、彼の能力を認め、給料を上げてくれたのだった。あるとき洪は、こんなにご親切にしてくださるのですから、昇給していただかなくて結構ですと言ったが、親分はその分をそっくりそのまま密かに貯金しておき、後になって、その昇給分を全額記載した貯金通帳を渡してくれたのである。だが、親分のそのときの助言は、それよりもおそらくはるかに価値あるものだったろう。「わしのように（落ちこぼれに）なってしまってはいけない……手遅れにならないうちに、この世界から足を洗うことだ……おまえは勉強して、もっと高い教育を受けなきゃだめだ」[9]。朝鮮統治下で見られたこのような親密な人間関係は無視されてはならない。

われわれは、カン女史が朝鮮人と日本人のこうした人間的な触れ合いを記録しておいたことは、統治史研究における彼女の最も貴重な貢献と考える。同じくらい啓発的なことは、彼女の取材協力者の一人の発言にもあるとおり、日本人が朝鮮に新たなインフラストラクチャーを構築したという指摘である。こうした指摘は、ときには「だからどうなのだ」との反応を喚起する。「確かに日本人は朝鮮に新しいインフラをもたらした。だが、それは日本人が朝鮮人に対して犯した残虐な行為の数々と弾圧をとうてい補うものではない」という論理だ。

以下に挙げるのは、朝鮮人の間に往々にして見られる、日本に対する〝二項対立的〟な見方の例である。「私の父親は（日本人が朝鮮に）やって来たことで日本人を憎んでいた……だが、私にとって日本人はそれほど悪くはなかった」あるいは「雨季になると私たちの村は毎年洪水に襲われたが、日本人がやって来てダムを造ってくれた……確かに、彼らの組織力に私は強い印象を受けた……彼らが造ったものは何でもよく機能した」といった回想である[10]。

この最後の発言を受けて、民族史観を固く信奉する者と、植民地開発論を標榜する研究者の論争の分野に移る。日本が、鉄道網、電話通信網、学校、大学、図書館、デパート、工場等の設置を通して朝鮮半島に近代技術と技術革新をもたらしたことに疑いの余地はない。朝鮮総督府はまた、公衆衛生や下水処理の面で大きな改善をもたらした。しかしながら、日本の朝鮮統治に関して民族史観的見解を標榜する向きは、これらの改善はすべて日本の利益だけのためになされたものだと主張する。別の言い方をすれば、日本は朝鮮社会とその経済をより効率的に搾取・支配するために朝鮮を近代化することを必要とした、と言い募るのである。他方、植民地開発論に基づく研究者は、朝鮮が短期・長期の双方にわたって日本の植民地政策の下でなされた公共および民間投資の恩恵に浴した点に注目するのだ。

朝鮮人は、日本人による差別の証（あかし）の一つとして、朝鮮人と日本人の労働者や官僚の間に賃金上の格差があったと繰り返し指摘する。確かに、日本国内で勤務する労働者の報酬は、ほぼ全面的に朝鮮の労働者のそれより高かった。だが、日本人労働者が減給を承知の上で朝鮮に出向くことに即座に同意しただろうか。彼らを朝鮮で働く気にさせるためには、奨励金のような発奮材料が必要だった。こうした慣行は、今日でも存続している。たとえば、開発途上国で多国籍企業に勤務するアメリカ人従業員は、同じ仕事をしている現地雇いの従業員より高額の報酬を得るのがつねなのである。

原注

1　*Under the Black Umbrella: Voices from Colonial Korea, 1910-1945*, p119.

2　前掲、xi. カン女史はカリフォルニア大学の研究機関に勤務する韓国系アメリカ人教授を夫に持つ白人で、すでに引退しているかもしれない。インターネットに記載された履歴には、彼女の〝最終〟肩書きは「カリフォルニア州立大学バークレー校朝鮮問題研究センター研究員」とある。夫のサン-ウック・カン（Sang-Wook Kang）博士は、ローレンス・リバーモア研究所勤務（すでに引退）で、ＯＫＳＰＮ（Overseas Korean Senior Professionals Network）のメンバー。

3　前掲、xi-xiii, p5, p13.

4　前掲、p4, p5, p19, p20, p58, p59, p64.

5　前掲、pp107–08.

6　前掲、p26, p39, p44, p45, p107.

7　崔教授には日本の統治を恨みに思うに足る理由があることは、付記しておくべきだろう。教授の父親はキリスト教の牧師で、警察に逮捕され、拷問を受けているのだ。だが教授は言う。「昔のことは水に流して、前に進もうではありませんか」

8　前掲、p67, p116, p132, p136, p145.

9　前掲、pp30–31.

10　前掲、p10.

第6章　日本の台湾統治——アヘン撲滅の功績

前章で見た〝二項対立的〟な叙述の仕方は、台湾研究の場合にも当てはまる。スティーブン・フィリップス教授は、台湾人から見た日本の政治体制の特徴は「誠意が感じられ、機能的で、政策が予見でき、高性能」という点にあると述べている。それでも彼はまた、台湾人の日常生活は「過酷な警察国家、二流市民扱い、（そして）経済的搾取」に苛まれていたと力説している。[1]

ハリー・J・ラムレー・ハワイ大学歴史学名誉教授は、これよりも肯定的な立場を取っており、以下のように書いている。台湾人は「厳しく要求の多い**皇民化**政策」に腹を立てたため、「ごく少数しか『本物の日本人』へと変貌しなかった」。その点からすると、台湾人の「皇民化運動は長い目で見れば総じて不成功に終わった」ようだ。だが教授は、続けてこうも述べている。それでも、一九三七年の日中戦争勃発後に進められた皇民化政策は、速やかな「同化」の可能性を現実的な基準で判断した場合、「総督府の統制が徹底した状況下では比較的有効だったようだ」。

事実、台湾人や土着の住民の間では（日本に対する）「敵対行為はほとんど」見られず、彼らは「おおむね忠実に日本軍の軍務に就き」、「一九四五年初期までには、中老年層の男たちですら、最後まで（日本のために）戦う心の準備ができていた[2]」。

さらにわれわれはここで、日本が台湾において達成した偉業について読者の注意を喚起したい。以下に記す事績は、これまで日本人の専門家以外ほとんど関心を示さなかったものである。

それは台湾におけるアヘン中毒の根絶である。これは、後に東京市長を務めた台湾総督府民政局長（任期は一八九八—一九〇六年）の後藤新平（一八五七—一九二九年）、台北医学専門学校教授で医学博士の杜聡明（とそうめい）（一八九三—一九八六年）をはじめ、献身的に働いた日台の人々の努力の賜物だった。杜は台湾人の圧倒的な尊敬と信頼を集めていたため、反日運動の指導者〔蔣渭水〕の主治医に任命された。ちなみに、この指導者は総督府直属の病院で病没しているが、それが策略あるいは陰謀の結果であるといった風評は全く立たなかった。これは、李氏朝鮮の最後の王（第二十六代）、高宗（こうそう）の死後に広まった噂とは対照的だった。

台湾総督府はアヘン患者のためのリハビリ・センター、「阿片矯正所」を設立すると、迷わず杜を所長に任命した。台湾の大衆がこの人事を歓迎し、杜の活躍に多大な期待を寄せたことで、センターの成功はすでにその段階で約束されたのも同然だった。

一九四六年六月十日に最後のアヘン患者（陳桂英、女性、二十六歳）が退院したことによって、台湾におけるアヘンの完全な撲滅が達成されたのだった。[3]

原注

1　Steven Philips, Between Assimilation and Independence; Taiwanese Political Aspirations under Nationalist Chinese Rule, 1945-1948, *Taiwan: A New History*, ed. Murray A. Rubinstein, M. E. Sharpe, 1999, p277, p282.

2　Harry J. Lamley, Taiwan Under Japanese Rule, 1895-1945: The Vicissitudes of Colonialism, *Taiwan: A New History*, pp242-43. 引用文の太字で示した強調は原文のまま。ラムレー教授は、もしも戦争がなくて、日本が台湾に留まっていたとしたら、皇民化運動は一世代で成功していたかもしれないと考える。彼のこの発言はアキタに対して直接なされたものだが、筆者が植民地における同化政策に興味を抱く前の段階で拝聴したものであり、予想外の発言だったため記憶している。

3　劉明修『台湾統治と阿片問題』（東京、山川出版社、一九八三年）、一五四―五五頁・脚注22、一五六―五七頁、二三五頁。

第7章　日本統治下のフィリピン――「ヒロヒト」の名前の由来

次のエピソードに触れることなしに、アジアの周辺地域と日本の関係というテーマから離れることはできない。フィリピン人は、日本の敗戦後、おそらく最も反日的だったと思われる国民である。一九四八年、アメリカ陸軍の一兵卒だった私が、フィリピン経由で日本から海路、生まれ故郷のハワイへ復員する矢先のことだった。アメリカ兵の中で日本人の風貌を持つわれわれ日系人兵士たちは、米兵たちをフィリピンの米軍基地に護送する任務を負っていたが、その際に使われたトラックから外に出ないよう命じられ、代わりに白人の兵士たちがＰＸ（基地の売店）で買い物をしてくれた。フィリピン人の手で危害を被る危険性が大だからというのが、その理由だった。

だが、こうした敵対意識が存在したにもかかわらず、二〇一〇年の夏、看護師兼セラピストのジェフリー・サトウ氏は、日本名を「ヒロヒト」だと名乗る高齢のフィリピン人男性の治療にあたったことを話してくれた。ちなみに、サトウ氏の両親は、私の隣家に四十年にわたって住んでいた人たちである。患者の名前に少なからず興味をそそられたサトウ氏は、その由来を尋ねたそうだ。すると、次のような答えが返ってきたという。

「戦時中、自分たちの居住する地域に日本が近代的なインフラをもたらしてくれたことを両親が心から感謝したからだ。日本は、道路を補修し、衛生施設を造り、社会秩序維持の面で大きな貢献をしてくれた。だから両親は、二人が知っている唯一の日本名を自分に付けて、日本に謝意を表すことにした[1]」

原注

1　「ヒロヒト」と名乗るこのフィリピン人男性の姓は、プライバシーの観点から明かすことはできない。フランシス・T・ピゴット卿は伊藤博文の憲法問題の顧問としてイギリスからやって来た弁護士だった。彼は、伊藤は明治政府の指導者の中で「最も有能」だったと書いている。伊藤に深い感銘を受けた卿は、息子をジュリアン・イトウ・ピゴットと名付けた(Sir Francis T. Piggott, The Itō Legend: Personal Recollections of Prince Itō, Nineteenth Century and After, XLVII, Jan, 1910, pp174-76)。

バランスを重んずる立場から、われわれは同化政策がすべて功を奏したわけではなかったと主張する優れた学者たちの立場にも注目しなければならない。デイヴィッド・ハウエル氏は、明治政府のアイヌ同化政策は失敗だったと断言している。いまやアイヌにとって日本語が単一の言語になっており、ほとんどのアイヌは自分たちの伝統的文化に疎いことを認める一方で、約三万人が自分たちは日本人ではなく、アイヌ人であると考えている、と推断している。

失敗に終わったこの同化政策に関しては下記を参照されたい。David L. Howell, The Meiji State and the Logic of Ainu Protection, *New Directions in the Study of Meiji Japan*, ed. Helen Hardacre and Adam L. Kern, Brill, 1997, pp631-34.

Ⅲ　統治と司法

第8章　同化政策と明治憲法

同化政策の中核をなす原則

マイケル・L・スプランガー氏は、同化政策を通して植民地の人々を日本の国体(national polity＝国家体制)に組み込んだという事実は、帝国議会における議員としての活動を含めて、彼らが日本国民としてのすべての権利と特権――これらはすべて明治憲法によって保障され、天皇の裁可を得ていた――を与えられていたことを意味するものである、といみじくも指摘している。朝鮮の人々を日本人と同等に扱うことは同化政策の中核をなす原則であり、天皇の名の下に東京および各植民地で任に就いた役人たちの行動が過激にならないよう規制する機能を果たした。[1] なぜなら、地方の政治家を含む明治の指導陣、中央並びに地方の官僚、マスコミ、あらゆるレベルの教育者、さらには学識ある大衆の一部が、明治憲法と、それに基づいて制定された各種の法律を強く支持していたからである。そして、朝鮮人は日本国民として日本の国体に組み込まれてしかるべきだが、その実現は両国民にとって妥当な時期でなければならないというのが当時の全般的な認識であった。

大津事件で確立した司法の独立

事件の背景

日本国民が明治憲法を広く支持していたことは、一八九一年五月十一日に起こった大津事件の始まりから落着までの一連の複雑な経緯によって裏づけられる。この事件は、訪日中のロシア帝国皇太子ニコライ〔後のニコライ二世〕の沿道警備に当たっていた警察官津田三蔵が、滋賀県大津市で抜刀して皇太子の頭部を斬りつけたというものである。全国民は慌てふためいた。この事件によって、ロシアが報復のために日本に戦争を仕掛け、その結果、せっかく近代世界に参入しつつあった日本の進歩発展が水泡に帰すのではないかと考えたのである。マスコミと明治政府の指導層は深甚なる謝意を表し、明治天皇は負傷した皇太子を見舞ったが、これは異例のことだった。[2]

次に記す論考は、二つの資料に依拠する。一つは、アメリカ人学者バーバラ・ティーターズ女史[3]の論文であり、もう一つは明治期で最も多才だった官僚の一人（井上毅）が明治政府の首脳らに提出した一連の文書である。

ティーターズ女史についてだが、私は二つの理由から女史の論文を通して同事件の詳細を明らかにしようと思う。第一の理由は、それが事件に関して英語で書かれた数少ない論文の一つだからであり、私は学者として成長していく過程で長いことこの論文に影響を受けてきた。第二の理由は、ティーターズ女史は第一世代の日本研究者として、日本における司法の独立というテーマに偏見なく取り組んだ学者の一人だったからだ。要するに彼女は、いかにして日本が、明治維新からわずか一世代のうちに司法の独立の概念を取り入れ、それを見事に自分のものとしたか、その理由を示した学者なのである。これは、司法の独立の基礎は徳川時代（一六〇三―一八六八年）、あるいはその前の時代にまで遡るというわれわれの見解と基本的に一致する。

大審院院長児島惟謙と津田巡査に対する刑罰

津田巡査の逮捕後、大津事件の焦点は法的な問題に移っていった。つまり、津田巡査に科する刑罰として刑法上のいずれの規定が妥当かという問題だった。政府は〔当時の国際関係に鑑みて極刑を望み〕「天皇、皇后、皇太子に対して暴力行為を行なったすべての者[4]」に死刑を求める刑法第一一六条〔大逆罪〕に基づき、死刑に処すべしと主張した。それに対して、大審院院長児島惟謙とその他すべての判事は〔事件は大逆罪の構成要件には該当せず」、二九二条と一一二条が適応されるべきであると反論した。これらの条文は「計画的殺人に対する死刑を規定」するものであった。しかしながら大審院は、津田巡査の行為は被害者に死をもたらしはしなかったため〔謀殺未遂罪〕、判決は「一、二等級減刑されるべきである」と考えた。そして、このような法の定めに鑑み、津田巡査への刑罰は死刑ではなく終身刑が妥当である、としたのである。[5]

児島は津田巡査の裁判において自らの法解釈の下、刑法一一六条の適用に断固反対し、大審院の判事たちに熱心に働きかけることによって、彼らを自身の理論の下に一致団結させた。この点において児島が、日本における法至上主義の確立に貢献をなしたことに疑問の余地はない。[6] 端的に言えば、児島は刑法一一六条（大逆罪）を「外国の君主」の関係した裁判に適用することは、「日本国の主権を侵害することになる」と主張したのである。〔政府の意向に逆らう〕児島のこの危険な行為は判事たちの胸中に葛藤を生んだものの、彼らはあくまでも法とは一国の魂に深く根づいた神聖なものであり、大審院判事としての判断が個人的な感情に左右されることはまかりならないという原則を見失わなかったのである。それゆえ、日本が直面していた危機はきわめて深刻だったにもかかわらず、判事たちは厳密に法に基づいて自らが信ずる判断を下したのだった。彼らにとって、これこそ法の本質そのものを守る術だったのである。[7]

児島の主張は決定的だった。一八九一年五月二十七日、最高裁判事たちは六対一の圧倒的な差で、津田巡査を終身刑に処したのだった[8]（津田は同年九月、旭川刑務所で病死）。

大津事件を裁くにあたって日本の司法当局が貫いた法至上主義の精神は、同事件からほぼ二十年後に始まった朝鮮の植民地化においても、朝鮮の人々に対する総督府の基本的な姿勢にきわめて重要な影響を及ぼし、公正さ、穏健さ、相互主義などの面で列強の植民地政策をはるかにしのぐ統治を朝鮮において可能にしたのである。この事実こそ、朝鮮統治論を修正するにあたり、われわれが大津事件に改めて焦点を当てる最大の理由なのである。

児島判事への官僚たちの支持

当時の大審院の判事の名前はすべてわかっているし、この偉大な前例となるケースにおいて彼らが果たした役割は歴史によって公正に判断されることになろう。しかしながら、日本における法至上主義の発展に貢献したという意味において、個々の名前は不明ながら、当時の司法官僚たちの栄誉は長く称えられてよかろう。いずれも上司だった司法大臣山田顕義との三時間にわたる論争の中で激しく異論を唱え、一歩も引かなかった面々である[9]。

こうした司法省内における対立は、官僚たちと彼らの公的・政治的な上司との関係、そして中央と地方政府の官僚たちの間の関係が複雑なものだったことを示す一例に過ぎない。

カレル・ヴァン・ウォルフレン氏が誤認した日本の官僚の役割

この複雑な関係は、「日本問題のスペシャリスト」（最も過大に評価されてきた外国人スペシャリストの一人と筆者は考えているのだが）、オランダ人ジャーナリストのカレル・ヴァン・ウォルフレン氏によって完全に無視されている。日本の近代政治史研究に対する最新の〝貢献〟の一つということなのであろうが、彼は日本のオピニオン雑誌『中央公論』〔二〇一〇年四月号、「日本政治再生を巡る権力闘争の謎」〕に、「山縣有朋は近代日本の官僚組織を造った中心的人物である」と確信をもって書き、こう述べている。

当時、選挙によって選ばれた政治家の力を骨抜きにするための仕組みが、政治システムの中に意図的に組み込まれたのである。山縣は慈悲深い天皇を中心とし、その周辺に築かれた調和溢れる清らかな国を、論争好きな政治家がかき乱すことに我慢ならなかったようだ。……（そこで）山縣は表向きに政治家に与えられている権力を、（彼らが）行使できなくするような仕組みを導入したのだ。……山縣が密かにこのような仕掛けをしたからこそ、日本の政治システムは、その後、一九三〇年代になって、軍官僚たちが無分別な目的のためにこの国をハイジャックしようとするに至る方向へと進化していったのである。

またウォルフレン氏は、民主党政権（当時）はかつて山縣有朋……によって確立された「日本の官僚制度（そして軍隊）という、この国のガバナンスの伝統と決別しようとしているのである」とし、「そして現在、政治主導によるガバナンスを可能にするような、より小さな機構を、民主党はほぼ無から創り上げることを余儀なくされている」と指摘している[10]。

ウォルフレン氏がこのようなことを書くのは、一九八〇年代後半から一九九〇年の前半に、その著書『日本 権力構造の謎 *The Enigma of Japanese Power: People and Politics in a Stateless Nation*』〔上下巻、早川書房、一九九〇年。ハヤカワ文庫版、一九九四年。原著発刊は一九八九年〕がベストセラーとなり、特に在日外国人の間で高く評価されたことからして驚くことではない。同書で彼は、日本の政治構造と政治システムの下では官僚機構が最大の権力を握っているが、いずれの部門も自らの行動に責任をとらないと見、これを前提として持論を展開している。官僚機構は日本経済を支配している、と彼は言う。官僚はほとんどの法律を制定し、選挙で当選した国会議員は官僚の決定に盲目的に従い、内閣は官僚が決定した事項にめくら判を押し、自らも官僚である最高裁判事の面々は、官僚たちの決定を承認しなければならない、と書くのである。

ウォルフレン氏はまた、有権者は何事についても疑義を唱えてはならず、あるいは創造力を持ってはならない、さらには、日本の教育制度の下で〝洗脳されている〟ため、官僚の決定の前には無力な存在だとも述べている。ウォルフレン氏のこうした見解は、大津事件において大審院の判事らが司法の独立のために放ったあの強烈な一撃を含め、明治以来、日本が多くの分野で成し遂げてきた諸々の業績の大半を否定した驚くべき誤認識であり、不見識にして論理性に欠ける日本観と言わざるを得ない。

日本の閣僚が果たす積極的かつ強力な政治的役割

われわれはまず、閣議とは、顔のない官僚たちによってあらかじめ決定された事項にめくら判を押す場に過ぎない、とするウォルフレン氏の誤った主張に異議を唱える。内閣の役割に関するウォルフレン氏の推測は、間違っている。仮に読者諸氏が閣僚たちの提言や弁明に同意されないとしても、その言動は彼らが内閣の構成員として積極的な役割を演じていることを示しているのであり、そのことは大津事件から見てとれるのである。

当時の農商務大臣陸奥宗光は、明治政府に謀反を企てたかどで、かつて投獄されていた（一八七八―八三年）。ちなみに、陸奥は由緒ある紀伊藩（現在の和歌山県）の出身である（紀伊家は、尾張家、水戸家と並んで徳川幕府の三大親藩、つまり「御三家」の一つだった）。陸奥は無謀にも、津田巡査には死刑ではなく終身刑が妥当であると提唱し、明治憲法遵守の重要性を説いた。だが彼はたちまち長州出身の実力者、井上馨に沈黙させられる。井上は、当時はもはや閣僚ではなかったが、明治日本で最も有力な政治家の一人で、政治的判断の下、津田巡査をただちに処刑せよと激しく主張していたのである。[11]

司法大臣山田顕義は、大審院判事たちの考えを左右することは不可能であると悟り、戒厳令を布く、と脅しをかけた。[12] 一方、外務大臣青木周蔵は、外国の国家元首およびその家族に対して犯された暴力行為に対して、事後法（による死刑の）適用のための提案書を起草した。だがこの提案は、枢密院書記官長の伊東巳代治が激しく反対したことから却下された。[13] 伊東は肥前（現在の長崎県）の出身で、明治憲法の四人の草案者の一人だったから、要するに伊藤博文の門人だった。このような立場をとるにあたり、伊東は当時枢密院議長職にあった博文の指示に従ったのかもしれない。

陸奥に匹敵する大物の〝アウトサイダー〟で、かつては徳川家の高位の家臣だった榎本武揚は、ロシア大使との面談に出向いている。その目的は、津田巡査が死刑ではなく終身刑に処されるかもしれないと告げたときにロシア側がどのような反応を示すかを探ってみることだった。話を聞いた大使が激昂して「津田を処刑せよ」と迫ると、榎本は、犯人が終身刑を受ける可能性に言及したのは、あくまでも個人的な意見に過ぎないと切り返した。[14]彼が果たして伊藤博文を守ろうとしたか否かは、定かではない。だがそれでも、ロシア大使に対する榎本の姿勢は、明治政府の上層部に大審院の判事たちの意見に同調する向きがあったことを明らかにするものである。[15]

一方、首相松方正義は、児島があくまでも法の遵守に固執することに反駁し、まさしく国家の命運がかかる中での法的論議は無意味であると力説した。松方は「国家の存在は、法の存在の前に来る」ものであり、「国家なくして法律なし」[16]と迫ったが、これにはいくばくかの理がないわけではなかった。

薩摩出身の西郷隆盛の弟、内務大臣西郷従道(つぐみち)は激昂し、戦争の可能性を示唆して、自分は法律の機微には疎(うと)いが、ロシア艦隊が品川港に攻め入り、その結果日本が破壊されることは目に見えていると述べた。このような可能性があるのだから、と前置きした西郷は、法律が国家を守ると誰が言えるのか、逆にそれは国家を滅亡させると説いている。[17]

大津事件のもう一人のヒーロー、井上毅

われわれにとって、井上毅は最も注目に値する人物である。井上は第一次伊藤内閣（一八八五―一八八年）、黒田清隆内閣（一八八八―一八九年）、第一次山縣内閣（一八八九―九一年五月）、さらには一八九一年六月まで、松方首相の下で、内閣法制局長を務めた。彼は九州の肥後藩出身だった。同藩は維新の戦争で中立的立場をとったため、藩出身者は結果的に明治政府の要職に就けなかった。しかし、井上は優れた知力の持ち主であり、西洋の事情にも明るい儒学者であるとの評判が高かったため、彼を明治憲法の四人の草案者の一人として選んだ伊藤博文をはじめ明治政府の要人の多くは井上を尊敬していた。

井上に対する高評価に鑑み、私は大津事件を処理する際に示された彼の言動を詳しく検証してみることにした。しかしながらまずは、井上と児島の間にはきわめて重要な相違点があることに着目しておきたい。井上は明治政府の中枢の実力者の一人だった。さらに言うなら、井上の活動とその観点は、明治日本が当時直面していた最重要課題を児島よりはるかに広範囲に網羅していた。それでもこの二人の存在は、司法独立の概念と実践、並びに成文法の尊重が、すでに一八九一年までに、日本社会の非常に広い層の人々の精神に深く根づいていたことを示す紛れもない証（あかし）なのだという事実は、注目に値する。

大津事件で井上が果たした役割は、一八九一年五月十三日に彼が記し、枢密顧問官田中不二麿（ふじまろ）が連署して伊藤博文に送った一通の書状から始まる。この中で井上は、津田巡査に対する妥当な処罰は何か、という喫緊の大問題をいきなり取り上げている。もしも政府がやり方を誤れば、国内の有識者の「嘲笑」を浴び、「後世に汚点を残すことになる」と、井上は書いた。そして彼は、刑法一一六条が適用されてはならない理由を次のように述べたのだった。

一、ロシア皇太子は皇帝ではなく、皇族の一員に過ぎない。国際法は、「一国の統治者に対する襲撃は、国家への襲撃と等しい」と記している。しかし、皇太子は統治者ではないから、彼に対してなされた襲撃は、ロシアに対する襲撃とは異なる。

〔皇太子ハ君主ニ非スシテ皇族ニ過キス「君主ヲ犯スモノハ其國ヲ犯スモノナリ」トノ公法上ノ論理ハ皇族ニ適用スヘカラス〕

二、したがって、（津田巡査は）暗殺未遂の罪で罰せられるべきである。もしわれわれが、ここで意図的に刑法を曲げれば、われわれは外国人を日本の法の下で裁く権利を永久に失うことになろう。

〔故ニ謀殺犯ノ未遂トシテ処分スルノ外ナシ、若（もし）此度ノ事ノ為ニ、刑法ヲ枉（ま）クル事アラハ、将来永久ニ刑法ヲ以テ外國人ヲ統御スルノ國権ヲ失フヘシ……〕

三、日本国刑法第一一六条そのものは、外国の統治者に適用される性格のものではないし、外国皇族の家族の場合は、なおさらのことである（筆者注：この意味は、直接記されていなくとも明白である。つまり、もし日本の法律をわれわれの臣民に対して厳正に適用できないなら、外国人が日本で、日本の法律の下で正しい裁きを受けることができると彼らに思わせることがどうして期待できようか、ということである）[18]

〔日本刑法百十六条ハ外國ノ君主及皇族ニ援引スヘカラス〕

井上のもう一つの非凡性は墨書がきわめて達筆だったことなのだが、この伊藤博文への書状は鉛筆書きである。これは井上が、事はきわめて重大かつ急を要するものであると受け止めていたことを表すものだ。

一八九一年五月二十四日、井上毅はさらに伊藤博文に長文の「方針書」を送った[19]。そこでは大津事件を裁く姿勢と論法においては法的問題を精査する必要があることが強調され、同時に、将来において政府にとって不利となる材料を野党に与える可能性や西側の反応に対する気遣いが窺われる。

初歩的な法律の知識しか持ち合わせない人間ですら、政府が刑法一一六条を津田巡査に適用したとしたら、大いに疑問に感ずるに違いない。

〔……犯人処分ノ事ニ付、刑法皇室ニ對スル罪ニ此付スヘシトハ稍(やや)法律ノ教育アルモノ、実ニ驚怪スル所……〕

世界中のいかなる国家にも、自国の皇族以外の人間、つまり外国の皇族に対して犯された犯罪行為に対して刑事制裁を適用する法律は存在しない（筆者注：あらゆる国家のこうした性格の法律は、すべて、刑罰の対象を自国の皇族に対して犯された犯罪行為に限っている）。もし、今われわれがこの条項を他国の皇族に適用するなら、それは日本国が二人の元首を持っていることを意味することになる。空に太陽は二つないように、人民は二人の君主は持たないのである。

〔此條ハ獨日本刑法ノミナラス、各國ニモ通シテコレアル條ニテ、皆其ノ國民ノ奉戴スル其國ノ君主及君家ヲ云フモノニシテ決シテ外國君主及君家ヲ包含スルコトナシ……若日本刑法ニ限リ天皇トハ廣ク各國ノ君主ヲ迄指称シ、皇太子トハ各國ノ皇太子ニ通スルノ称ナリトノ解釈ヲ取ラハ、是レ我國ノ法律上ノ主義ハ、自他ノ別ナク各國ノ君主ヲ以テ國民ノ奉戴スヘキ君位ニ置キ、所謂(いわゆる)天有二日民有二王ナリ……〕

もし、われわれが津田巡査に刑法第一一六条を適用するなら、外国の政府と人民は、日本人は自分たちの刑法を理解していない、そして自国の判事を侮蔑したとして、われわれを笑いものにするだろう。西洋人は、たった一件のこの事件を通して、今日の日本は憲法国・法治国とは程遠いと断定するだろう。

〔日本人ノ無識ナルコト、コノ極点ニマテ至ラハ、各國朝野ノ指笑スル所トナリ、日本法典及司法官ノ名誉ハ地ニ墜ツルノミナラス、現在日本ハ果シテ憲法國法治國タルノ價値アルヤ否トノ洋人ノ疑問ハ、此ノ一事ニテ容易ニ判決スルニ至ルナルヘシ〕

津田巡査の行為は、われわれの国家の名誉に汚点を残すものであるが、この場合に誤って刑法第一一六条を適用することは、われわれの国家としての栄誉にさらに大きな汚点を残すことになるのである。

〔実ニ此一事ハ、犯人ノ所犯ノ國辱タルヨリモ今一層ノ國辱ナルヘシ〕

ここまでの段階で、井上は誤った決定が外国の日本観に悪影響をもたらす可能性を強調している。だが次に、焦点をこの事件が国内にもたらす影響に転じ、次のように書いている。

この一件はすでに、政治評論家たちに願ってもない好材料を提供している。自由党と改進党は、この問題が飛び込んできたことを、ひそかに喜んでいると聞き及んでいる。（だが敵は、問題が深刻過ぎるため、現段階では政府を問い詰めることはできない）。

〔此事ハ……数日ヲ出スシテ政論家ノ好資料トナルヘシ已ニ自由黨改進黨ハ隠伏ノ間ニ最大論柄ヲ得タリトテ大ニ喜ヒ居ル由ニ承リ候……〕

一一六条の適用は、陛下の「特旨」に基づくものであるとの噂を、私は耳にしている。しかし、明治憲法は陛下より賜わったものである。だからといって、陛下が現時点で「特旨」によって（政府に）〝法律外〟のことを命ずる確たる理由があると言えようか。もしこれが真実なら、世論は一一六条を適用するよう特命を下されたのは陛下であると言って陛下の後ろに隠れようとしているとの理由で、政府を攻撃するだろう。

〔……此事ハ聖上ノ特旨ナリトノ風評パット相聞へ候乍恐憲法御發布ノ聖詔及宣誓モアラセラレ今更法律外ノ特旨アラセラルヘキ理由アルヘキ是レ政府カ直接ノ責任ヲ逃ルヘキ方略也トハ尤モ苦々布輿論ノ攻撃点トナルヘク……〕

そこで井上は、その場合は伊藤博文自身が最大の攻撃目標になるに違いないと警告している。刑法一一六条のこのような誤った適用が大審院判事たちの判断に基づくものであるなどという説明には、誰も騙されないからである。

持論を展開する中で、井上は明治憲法第二三条を引用している。「日本臣民ハ法律ニ依ルニ非スシテ逮捕処罰ヲ受クルコトナシ」。彼はさらに、政略のために行動すべからずと伊藤に警告し、本件は日本国の「国家立憲の存廃」に密接にかかわるものであり、あくまでも憲法と刑法に準じて行動すべきであると提言している。つまり、井上は本件の処理を過てば、日本の国際的威信は損なわれ、革命の種が国内で蒔かれることになると述べたのである。要するに、日本は急速に破滅への道を歩むことになりかねないと断言したのだった。

井上は次のような文言で伊藤への書状を結んでいる。

「……（本件は）当方も深く憂慮する（緊急事態である）ため、病床を離れてあえて本状を認めた次第である[20]〔……而シテ事且夕ニ在リ生病中ナカラ杞憂ニ耐ヘス奉存候頓首再拝〕

五月二十四日　　毅

伊藤伯閣下」

井上は、第二次伊藤内閣（一八九二年八月八日―一八九六年九月十八日）では文部大臣を務め、日本の教育制度近代化の作業に深くかかわっていた。彼の任期は短く、一八九三年三月七日から翌年八月二十九日までのわずか一年余に過ぎなかったが、これはおそらく、病身のせいだったのだろう。公的生活で激務を強いられた井上は、晩年は体調が優れなかった。

反権力的自由主義者として知られた歴史学者家永三郎氏（一九一三―二〇〇二年）は、右記の結論に真っ向から反対し、日本における司法の独立に果たした役割を立証する「輝かしい先例」として大津事件が捉えられてはならないと主張している。事実、家永氏は、大津事件から学ぶべき教訓は、日本は行政府が掌握する途方もない権力の束縛から脱し得ていなかったことだと断じたのである。[21]

家永三郎氏は、戦後、教科書検定制度に反対する革新勢力の擁護者として知られるようになったが、これは戦前から一九六〇年代までの氏のスタンスとは百八十度異なっていた点は特記されるべきであろうと考える。合計三十二回に及んだ法廷における教科書検定闘争の詳細には、ここではあえて触れない。戦前の家永氏が日本の戦争を熱烈に支持していたこと、皇室制度を崇拝していたこと、そして陸軍士官学校の教員になることを志望し受験していること（ただし、身体検査で不合格）を記すだけで十分であろう。家永氏は今なお、一部の韓国人から教科書改訂に対する立場を称賛され、一部ノーム・チョムスキー、ハーバート・ビックス、ジョン・ダワー、ブルース・カミングズ等の学者によって、二度、ノーベル平和賞候補者に推薦されている。[22]

原注

1　スプランガー氏によれば、日本の国内法の植民地への適用は、通常、植民地の総督が要請する勅令の下で行なわれた。日本の国内法は、朝鮮では総督が下した政令と併せるか、あるいはその政令の下で適用された。Michael L. Sprunger, Grafting Justice : Crime and the Politics of Punishment in Korea, 1875–1938, Ph. D. diss. submitted to the History Department, University of Hawaii, July 2011, pp108–09.（「司法の移植　朝鮮における犯罪と刑罰の政治一八七五―一九三八年」、ハワイ大学歴史学部学位論文、二〇一一年七月）

2　Barbara Teters, The Otsu Affair: The Formation of Japan's Judicial Conscience, *Meiji Japan's Centennial, Aspects of Political Thoughts and Action*, ed. David Wurfel, University Press of Kansas, 1971, p38, p39, pp45–50.
筆者アキタは、大津事件を扱った金子堅太郎『伊藤博文傳』第二巻（春畝公追頌會編、東京、統正社刊、一九四三年）を読み、ティーターズ女史の記述が正確であることを確認した。同書七五五―七二頁参照。

3　前掲書出版時、ティーターズ女史はアイオワ州立大学の学部教授だった。彼女はミシガン大学で学士号を取得した後、ワシントン大学で修士号と博士号を授与されている。一九七三年から一九七八年まで、ミシシッピ州立大学の政治学部の学部長兼教授を務め、その後、アーカンソー州モンティチェロにあるアーカンソー大学の学部担当副学長に就任。一九八一年、南イリノイ大学（イリノイ州エドワーズビル）の学部担当副学長職に就き、一九八六年に引退。二〇一一年一月一日にワシントン州スポーケーン・バレーで死去された。享年八十四。衷心よりご冥福をお祈りしたい。

4 The Otsu Affair: The Formation of Japan's Judicial Conscience, p47.

5 前掲、p49, p51. 津田巡査はロシア皇太子に切りつけてから五カ月後の明治二十四（一八九一）年九月二十九日、北海道の刑務所（釧路集治監）で病死している。死因は肺炎だった（同 p45）。

6 津田巡査は「特別法廷で法の規制の下で裁かれた」が、児島自身はこの裁判に出廷していない（前掲、p52）。

7 前掲、p53, p56–57.

8 前掲、p38.

9 前掲、p41, p48. なお、当時の検事総長三好退蔵も、刑法一一六条を適用せよとする山田の立場に反対した（同 p49）。

10 Karel van Wolferen（カレル・ヴァン・ウォルフレン）「日本政治再生を巡る権力闘争の謎」（『中央公論』二〇一〇年四月号、井上実訳）。English translation available at "Japan's Stumbling Revolution" *The Asia-Pacific Journal*, vol. 12 no. 2, 12 April 2010. 参照：Japan-focus. org.

11　The Otsu Affair: The Formation of Japan's Judicial Conscience, p47.
12　前掲、p49.
13　前掲、p50.
14　金子堅太郎『伊藤博文傳』第二巻、七六三—六四頁。
15　The Otsu Affair: The Formation of Japan's Judicial Conscience, p57.
16　前掲、p48.
17　前掲、pp57-58.
18　『井上毅関係文書』（国立国会図書館憲政資料室所蔵）三四一頁。
19　井上毅傳記編纂委員会編『井上毅傳』史料篇第二巻（東京、国学院大学図書館刊、一九六八年）、三八一—八二頁。
20　前掲、三八二頁。井上は一八九五年、肺結核で没した。享年五十一。
21　児島惟謙著、家永三郎編注、東洋文庫『大津事件日誌』（東京、平凡社、一九七一年）二七四—七五頁。児島惟謙の経歴を、イデオロギーのレンズに歪められることなく分析した研究発表に市川訓敏、市原靖久、吉田栄司共著『児島惟謙の航跡』（大阪、関西大学法学研究所研究叢書14、一九九六年）がある。同書i—vi頁、一—二八三頁（特に八五—一一八頁の「大津事件『意見書』に関する諸問題」項を参照されたい）。なお、三人の執筆者はいずれも児島の名「惟謙」を「いけん」ではなく、「これたか」としている。偶然のことだが、筆者アキタのリサーチ・アシスタントの父親は名前を「謙三」というが、「謙」は「たか」とも読むことを確認してくれた。ちなみに、ハワイ大学はここに引用された児島に関する二冊の著書を「コジマ・イケン」の名前で記載している。

22 「『日本の良心』家永三郎氏、教科書歪曲と32年間闘争」中央日報日本版、二〇〇九年五月十五日付。'Japan's Conscience' Mr. Ienaga Saburo's 32-year Battle against Textbook Distortions.
http://japanese.joins.com/article/297/115297.html
並びにウィキペディア・フリー百科事典「家永三郎」。Saburo Ienaga from Wikipedia, the free encyclopedia.
http://ja.wikipedia.org/wiki/%E5%AE%B6%E6%B0%B8%E4%B8%89%E9%83%8E.

第9章 大津事件と日本の朝鮮政策

マーク・E・カプリオ教授の同化政策論を検証する

さて、大津事件は植民地朝鮮（一九一〇—四五年）における日本の政策と、どのような関連性があるのだろうか。われわれは、以下のような立場をとる。つまり、われわれは法至上主義の原則の下で大審院が下した大津事件の判決を通じて、他の植民地国家のそれと比べて公平かつ穏健なものだった日本の朝鮮政策の性格が明らかになり、同政策に関する理解の幅が広がると考えている。われわれは民族史観的パラダイムを標榜する向きが、こうした立場に対して強い反感を抱いていることを承知している。次に民族史観的観点の下に記された一つの文献を紹介するが、その目的はわれわれの立場を裏付けることにある。

マーク・カプリオ立教大学教授（朝鮮史）の著作 *Japanese Assimilation Policies in Colonial Korea, 1910-1945*〔『植民地朝鮮における日本の同化政策 一九一〇—一九四五年』、未訳〕は、日本統治下の朝鮮人同化政策をめぐって日本の政治家、ジャーナリスト、学者、実業家が行なった討論の内容を吟味することによってこれを検証したものである。カプリオ教授は〝(「内鮮一体」「一視同仁」などの明治政府の)レトリック〟が現実の施策として運用されなかった場合、朝鮮人に対する文化的同化政策はたちまち破綻することが運命づけられていたと主張する。

彼の意見によれば、日本の政策の致命的な欠陥は、朝鮮人を同じ天皇の臣民として受け入れるよう政府が日本国民を説得できなかったことだったという。カプリオ教授は、日本の同化政策は、当初から計画されていたとおり、朝鮮文化を緩やかに、かつ慎重に変化させることを目論んだものだったと記しているが、この指摘は正しい。またカプリオ教授が述べるように、総督府は「極端な変化は朝鮮の社会機構を混乱させるから賢明な策ではない」ことを認識しており、日本が実践した同化の目的は、朝鮮人を日本人のクローンにすることではなかったのである。[1]

カプリオ教授の同化政策論批判：マリー・ソン‐ハク・キム（金成鶴）女史

日本の同化政策に関するカプリオ教授の厳しい批判を論破したことに対して、私はミネソタ州セント・クラウド州立大学教授（歴史学）マリー・ソン‐ハク・キム女史[2]（韓国名は金成鶴）に恩義を感じている。これまで私は、日本人は自らをユニークにして他人種より優れた民族であるとみなし、それゆえに強引に朝鮮の同化に取り組んだために失敗したとするカプリオ教授の見解は、独善的にして理論的過ぎると考えてきた。キム女史も私と全く同意見で、歴史の研究はあくまでも、理論ではなく事実に基づいてなされるべきであり、カプリオ教授のアプローチは誤っている点を鋭く指摘している。そのことを、私は心強く思った次第である。

キム女史は、民族史観的話法によって何度も語られてきた日本の植民地同化政策の概論から記述を始めている。

植民地支配下の朝鮮の人々に対する日本語の強要は……強制的な文化変容に対する激しい抵抗をもたらした。朝鮮で生まれた人々を政治参加の枠に組み込む手段はないとは言えなかったものの、それは彼らの政治的、公民的な平等を保障するものではなかった。同化とは、植民地支配下の人々の民族意識を消し去ると同時に、彼らを入植者から組織的に隔てるために目論まれた、帝国主義政策に必然的に付随する手段である。朝鮮における日本の植民地統治は……最悪の類（たぐい）の同化政策を兼ねていたようである。朝鮮人民は劣等民族として過酷な差別を受けると同時に、文化面のみならず精神面でも日本と同化することを強要されたのだった。

キム女史は、カプリオ教授が同化政策を「朝鮮における日本の植民地政策の核心的な課題（アジェンダ）」と見ている点に注目し、それが失敗したのは、日本が仰々しい美辞麗句を実現できなかったからだと述べている。しかし、この点での女史の分析は、いささかわかりづらい。彼女は果たして、カプリオ教授による日本の朝鮮同化政策の解説をわかりやすく言い換えようとしているだけなのか、それとも一九三七年に矢内原忠雄（やないはらただお）（一八九三―一九六一年）が発表した朝鮮政策批判に関するカプリオ教授の記述に彼女自身が同意しているのかはっきりしないのである。矢内原は『中央公論』一九三七年四月号に寄稿した「国家の理想」（当局により全文削除された）の中でこう記している。

> そこで、何が日本をもって、この発想が乏しく施行も不手際だった同化政策を敢えて推進せしめたのか質（ただ）すことが重要になる。二十世紀初頭のその他の帝国主義国家が、多かれ少なかれ同化的なアプローチを捨て、より融和的な政策を展開することによって植民地の取り込みを図っていたとなれば、なおさらその訳は問われなければならない。

女史の論文の他の部分は、歴史とは無関係な意見を表明するカプリオ教授の理論的に過ぎる研究姿勢に異議を唱えていることからして、彼の記述を単に〝言い換え（パラフレーズ）〟ているに過ぎないといってよかろう。たとえば彼女はこう書いている。

……カプリオのように、同化政策の概念を「政治的同化」と「文化的同化」に二分して考察することは、あまりにも図式的で単純過ぎるのではないかという疑問が生じる。カプリオは、政治的同化とは主として、やむなく実施された段階的かつ部分的な参政権の付与のことであると見、また文化的同化とは入植者の言語と教育制度の有無を言わせぬ押し付けと見て、それは高圧的かつ広範囲に及ぶ変化を伴ったとしている。しかし、そのような説明は形態的過ぎる（too topological）ように思われる。

以上の記述に加えて、私はさらに長谷川好道（よしみち）が朝鮮における改革は「漸進主義」の下に進められるべきだと訴えたことを指摘しておきたい。これは、日本軍における朝鮮人兵士の実態に関するパーマーの解説が同じく支持するところである。キム女史はさらにカプリオ教授の視点を、「概念の範囲を制限する」ものであり、「レトリックと実践を切り離してとらえることは、著者（カプリオ教授）が想定していると思われるほど明確なものではない」と指摘することによって批判を続ける。そして彼女はさらにこう付言している。

「筆者は、人種的イデオロギー以外の要因を考慮し、日本の朝鮮支配と同時期に展開されたヨーロッパの植民地主義を背景に描くことによって日本の植民地主義を解明したほうが、成果はより多かったかもしれない」

分析を進める中で女史は、「日本人が自らの人種的ユニークさと優秀性を信じていたがゆえに、植民地の人民に対する人道的な配慮を欠く方策を推し進め、一方的かつ高圧的に取り組んだために同化政策が失敗したとの考えは独断的過ぎる議論なのかもしれない。カプリオは、人種的イデオロギーを強調することで、自著を主として文化決定論や環境決定論の範疇に押しやっている」との確信に行き着く。私は、キム女史は「日本人は人種的な親近感と地理的な近接性を根拠として、朝鮮と台湾において日本ならではのユニークな植民地を建設したことを主張した」とするカプリオ教授の立場に反論するために、このような見解を披露するのだと考える。

「カプリオ説」に対する反駁

カプリオ教授は、日本は「(法律面において)より協調的な……政策を採用」しなかったと批判する。[3] しかしながら、歴史の記録では、日本が国内、そして朝鮮で、可能な限り、投獄や死刑よりむしろ「協調」の原則を重んじたことが明らかにされている。日本統治下の朝鮮で民衆が国家に対して武装蜂起した場合を除けば、総督府は死刑という取り返しのつかない罰則を適用しなかった。これはいわゆる「義兵運動」〔日清戦争後から日韓併合前後までの朝鮮における反日武装闘争。一九〇七年の日本の統監府による韓国軍解散の際には解散命令に服しない韓国軍部隊が各地で蜂起、日本は大規模な部隊を送り鎮圧にあたった〕や、悲劇を生んだ三・一独立運動の際に総督府が講じた措置*が示すとおりである。

だがわれわれは同時に、国家当局には社会の他の構成員たちの「平和と安全」のために、死刑というオプションを行使する責任があると考えるものである。しかしながら、当局がこのオプションを有するには、その国の国体が政治的に開かれた多元的なものでなければならないという重大な但し書きが求められる。つまり、大衆が国家当局に不満や反対を表明するにあたっては、暴動以外の手段、すなわち国家の存続を脅かすような形を取らない有効なオプションを持っていることが前提になるのだ。

同化政策に見る〝釣り合い〟の原則と実践

津田巡査に下された最終判決は終身刑だったが、これは犯された罪に対して〝釣り合い〟のとれた刑罰だった。われわれの立場は、総督府の個々の官僚は、ときに一線を踏み越えることはたしかにあったが、これは諸外国でも珍しいことではなかったし、朝鮮人民への対応の面でも、彼らは基本的に〝釣り合い〟の原則を重視し、尊重していた、というものである。この点は、後の刑事罰の論考の項でさらに詳しく述べる。

訳注

＊　一九一九年五月八日時点で逮捕・送検された被疑者は一万二千六百六十八名、このうち三千七百八十九名が不起訴により釈放、六千四百十七名が起訴され、残り千百五十一名は調査中。一九一九年五月二十日時点で一審判決が完了した被告人は四千二十六名。このうち有罪判決を受けたのは三千九百六十七名。死刑・無期懲役になった者、懲役十五年以上の実刑になった者はいない。三年以上の懲役は八十名。（友邦協会編『万歳騒擾事件一』より）

原注

1　Mark E. Caprio, *Japanese Assimilation Policies in Colonial Korea, 1910-1945*, University of Washington Press, 2009, Chapter 3, especially pp102-04.

2　キム女史（Marie Seong-Hak Kim）は、ミネソタ州セント・クラウド州立大学の歴史学教授で、弁護士でもある。フランス史のスペシャリストとして学究生活を開始し、二〇一一年から一二年までリオン高等師範学校（École Normale Supérieure de Lyon）で研究員を務めた。韓国出身、ソウル梨花女子大学卒業。

3　Marie Seong-Hak Kim review of *Japanese Assimilation Policies in Colonial Korea, 1910-1945*, by Mark E. Caprio, *The Journal of Japanese Studies*, vol. 37 no. 2, summer 2011, pp434-39.

第10章　開かれた多元社会としての日本

大津事件（一八九一年）が発生した当時の日本には、反政府勢力を代弁する新聞が数紙、存在していた。また、反対政党がいくつも存在し、騒々しく、そしてときに実力行使をもって当局を攻撃していた。選挙を通じて選挙民から権限を負託された野党各党は予算策定に関与することで、しだいに大きな力を手に入れることになり、その結果、彼らは政府に妥協を強い、議会での存在感をいっそう増していった。

また、司法は紛れもなく政府の独立した一部門だった。こうした進展はすべて、明治憲法に依拠し、正当と認められていたのである。このような動きは、しだいに、そして積極的に日本の植民地に広がっていった。このプロセスこそ、植民地の人々の同化にとってきわめて重要かつ、意味のあることだったのである。なぜなら、朝鮮総督府は本国政府の法至上主義の精神を踏襲し、同化政策の下で朝鮮人民の権利を内地の日本人並みに保障する方針を採ったからだ。

第11章　日本と法の支配

明治日本における司法の独立のための闘争については、すでに述べた〔第8章〕。しかしながら、司法の独立こそが比較的開かれた多元社会だった当時の日本の礎であり、このことは日本の植民地行政の本質を理解する鍵でもあることから、われわれとしては大津事件に関する論争の最前線に立った二人の人物の発言をここで改めて傾聴すべきであろうと考える。

一人は伊藤博文であり、もう一人は児島惟謙である。伊藤博文は一八九一年の日本で、最も影響力のある公人だったと言ってまず間違いなかろう。また、明治憲法の草案者の一人として、司法の独立について語るに遜色のない人物である。ここに引用する記録は、大津事件そのものにかかわるものではないが、それでも伊藤と井上馨が、日本国の法律に鑑みて津田巡査が処刑されない可能性があると告げられたロシア大使が激しく反発したとの報告を受けても、ともにたじろがなかった点は注目に値する。

以下に引用する一文〔『帝国憲法義解・皇室典範義解』丸善、一九三五年〕の中で、伊藤は行政と司法の差異を明確に定義することによって、近代的法治国家のあるべき姿を説いている。[1]

行政府の機能は、法を執行し、公の平和と秩序並びに人民の幸せを増進するために適切な措置を講ずることである。一方、司法の義務は、法の規準に従い、諸々の権利の侵害に対して判断を下すことである。司法においては、法がすべてであり、便宜にかかわる問題は考慮の対象外である。……行政と司法の本質の差異はかようなものだから、もし政府に行政官だけが存在し司法官が不在だったとしたら、個々人の権利は社会的便益の提供という目的に対して従属的なものとなり、究極的には権力によって侵犯されてしまうだろう。ゆえに、裁判は法に従って行なわれるべきである。法こそが、裁判を行なうための唯一の基準であり、裁判はつねに裁判所で行なわれなければならない。

〔行政ハ法律ヲ執行シ又ハ公共ノ安寧秩序ヲ保持シ人民ノ幸福ヲ増進スル為ニ便宜ノ経理及処分ヲ為ス者ナリ司法ハ権利ノ侵害ニ對シ法律ノ基準ニ依リ之ヲ判斷スル者ナリ司法ニ在テハ専ラ法律ニ従属シ便益ヲ酌量セス行政ニ在テハ社会ノ活動ニ従ヒ便益ト必要トニ依リ法律ハ其ノ範囲ヲ限劃シテ區域ノ外ニ濫越スルヲ防クニ止マルノミ行政司法ノ兩權其ノ性質ヲ殊ニスルコト此ノ如シ故ニ行政ノ官アリテ司法ノ職ヲ分ツコトナカリセ

ハ各個人民ノ権利ハ社会ノ便益ノ為ニ随時移動スルコトヲ免レスシテ而シテ其ノ流弊ハ遂ニ権政威力ノ侵犯ヲ被ルニ至ラントス唯然リ故ニ裁判ハ必法律ニ依ル法律ハ裁判ノ単純ノ準縄足リ而シテ又必裁判所ニ由リ之ヲ行フ」

われわれは、法の優位性に関して大審院の判事たちがとった立場を承知している。しかしながら、彼らの決定が政治の空白の中で下されたものではなかったことは、さほど知られていない。ティーターズ女史は、判事たちも日本国民も日本の存在そのものが一大危機に瀕していたことを十分に認識していたと繰り返し指摘している。それでも、大審院院長児島惟謙は法の支配の原則に固執した。[2]

津田巡査の行動によって掻き立てられた感情がいかなるものであっても、法律は国家の精神であり、判事たちは個人的感情に基づいて行動してはならないことを理解しなければならない。……したがって、国家に対する危険がどのようなものであろうとも、判事たる者は法律に記された言葉だけに依拠し、そうすることによってその精神を守らなければならないのである。[3]

法に対する児島の姿勢に関するティーターズ女史の評価は申し分ないものである。

戦争の恐るべきリスクがあったにもかかわらず司法の独立がこうして守られたとき、今後日本における司法の独立はいかなる試練をも乗り越えるものと思われた。そしてそれは、特定の事案において判断を下す際に、一人あるいは複数の判事が自らの信念を貫いたという限られた形ではあっても、一つの大きな試練に打ち勝ち、その時示された気概はあの激動の一九三〇年代をすら生き延びたのだった。……（大津事件から津田巡査に無期懲役の判決が下されるまでの）十六日間の出来事は、日本の司法の近代化に著しく貢献した。法律家の集団からなる司法部がなければ、近代国家の存続は心もとないからである。……児島の振る舞いは勇気ある偉大な行為であり、その社会的重要性は第二次大戦後の個々の日本人の生活にも影響を及ぼしたのだった。[4]

原注

1　Ito Hirobumi, *Commentaries on the Constitution of the Empire of Japan*, trans. Ito Miyoji (伊東巳代治), Tokyo, Igirisu-Horitsu Gakkō, 1889, p101.

2　The Otsu Affair: The formation of Japan's Judicial Conscience, pp38–39, p42, pp44–45, p51, p55, p56.

3　前掲、p53.

4　前掲、p38, p60.

第12章　一九三〇年代の日本における司法の独立と朝鮮統治政策

リチャード・H・ミッチェル教授（ミズーリ大学歴史学部）は、現在は名誉教授の肩書を持つ学者だが、二つの先駆的な研究を通して、児島と大審院が打ち立てた前例は戦前の日本の司法独立のひな型となったとするティーターズ女史の見解が正しいことを示している。

ミッチェル教授の最初の研究は、一九三七年に結審した、いわゆる帝人事件〔一九三四年に起きた帝国人絹株式会社の株をめぐる贈収賄事件。斎藤実内閣総辞職の原因となったが、起訴された全員が無罪となり、倒閣を目的にしたでっち上げの可能性がきわめて高い〕に焦点を絞ったものである。このとき、判事たちは帝人の持ち株をめぐって不当な利益を得たかどで起訴された被告人全員に無罪の判決を下した。遺憾ながら詳細を記す紙幅に余裕がないため、代わりにミッチェル教授の結論をここに引用する。

「同判決は司法の独立の基準となるものであるという点で、有名な大津事件の判決と同等に重要である……帝人事件は、……大審院の判事たちが外部からの圧力に抵抗したもう一つの例である。緊急事態が発生する中で（中国における戦争は判決の六カ月前に始まっていた）、判事たちはますます高まりつつある右翼勢力の過酷な圧力に直面していた」[1]

われわれはミッチェル教授のこの結論を支持するが、同時に、ティーターズ女史が大津事件に関して成し遂げた先駆的な研究を教授が認めるに至らなかったことを残念に思う。

もう一つの研究でミッチェル教授は、一九二五年五月十一日に施行された「治安維持法」を検証し、〝マルキストの日本人学者たち〟（ミッチェル教授の言）は、同法に反対する者を抑圧したことのみならず、違反者に対して抑圧的な手段を講ずる権限を警察当局に付与した同法自体を制定したことを理由に、日本政府を不当に非難するパラダイムを作りだした、と述べている。[2] ミッチェル教授は、「自由な思想や民主的風潮を抑圧した者たちを免責したり許したり」するつもりはないが、当局に対する批判的な見方は、実は「戦前のすべてのエリート層を厳しく糾弾してきたマルキストの学者たちのひとりよがりの不満」に基づくものだと説いている。[3]

ミッチェル教授は、思想統制の犠牲になった人々に対する政府の態度と行動の問題を以下のように分析する。

彼はまず、警察暴力は政府の方針だったか否か、またそれは「誇張して」報道されたものか否かを問い、前者に関しては「否」、後者は「諾」と断定している。この点について彼はこう主張する。「一九二七年のドイツの警察機動隊の……警棒を振り回してデモ隊の頭を砕くやり方……（そして）近代化の途上にある共産主義国で用いられている暴力的なテクニックに比べれば、日本の対応は決して極端ではなかった」[4]

第二に、ミッチェル教授は日本共産党指導部の大量検挙に伴う裁判（一九三一年六月二十五日―三二年七月二日）の記録に注意を向け、東京控訴院裁判長、宮城実が治安維持法第一条（一九二八年版）の違反者を一人も死刑にしないという先例を作ったことを示している。この方針は太平洋戦争が終結するまで維持された。[5]

第三に、ミッチェル教授は「思想統制」について分析しているが、これは日本の国内事情と同化政策の関係をよりよく理解する一助となっている。

日本における思想統制は異質のものだった。……治安当局による大規模なテロルの手法は用いられず、治安維持法違反のかどで処刑された日本人は（ドイツ紙の記者でソ連のスパイだったリヒャルト・ゾルゲの事件に連座して逮捕・処刑された尾崎秀実（ほつみ）以外には）一人もおらず……強制送還も強制労働もなかった、……（このように寛大な政策は）日本人民は天皇の下ですべて同胞であるという感覚、そして矯正が不可能な思想犯はいないという感覚（に基づくものだった）。[6]

これら二つの感覚は、朝鮮の同化政策とそれを推進する朝鮮総督府の行動を支える原則の中にも見られたのではないか、とわれわれは考える。朝鮮の植民地体制下で当局がとった諸々の行動は、日本国内における警察の行動を反映したものだった。朝鮮の警察隊は民族主義者と共産主義者を逮捕・収監したが、国家の政策に服従させるために恐怖政治に訴えることはなかった。事実、国は反抗的分子を改心させ、転向させるよう努めたのであって、排除しようとしたのではなかったのである。

原注

1 Richard H. Mitchell, *Justice in Japan; The Notorious Teijin Scandal*, University of Hawaii Press, 2002, book jacket, p185. また以下を参照されたい。Review of Mitchell by James C. Baxter, *MN*, vol. 58 no. 3, autumn 2003, pp417-19.

2 Richard H. Mitchell, *Thought Control in Prewar Japan*, Cornell University Press, 1976.

3 前掲、p13.

4 前掲、p101.

5 前掲、p88, pp104-13, p128.

尾崎秀実は治安維持法の規定により国家反逆罪で処刑された唯一の日本人である（一九四四年十一月七日処刑）。太平洋戦争の戦況は、このころまでに、いや、すでにそれ以前に日本にとってきわめて不利になっていた。

6　前掲、p191.

Ⅳ　日本の統治と近代化

第13章　明治日本は開かれた近代社会だった

これまでの記述から読者諸氏の多くは、朝鮮を統治していた時代の日本を、近代化され開かれた社会だったとする私の見方を自信過剰とお考えかもしれない。しかし私のこうした主張はいくつかの史料が支持するところであり、それらはいずれも、イデオロギー的なアジェンダを標榜するものではないのである。

パーヴェル・ミリューコフと家永豊吉の講演

パーヴェル・ミリューコフ（一八五九―一九四三年）は、ワシントン大学教授ドナルド・W・トレッドゴールド（一九二二―九四年）から「ロシアの一流の歴史家で、ロシア進歩派の最も卓越した指導者」と評されたロシアの大物政治家〔一九〇五年、ウクライナで立憲民主党Constitutional Democratic Partyを創立。以来、内外の大学でロシア政治史を論じた）である。ミリューコフはカール・マルクスを読むことが自身の世界観のある部分の形成に役立ったことを認めているが、自分は「政治的には過激分子」では決してなく、最後まで反共主義者だったと語っている。[1]

ミリューコフはその著作*Russia and Its Crisis*〔『ロシアとその危機』〕の中で、一九〇三年の訪米中に、日本について語るために米国の各地を訪れていた家永豊吉（一八六二―一九三六年。法学者）の講演を聞いたと書き〔場所は具体的に示されていない〕、そのときの講演をもとに政治制度の構築におけるロシア人と日本人の体験の比較を試みているが、「私は部分的な類似点と全体的な相違点を解く鍵を見出したと思う」と述べている。

彼は、両国が推進した「政治的統一とヨーロッパ化」の「手順」は類似していると見る。だが、「テンポ」は異なっていたと彼は続けるのだ。つまり、ロシアは「政治的統一とヨーロッパ化」の実現に「数世紀」を要したが、日本はそれをわずか数十年という「短期間」で達成したと指摘する。その結果、日本は「この国の古くからの伝統……は消滅する時間がなかったため、その活力の相当部分が維持され、（明治維新を通して日本に入ってきた）新しい生活様式や文化の諸要素と、ある程度融合することが可能だった」と、ミリューコフは書いている。

明治日本の指導者たちは何世紀も遡った先例に依拠して改革を行なったと私がこれまで一貫して展開してきた主張を、ミリューコフはすでに想定していたと言えよう。彼はロシアが近代化を成就するのにかくも長期間を要したという事実は、「この国には、日本のように新しいものと古いものが融合する可能性はない」ことを意味すると推断している。[2] 一八六八年から一九〇三年（つまり明治維新から日露戦争）までの三十五年間は、ミリューコフの見たところではきわめて「短い期間」に過ぎなかったが、一方で日本は何世紀にも遡って近代化の基礎を構築してきたことを「直感的に理解」したのだった。

だがミリューコフは、家永の講演のある部分に当惑させられたと告白している。つまり、「彼の国で過去に（当然）起こった（ものと自分が想定していた）深刻な社会・政治闘争」に関して、家永が一言も触れなかったことだ。このような闘争が起こらなかったということは、日本はロシアほど「民主的ではなかった」こと、さらには日本の民衆はロシアの民衆ほど多くを要求しなかったことを意味するのではないかと書いている。

もう一つの理由として考えられるのは、そしてこれは、彼自身が正しく言い当てていると信じたことなのだが、日本の民衆はロシアの民衆より「はるかに多くを与えられていた」のではないかということだ。彼の考察のさわりの部分は次のようなものだが、読者諸氏はこれに賛同いただけるのではないかと思う。

「日本人は（すでに）進歩の基本的な条件、つまり、かなり自由な政治的生活を享受しているが、（ロシアに住む）われわれはそれを達成しようとして相変わらず必死になっている」

ミリューコフは、「愛国的な闘争」は「路上、大学の教室、あるいは地方自治会の年次会議の場などではなく、国会議事堂の壁の内側で展開されるべきである」と説いた「ロシアで最も偉大な政治家ミハイル・ミハイロビッチ・スペランスキー〔一七七二―一八三九年。アレクサンドル一世の政治顧問。「ロシア自由主義の父」と評される〕の分別ある助言」に日本の指導者たちが自主的に従ったことを称賛している。[3]

トマス・M・クーリーの明治憲法評

トマス・M・クーリー（一八二四―九八年）が一八八九年に行なった演説は、一九〇三年に家永豊吉の講演を聞いたミリューコフの反応を先取りしていたといえよう。クーリーはミシガン州の元首席裁判官で、当時は米国連邦政府州際通商委員会の委員を務めていたが、*A Treatise on the Constitutional Limitations Which Rest Upon the Legislative Power of the State of the American Union*〔『アメリカ合衆国立法府の権力を縛る憲法上の制限に関する小論』、未訳〕という著作をものしてもいた。

クーリーは、一八八九年四月十七日の夕刻、ジョンズ・ホプキンス大学（メリーランド州ボルティモア市）で催された明治憲法発布を祝う式典に参列し、演説を行なっている（彼はそれ以前に、家永がジョンズ・ホプキンス大学の学位取得のために提出した論文をテーマとして行なった〝プレゼンテーション〟で、大政奉還と明治政府誕生のドラマについて認識を新たにし、深い感銘を受けたようだ）。

演説の中でクーリーは、各国政府がいかにして民衆に対して政治的妥協を行なったかを一般論として語り、世界史には統治者が民衆に対して行なった譲歩の例が数限りなくあり、これらの譲歩は「政府に対して蜂起した民衆が自らの手で勝ち取ったもの」であると述べた。そして、十九世紀に「重要な進展はすべて、内戦という犠牲の下に達成された」西欧社会に触れたあと、クーリーは日本に話題を向けてこう語った。

あらゆる歴史の中で、入念に、そして些かの悔恨の情も見せずに、自らの権限のかなりの部分を民衆に委譲し、彼らの能力を信じ、彼らに政府運営の責任を分担するよう促した（幕末日本の）偉大なる人民の統治者の行為に勝るほど気高く、称賛すべきものを私は知らない。

クーリーはこの後、「人々が、自由政府のさらに重要な任務を遂行するために必要な実地訓練を可能にする……地方の諸機関」の設立を含む、明治政府が打った数々の布石を開陳する。実は、これぞまさしく、新政府創生に関する山縣有朋の理論的根拠だった。

クーリーがもう一つ感銘を受けたのは、「立法への参加という特権を自由選挙で選ばれた人民の代表へ委譲したこと」だった。彼は続けてこう書いている。

「これは、われわれの先祖が支配者たちとの間に何世紀も続いた闘争を経て、ようやく手に入れたものだった」

クーリーは、明治憲法の「臣民権利義務」（「権利章典」に当たる）がマグナカルタよりも充実した客観的なものである点に特に注目し、明治憲法の下で国民に付与されたすべての権利を列挙し、最後にこう述べている。「そのうえ、それなくして自由は決してあり得ない、偉大にして重要な憲法第二十三条がある。すなわち『日本臣民ハ法律ニ依ルニ非スシテ逮捕監禁審問処罰ヲ受クルコトナシ』である[4]」

駐米公使陸奥宗光の家永豊吉評

駐米日本公使陸奥宗光（任期、一八八八―八九年）は、一八八九年六月十六日付で、近代日本建国の父の一人で長州藩出身の井上馨に、大要以下のような主旨の書簡を送っている。

最近貴台に二、三通の書状をお送りした。ご返事はまだいただいていないが、これはおそらく、貴台のご多忙ゆえのことと考える……。

これらの書状で当方は、一旦国会が開設されたら、内閣が衆議院で過半数を占めるか、あるいは少数でも不動の忠誠心を持つ〔衆議院の恩義を受けた〕議員を確保するかすることが最重要課題となる、と申し上げた。かようなグループを組織するためには、今後、かなりの学歴と才能を有する、特に若者たちを支援者として育成する必要があろう。

当方は、現在アメリカで勉学中の日本人学生の中にこのような間尺に合う若者を探してみたが、生憎、特に傑出した者を見いだすことはできなかった。それでも、柳川藩出身でボルティモアのジョンズ・ホプキンス大学に学ぶ家永〔豊吉〕という学生には注目している。辻家に生まれ、新島襄の門弟だった若者である。この者は来年「ドクトル・オブ・ヒロソヒー」〔博士号〕を取得する予定である。

英語の読み書きがきわめて達者である。人柄まで保証するわけにはいかないが、これまで観察したところでは、才能をひけらかすことなく、良心的かつ才能がありそうである。したがって、この若者（二十七、八歳から三十歳前後と思われる）の将来は明るいだろう。しかし彼は、今後さらに学業に邁進するだけの資金に乏しく、それでもこれまでは、折に触れて日本をテーマに講演をしたり、新聞に執筆したり、あるいは求められたときに〔日本に関する〕講演を行なうなどして、すべて自力で生計を立ててきた。彼のような学生はある程度財政的に援助されてしかるべきと考えるが、当方としては逼迫(ひっぱく)した個人的状況のせいで、本を買って与えるほどの援助しかできない。したがって、今後の二、三年の間、何とかして年間六百ドル程度の援助をこの青年に提供していただけまいか、と貴台に伺いを立てる次第である。

いずれにせよ、その後は貴台としても支援を続けるのは難しかろうと考える。家永をご支援いただけるか否か、早急にご返事を賜りたい。同意していただける際には、貴台あるいは貴台が指名する誰かのために働くことを約束させることを条件として提示できると愚考する。本件をとくとご検討賜わりたい。当方がこのような支援の依頼をしたことによって、貴台がかなりの財政的負担を強いられることは重々承知している。しかし、もしご援助願えるなら、もちろん、心底から謝意を表するものである……。[5]

〔時下漸々炎暑之候相成候処、御満堂益御機嫌克恭賀奉存候。陳者先日中両三回呈書仕候処、未た尊答を不得、御多忙之御中に付、敢て尊答を促し候処訳に者無之候へ共、右書中には重要なる事件も申上、且つ小生進退に付而は多少高訓を奉し能はさる事情も申上置候事に付、右拙書御落手之有無は御序に古沢にても御下命御一報奉願候。尚又御高訓之次第も御座候へは何卒無御覆蔵御下命奉願候。

一　先便之拙書中にも申上候通、内閣之政党外に立つと云ふ御主義は御主義としても、一旦国会開設之上は兎も角も、議院の多数若しくは強正なる少数を御配下に御付け被成候事緊要之事に御座候。偖之を為すには、御手下に相当之学識才幹ある人物、殊に少壮人物を御養生被成候事頗る必要と相考候。

夫に付小生も当国在学之日本書生にも注意致し居候へ共、偖此れぞと申程の人物は乏敷ものに御座候処、先比中より当国バルチモール府のジョンスホップキンス大学に留学する柳河産の家永と申書生有之、此は本姓は辻とか申（者が欠如か）で新島襄の門下生にて徳富猪一郎なと同級にありたる由にて、来年比右ジョンスホップキンス大学にてドクトル、オフ、ヒロソヒー学位を受くる者に御座候。

英語は十分に話し又た英書は十分に読み其性質の底は小生未た知らす候へ共、先つ篤実にして才気ある有為の少年（二十七八歳或は三十位の歳）と鑒定仕候。然るに此少年は学資に乏く全く独力（時に演説をなし時に新聞紙に投し時に人の為めに講義し）にて修学罷在候様子に御座候。如此き人物は何卒多少扶助致し置ものと存候へ共、小生手許に手は僅に書物代位の外は扶助も出来兼候。

就而は閣下何卒御工夫被下一ヶ年米金六百弗程の学資を、今二三年之間御扶助被遣候様の御名案は無之、尤も来る八月中位の費用は小生兎も角も世話可致積りに候へ共其後の処は六ヶ敷と存候。

御世話被下候事出来候共、又は出来不申とも至急御一報奉願候。尤も果して御世話被下候義出来候へは、無論に多少のコンジションを付け他日閣下、若くは閣下の御指名相成候人之為めに相働き候程の約束可仕置候。

此義深く御諒察被下度、尤も閣下としても右等余分之御散財は御迷惑に可有之、何とか御工夫被下候へは、本人は勿論小生に於ても感謝之至のみならす、他日或は閣下の為め多少之御役にも相立ち可申願と申上試候。成否共御一報奉願候（以下略。なお、英語のカタカナ表記以外、カタカナはすべて平仮名に、漢字の旧字体は新字体に変え、適宜句読点を加えた）」

法学者家永豊吉の功績

家永豊吉は徳富蘇峰の率いる反明治政府グループ熊本バンドのメンバーの一人であり、〝アウトサイダー〟だった。京都の同志社大学時代、家永は進歩派として学生運動にかかわっていた。[6] その後アメリカに留学し、オハイオ州の一流文科系大学オーバリン・カレッジを卒業（ちなみに、元駐日米国大使、故エドウィン・ライシャワー氏も数年後に同大学を卒業している）。その後、メリーランド州ボルティモア市にあるジョンズ・ホプキンス大学で修士号と博士号を取得した。

同姓の家永三郎氏の戦前・戦後のスタンスの逆転とは対照的だが、豊吉は、かつては明治政府に反対の立場を表明した進歩的な青年だった。しかし後に明治憲法を称賛して明治政府の官僚となり、米国在住中は日本政府の国内・外交政策を熱烈に擁護し、日本政府の〝スポークスマン〟として活躍した。[7]

ここで読者諸氏は、三つの史実に注目していただきたい。

まずは、クーリーが称賛するとおり、近代日本の政治的発展は早くに始まったこと。家永豊吉の〝プレゼンテーション〟にクーリーが感銘を受けたのは一八八九年、つまり明治維新からわずか二十二年しかたっていない時点でのことだった。二つ目は、そのわずか二年後の一八九一年に、大審院院長児島惟謙と判事たちが日本における司法の独立のために決定的な役割を果たしたことである。そして三つ目は、ミリューコフが一九〇三年にアメリカで家永（豊吉）の講演を聞き、その内容を高く評価したという点である。

それから一世紀以上の歳月が流れた現在、中国は相変わらず共産党の一党独裁体制である。次章では、このテーマについて考えてみたい。

原注

1 *Russia and Its Crisis*, Collier Books, (Collier-MacMillan Ltd., 1962) with a Foreword by Donald W. Treadgold. "Foreword" pp5-8. トレッドゴールドは、アメリカできわめて評価の高いロシア研究の専門家である。

2 前掲、p402.

3 前掲、p403.

4 On the Promulgation of the Constitution of Japan, *The Constitution of the Empire of Japan, with the Speeches Addressed to Students of Political Science in the Johns Hopkins University*, Baltimore, 17 April 1889, pp25-29.

5 『井上馨文書複製版』第二十冊、一五四―五八頁。この書簡の原本は、国立国会図書館憲政資料室所蔵のマイクロフィルム版『井上馨関係文書』のコピーである。ここでも堀内寛雄室長に大変お世話になった。

6 家永豊吉と家永三郎氏との間に姻戚関係はない。太田雅夫編著、梅森直之他訳『家永豊吉と明治憲政史論』（東京、新泉社、一九九六年）の中の家永三郎氏による序論、一―二頁。ちなみに、筆者アキタは太田氏が翻訳の労を取った同書の英語版に序論を書いている（三―六頁）。オーストラリア・クイーンズランド州ゴールドコーストのボンド大学教授ギャヴィン真佐子女史は目下、家永の人生と著書に関する研究に没頭しておられるが、すでにこのテーマに関する極め付きの研究となる兆しが見られる。

7 たとえば家永は（スポークスマンとして）、朝鮮における刑罰システムを、拷問の廃止を含めて「徹底的に改革した」朝鮮総督を称賛している。この改革は外国人にも高く評価されていると家永は語っている。Grafting Justice: Crime and the Politics of Punishment in Korea, 1875–1938, pp96–97.

第14章　中国における近代化の現状

国家の近代化に対する日本の業績は、中国が近代化のために選んだ道との比較によって、いっそうはっきりと見えてくる。中国がなぜそのような道を選択したのか、その多様な理由の解明は中国問題の専門家に任せるべきであろう。われわれとしては、ここでは中国通の一流ジャーナリストたちの中国観と、故趙紫陽国家主席が当時の中国の国体（＝国家体制）に関して述べたこと、さらに国体の改革のために彼らが提案した救済策について考察してみたい。このようなアプローチによって、われわれがチャイナ・バッシングを始めようとしているのではないかという疑いは晴れるものと考える。

劉暁波氏のノーベル平和賞受賞の意味

タイム誌のハナ・ビーチ、オースティン・ラムジー両記者は共同執筆した記事の中で、劉暁波氏のノーベル賞受賞に対する中国当局の反応について次のように書いている。劉暁波氏に授与されたノーベル平和賞（二〇一〇年）は、「中国近代史の曲がり角になるかもしれない。すなわち、中国人民が、そしてこれまでの中国のきらびやかな経済発展を羨望の目で見つめてきた世界が、中国経済の発展モデルに欠陥があることに気づいた瞬間だということである」。

二人はまた、「当局から手ひどい暴行を受け、二〇〇九年八月、頭蓋骨の手術を受けることを余儀なくされた人権活動家、艾未未（アイウエイウエイ）（一九五七年―）」の言葉を以下のように引用している。

「今日、中国は経済面でこれほどの成果を挙げているにもかかわらず、その政治のしくみはいまだもってまったく変わっておらず、また（中国政府が）中国共産党と異なった考えを論じたり、承認したりすることはまったくない……。今回の劉のノーベル賞受賞は、若い世代や歴史を知らない人々に、世界は依然として中国という国、そして中国との共通の価値観に関心を寄せていることを知らしめるための一つのシグナルなのだ[1]」

中国にいまだ存在するグーラグ

ニューズウィーク誌の二人の記者、メリンダ・リュウとアイザック・ストーン・フィッシュは、彼らの怒りをストレートに伝えるタイトル（「グーラグ＝強制労働収容所のポートレート」」を冠した記事の中で、中国当局による劉暁波氏の扱いを同じように激しく非難している。とりわけ的を射ていると思われるコメントを紹介したい。

「大半（の政治犯）は拘置所、強制収容所、あるいは『黒い牢屋』の中で姿を消す。『黒い牢屋』とは、薄汚いホテルに『自宅監禁』されること、または手枷足枷された状態で精神病院に隔離されることを意味する。弁護士との面会や医療行為、あるいは外部との接触をほぼ完全に否定された暗黒郷のような世界では、拘束された者たちが獄中死するのは珍しいことではないのである」

二人はまた、艾未未氏の以下の言葉を引用している。

「中国経済がいかに発展しようとも、市民の人権が基本的に守られないのであれば、何の意味があろうか[2]」

艾未未氏が語る中国の人権状況

タイム誌のハナ・ビーチ、オースティン・ラムジー両記者による艾未未氏へのインタビュー記事は読者を憂鬱な気分にさせると同時に、ある種の気持ちの昂ぶりを覚えさせるものでもある。艾氏はここで、中国の事態は決して好転していないと繰り返し語っている。

「……支配者集団は以前とまったく変わっていない。法的なプロセスや透明性などといったものは（この国には）なく……市民を守るものは皆無であり、法律が市民を守りはしないことを、（当局は）あらゆる折に国民に思い知らせる。当局は私に、劉少奇に何が起こったか忘れるなと言う（筆者注：劉少奇は毛沢東に次ぐ党内序列第二位だったが、文化大革命のさなかに失脚し迫害された後、一九六九年、収監中に死去している）。中国の憲法は、彼を守れなかった。そして今日の状況は、あの頃とほとんど何も変わっていない」

艾氏はまた「この国で活動するためには、明確なルールが必要だ。中国人は法を尊重するようになる必要がある」と語気を強めて語っている。

だが、現状を悲観する一方で、艾氏は将来に希望を抱いてもいる。なぜなら、インターネットの技術革新によって、人々は互いに話し合うことができるようになったからだ、と艾氏は言う。当局は「人々が入手できる情報や知識を完全に検閲すること」はもはやできないのである。彼は、インターネットを通して情報が瞬時にして広まるという事実には、まるで「言葉が弾丸になって銃口から飛び出していくような」感じがすると言う。艾氏は、二十四時間も続けてツイートすることがあると打ち明けたが、双方向の交信で使われる言葉は「豊かで、本物で、内発的」だと語った。彼は「（インターネットは）政治情勢を一変させる力を持っている」と言い、中国情勢の全体像を次のような言葉でまとめたのだった。

「(権力中枢は)容赦ありませんが、別の見方をすれば非常に脆弱でもあるのです」[3]

レイモンド・ゾウ(周黎明)氏が語る「言論の自由」

不況のあおりを受けてシリコン・バレーの仕事が半分に減ったとき、周黎明(しゅうれいめい)氏は映画評論家の道を歩み始めた。周氏にインタビューしたイギリス人ジャーナリスト、クラリッサ・シーバッグ・モンテフィオーリ女史によれば、彼は〝ロジャー・イーバート〔一九四二―二〇一三年。エミー賞にもノミネートされたアメリカの著名な映画評論家。辛辣な評で知られた〕タイプ〟の人物で、政府系英字新聞チャイナ・デイリーの記者でもある。

周氏は自分には「書きたくても書けないことや、書いてはいけないことがたくさんある」ことを率直に認めている。

彼は、今書いていることはすべて自分の正直な見解だと語るが、同時に自分は「多くのこと」については、あえて意を決して書こうとはしないとして、こう語る。

「私には自由はない。私の手は、目に見えぬ何かで縛られているようなものだ」

周氏は、中国では「汚職と賄賂(わいろ)と国家による検閲によって(批判は)阻止されてきた」と指摘し、「政府当局と映画製作関係者は、彼らが認めた記事だけが日の目を見るよう結託している」から、まっとうな中国人は映画評論を読まないと語る。周氏にとってのかすかな希望の光は、艾未未氏もインタビューで触れていたことである。「中国の若者でハイテクに詳しい連中は、率直な意見が交わしやすいオンラインによる討論の場で、ますます積極的に発言するようになっている」

ハイテク分野で活躍するもう一人の有能な中国人も、周氏の意見に同感だと語る。「中国の若者にとって、インターネットは（映画について意見交換する）最も影響力あるチャンネルだ。誰もが情報にアクセスし、情報を共有し、広い範囲に行き渡らせることが可能だから」[4]

「議会制民主主義」を肯定した趙紫陽

以上五人のジャーナリストは中国問題の専門家ではあっても、本質的にはアウトサイダーだ。正真正銘の〝インサイダー〟の観点を探るために、ここで、かつて政府の最高幹部の地位にあった趙紫陽（一九一九―二〇〇五年）に注意を向けてみよう。

往時は「鄧小平の後継者」と目される中国共産党の大物幹部だった趙は、一九八九年、「学生たちを教室に戻すために複数の手段を講じて対話と意思の疎通を行ない、流血の惨事はなんとしても避ける」よう提唱したことが災いして党中央委員会総書記兼首相の職を解かれ、軟禁の刑を受けた。そして「二〇〇五年、軟禁状態のまま八十五歳で死去」している。[5]

拘禁中、趙は後世のために回想録をひそかに執筆した。音楽用カセットテープ三十本に録音された『改革歴程』の写しは中国当局の目を盗んで国外に持ち出され、二〇〇九年の天安門事件二十周年の前日、*Prisoner of the State: The Secret Journal of Premier Zhao Ziyang* としてニューヨークのサイモン・アンド・シュースター社から出版された[6]〔日本語版は河野純治訳『趙紫陽極秘回想録　天安門事件「大弾圧」の舞台裏!』、光文社、二〇一〇年〕。

回想録の評判を落とそうとする動きはあったようだ。カナダ西オンタリオ大学のアルフレッド・L・チャン教授(政治学)は、「最近の中国では、趙のテープのようにヴィヴィッドで自然で、リハーサルなしのスタイルとは対照的」な、「およそ仰々しくて、技巧的な言葉で綴られた中国の〝秘密〟にかかわる、出所の疑わしい文書が出版されている」と指摘する。趙の回想録に関して発せられたこの種の疑問に対処するため、『極秘回想録』の編集陣は、テープの出所の正しさを宣言する前に「誰でも自由にテープを調べられるように」し、「音声鑑定の専門家の確認を得ることを公約」した。

内外の中国専門家たちは天安門事件をめぐる論議に引き込まれていったようだ。[7]チャン氏は、党指導部の強硬派は鄧小平を趙紫陽に敵対させることに成功したと論じている。なぜなら鄧は、「中国共産党の長老たちの中で……社会的な安定を保障し、共産党による統治を永続させる手段としての（プロレタリア）独裁と、高度に集中した権力の効用に最も魅かれていた」からだとチャンは指摘する。「鄧は要求を通すためにデモに訴える輩（やから）」を嫌い、「このような社会不安を抑制するために、手っ取り早く、強制的な手段を支持した[8]」のだという。

　このような解釈はさておいて、趙紫陽は胡耀邦（こようほう）（一九一五―八九年。一九八七年、党中央委員会総書記を解任。八九年の彼の死をきっかけに民主化デモが激しくなり天安門事件へと発展）を非常に好意的に見ていたと言える。胡が「民主主義の実現を求めていたことは確か」であり、「（彼が生きていれば）政治システムの近代化と社会の民主化路線に沿って、中国の政治改革を推し進めていたであろう」と趙は書き遺している。[9]

　趙は胡が描き始めた円を完成させるために緩やかに歩を進める。彼自身の考えが進化するには少しばかり時間を要し、紆余曲折があった（一九八六―八九年）。

　彼はまず「党と政府の意思決定の過程には透明性が必要である」と考える。つまり大衆には知る権利があるということだ。そして彼は「重要懸案に関する決定には種々の社会集団との継続的な協議と対話が行なわれなければならず、党の内部だけでなされてはならない」と確信するようになる。さらに趙は「結社、集会、集団的意思表示、陳情、ストライキの自由……を保障する」ために、各種の法律が制定されなければならないと考える。また、中国には「さらなる報道の自由」が必要だが、彼にとってそれは、「適正な管理とリーダーシップの下で」実践されなければならないものであった。一九八八年、趙は「司法の独立が不在であれば、裁判所は公平無私な立場で事例を裁くことはできず、検察官も自主的に権限を行使し得ず、せっかく法律があっても適用できない」と考えるに至った。それでも、趙は以上のすべてが「中国共産党の……圧倒的に支配的な立場の下で」起こると信じていたのである。[10]

趙のこのような信念に決定的な変化が生じたのは、一九八九年、天安門事件の際の武力鎮圧に反対して失脚した後のことだった。彼は、『回想録』で次のように記している。

実際、これまでに最大の活力を示してきたのは、西側の議会制民主主義である……このシステムは決して完璧ではなく、多くの問題を抱えている。だが、相対的に言えば、このシステムは近代文明に最も適しており、大衆の意見の変化に適応しやすく、民主主義の実現という点では最も可能性がある。さらに言うなら、議会制民主主義は他のシステムに比べてより安定している。……これ以外のシステムを実践している国が先進諸国のなかに一国たりとも存在しないのは、どういうわけなのか。これはつまり、もしある国家が民主化と近代的市場経済を望むなら、政治のシステムとしては議会制民主主義を実践しなければならないということとだ。[11]

趙がここで、議会制民主主義の適用に成功を収めた隣国日本に全く触れていないことは暗示的である。[12]それでも趙は、台湾と韓国について「古いシステムを議会制民主主義」へと「徐々に変換」しているという点で検証に値すると述べている。[13]もちろん、これら二国は、かつて日本の植民地だった。そして、われわれの今回の研究の基本的なテーマの一つは、「議会制民主主義」への移行をさまざまな方法で可能にしたという意味で、これら東アジアの二カ国が日本から得たものがあった、ということである。

中国が議会制度を達成するために採用すべきであると趙紫陽が信じた三つの条件を記して、趙に関する論議を締めくくりたい。最初の条件は、多数政党と自由なマスメディアの誕生である。二つ目は、中国共産党が自らを改革するために、民主的な手続きと手段を採用すること。そして三つ目は、「法制度の改革と司法権の独立を優先的に」確立することである。[14]

趙紫陽の議会制度実現への強い思いは、鄧小平が趙の失脚を図った党の長老たちと組んだことによって水泡に帰した。逆に中国は、自らを「**新たな権威主義的独裁を主張する二十一世紀の世界経済の原動力**」へと変貌させる政策を採った。これは、ビーチとリュウが特に強調するところである。[15]

「アラブの春」と司法独立の行方

司法の独立が、開かれた多元的社会にとって不可欠な構成要素であることを示すさらなる証（あかし）が必要なら、今日のエジプトの混迷の原因となった不安定な政治状況を見ればよい。本稿執筆の時点（二〇一三年五月）における同国の情勢が、依然として流動的であることは確かだ*。

二〇一二年六月に大統領に就任したムハンマド・モルシの支援者たちは、モルシが大統領令を司法判断から除外する命令を下したことに関して、それはあくまでも国民議会が新憲法を制定し、新しい議員を選出するまでの一定期間しか効力を持たない「暫定的な措置」だと主張する。だが、大統領のこの行動に対して、進歩派と少数派の宗教グループが中核をなす反対派は激しく異論を唱え、モルシの「究極の目標」は、「民主主義の理念に基づく自由に対して閉ざされた、厳格なイスラム的国家」の創造だと非難する。アメリカのある学者は、モルシを批判する勢力が表明する懸念はもっともなことであるとしている。彼は「(モルシは) 現在も過去も、決して穏健派ではなかった」と説き、逆に、ムスリム同胞団の教義と行動に同調しないグループはすべて根絶することを固く決意した人物であると主張している。

今日までのエジプト情勢を概観すると、モルシの行動は、二〇一一年三月にタハリル広場で展開された、あの激しい抗議運動を彷彿させるデモを引き起こしたと言ってよい。[16]

法と政治システムの沈滞が周辺地域を不安定にする

ジェローム・コーエン教授（一九三〇年生まれ）は、間違いなく中国の法・政治体系研究の世界的権威である。ニューヨーク大学法学部の教授を務めるかたわら、外交問題評議会ではアジア問題研究のシニアフェローとして活発な言論活動を展開している。教授の意見を拝聴してみよう。

教授は一九五一年にイェール大学を卒業し、五五年に同大学で法学博士号を取得した。その後、優秀な法学部の学生のしきたりに従い、アメリカ最高裁判事の助手を務めた。一九五九年、カリフォルニア州立大学に教職を得、その後ハーバード大学ロースクールに移籍（一九六四―八一年）。一九七一年から一年間、フルブライト財団の支援により京都の同志社大学で客員教授として法律を教えた。教授は現在、ハワイ大学ウィリアム・リチャードソン・ロースクールで客員教授を務めている。

ハワイの主要紙ホノルル・スター・アドバタイザー紙のマイケル・ツァイ記者のインタビュー（二〇一三年一月十三日付）に答えてコーエン教授は、二〇一二年四月、独学で弁護士資格を得た盲目の人権運動家陳光誠（ちんこうせい）を拘禁した中国当局が「面子（メンツ）を保ちつつ」氏を釈放するためにアメリカ国務省との間で行なった秘密交渉に自らが直接かかかわっていたことを明らかにした。陳氏はその結果、無事釈放され、アメリカに亡命している。**

コーエン教授が、自分は交渉にかかわっていたものの、「陳氏がどのようにして軟禁状態から逃れ、北京のアメリカ大使館に辿りついたのか、まだ十分に理解していない」と活字を通して潔く認めたことで、氏の学者としての高潔さは輝きを放つ。教授はさらに、「小説よりも奇なりといった紆余曲折を経て、陳氏は最終的に中国を離れる許可を得た」と語ったが、今日に至るも、「あのとき陰で誰がどのような糸を引いて陳を助けたのか、自分としては定かではない」と認めてもいる。

それまでの優れた業績や世界的な名声などを考えれば、コーエン教授が一度ならず二度までも自らの「無知」を認める必要などなかった。だが教授が、立場上、わざわざ知らないとまで言明しなくても済むにもかかわらず、敢えて知らないと率直に認めたことによって、現代中国の時代遅れの法・政治体系に関してなされる教授のコメントの信憑性は、おのずと高まるのである。[17]

教授の見解の基礎をなす結論は、文字どおり爆弾発言だ。すなわち「中国首脳部は噴火口の上に座っている」。インタビューで教授は、「現在よりはるかに本格的な法の支配こそ、グローバル社会における中国の大いなる可能性を実現し得ると長い間信じていた」と語っている。さらに「法制改革に関する多くの希望は過去数年ほどの間に失われてしまったこと」が悔やまれてならないと述べ、趙紫陽が聞けば拍手喝采するに違いない言葉で次のように述べたのだった。

「多くの中国人は、政府と党を社会のルールの下に置く裁判制度と法の支配が誕生することを願った。だがそうなるどころか、中国指導部はそれと全く逆の抑圧的な性向を変えず、人民がもう少しましな法律の制度を求めているといったことにすら強い猜疑心(パラノイア)を抱いている」

コーエン教授が、これから想定される恐ろしいシナリオをはっきりと指摘していることを記して本項を締めくくることにしよう。そのシナリオとは、つまりこういうことである。

「中国指導部は、国民の関心を国内の政治抗争から転じさせ、ナショナリスティックな熱情を掻き立てるために利用できそうな国外の何かに向けさせようとしている。それはおそらく東シナ海における日本との衝突のようなものだろう」

コーエン教授の姿勢は、先に述べた二〇一三年一月三日付ニューヨーク・タイムズ紙の社説に欠けていた視点を加えるものである。つまり、アジア・太平洋地域の緊張は「一方通行的」にもたらされるものではないという考え方だ。不幸にして中国は、「双方向的な」思考を激しく拒絶し、責任はつねに相手側にあると断じる。中国のこの「一方通行」志向を明らかにした情報源(ソース)(ニューヨーク・タイムズ紙)の内容が曲解されないよう、社説の中から肝心な部分をそのまま引用する。

中国は、日曜日（一月二十日）に激越なステートメントを発表し、東シナ海の小島（尖閣諸島）をめぐる日本との論争について事実を歪曲して伝えたとしてヒラリー・ローダム・クリントン米国務長官を激しく非難し、彼女の見解に「断固反対する」と述べた。中国外務省は、クリントン氏がワシントンで先週金曜日（一月十八日）に行なった記者会見において、尖閣情勢に関して短く語った内容は、彼女が「事実を無視し、ことの正邪の見分けがつかない」ことを示すものだと非難した。クリントンが国務長官辞任の準備をする中で中国外務省によって発表されたこの「異例の異議申し立て」は、日中間で深まりつつある確執に対する標準的な言い回しとは異なる新たな表現が使われたことに触発されたものと思われる。日本の外務大臣がかたわらに立つ中、クリントンは、オバマ政権は中国では釣魚島、日本では尖閣諸島と呼ばれるそれらの島々に対する「日本の施政権を害しようとするいかなる一方的な行為にも反対する」と語ったのである。日本のメディアは、クリントンが「一方的な行為」に言及したことを、アメリカはそれらの島々が位置する東シナ海における最近の中国の行動を不快に思っていることを意味すると解釈している。[18]

訳注

＊　本稿の脱稿から約二カ月後の二〇一三年七月三日、反大統領運動が高まるエジプトは、軍によるクーデターという緊急事態を迎えた。軍は強権を発動し、モルシ大統領を解任。翌日、エジプト最高憲法裁判所長官アドリー・マンスール氏が暫定大統領に就任した。九日には、元財務相のビブラウイ氏が新首相に、ノーベル平和賞受賞者で国際原子力機関（IAEA）前事務局長のエルバラダイ氏は副大統領に任命された。モルシ氏は解任後、軍に拘束されている（二〇一三年七月中旬現在）。

イスラム主義組織ムスリム同胞団の力を背景に、モルシ氏（二〇一二年六月、民主的な選挙を経て大統領に就任）が八月に軍の影響力を排除するためにトップを更迭し、十二月にはイスラム色の濃い新憲法を制定したことに反発した反対派は、大統領就任一周年に当たる二〇一三年六月三十日、経済の悪化がエスカレートする中で大規模な反大統領デモに打って出た。軍はこのチャンスを見逃さなかった。民主化で躓いたエジプトは、モルシ派の巻き返し次第では今後内戦状態に陥る可能性も高く、国内の混乱は長期に及ぶものと思われる。「アラブの春」は遠い。

エジプト情勢のこの急変に関して、中国の共産党機関紙・人民日報系の日刊紙環球時報は七月三日付の社説で、「現在のエジプトの混乱の原因は、西側諸国の民主主義を導入したことにある」と主張した。この点についてアキタ教授はこう述べている。

「エジプト問題の専門家ではない私に言えることは、ただ一つ。エジプト軍は最高憲法裁判所長官を暫定大統領に任命したが、私はここに、司法の独立を実現することによってエジプトの窮状を乗り切ろうという軍の、民主主義実現に向けての姿勢を見るということだ。中国政府もまた、大幅に遅れている民主化促進のために法治国家実現に向けて努力するのは当然のことと考える」

＊＊　アメリカに渡った陳光誠氏はニューヨーク大学客員研究員として迎え入れられたが、二〇一三年六月十四日、同大学の広報担当者が、陳氏は近く客員研究員を退くことを明らかにした。陳氏は、同大学は上海にキャンパスを開くなど中国との学問交流を進めており、これに対する悪影響を懸念して退任を迫ったとしている。アメリカの一部メディアも、中国当局から圧力があった可能性を指摘。ニューヨーク大学側は「当初から一年の任期の予定だった」として陳氏の主張を否定している。

原注

1　Hannah Beech and Austin Ramzy/Beijing, China's Eyes on the Prize, *Time*, 25 October 2010, pp40-43.

2　Melinda Liu and Isaac Stone Fish, Portrait of the Gulag: Artist Ai Weiwei is freed. But China continues its hardest crackdown on political dissidents in decades, *Newsweek International*, 11 July 2011, pp48-51.

3　Hannah Beech and Austin Ramzy, Ai Weiwei: The Dissident, *Time*, vol.178, issue 25, 26 December 2011, p105, p106, p108.

4　Clarissa Sebag-Montefiore, Reel China: He's Beijing's answer to Roger Ebert, *The Daily Yomiuri*, 26 March 2012, based on a *Los Angeles Times* World Report.

5　参考文献は、西オンタリオ大学アルフレッド・L・チャン（Alfred L. Chan）教授の書評。Power, Policy and Elite Politics under Zhao Ziyang: *Gaige licheng*（『改革歴程』*The Journey of Reform*）. Zhao Ziyang, New Century Press, 2009; *Prisoner of the State: The Secret Journal of Premier Zhao Ziyang*, Translated and edited by Bao Pu（鮑樸）, Renee Chiang and Adi Ignatius, Simon & Schuster, 2009. Reviewed in *the China Quarterly*, September 2010. Chan, p708, p711.

6　前掲、p708.

7　前掲、pp708-09, p709（fn. 2）, p718.

8　前掲、p712.

9　*Prisoner of the State: The Secret Journal of Premier Zhao Ziyang*, p255.

10　前掲、pp256-60.

11　前掲、p270.

12　「民主主義」という言葉の使い方がいささか曖昧すぎるようだ。厳密に言えば、日本は「民主主義国」ではなかった。正確には、日本は一八八九年以来、立憲君主国であり、天皇は「権威」ではあるが、政治的権力は行使できない。それでも日本の政治は、「西側の議会制民主主義のシステム」の記述で趙紫陽が触れた議会制民主主義のあらゆる特性を備えている。一方、アメリカ合衆国も、厳密に言えば「民主主義国」ではなく、「共和国」なのである。

13 *Prisoner of the State: The Secret Journal of Premier Zhao Ziyang*, p271.

14 前掲、pp217-72.

15 前掲、pp272-73. 引用文の太字の強調は原文のまま。鮑樸のエピローグ（pp274-281）も参照されたい。ハワイ大学マノア校歴史学部のシャナ・ブラウン准教授と王文正助教授には、この部分で用いられた中国名の名前をご教示賜った。厚く御礼申しあげたい。

16 The most important man in the Middle East: An exclusive interview with Egypt's Mohamed Morsi, *Time* (Cover story), 10 December 2012, pp30-39.「中東で最も重要な人物エジプトのムハンマド・モルシ単独会見記」（タイム誌カバー・ストーリー）

17 Michael Tsai, Attorney visiting UH shares insight on China, *Honolulu Star-Advertiser*, 13 January 2013.

18 Jane Perlez, China Criticizes Clinton's Remarks About Dispute With Japan Over Islands, *The Honolulu Star-Advertiser*, 21 January 2013, citing a *New York Times* dispatch from Beijing.

第15章　欧米と日本の植民地政策を比較する[1]

われわれの議論の前提、つまり日本の植民地政策は比較的穏健だったという主張を支えるもう一つの有益なアプローチは、欧米の植民地勢力との比較である。初めに指摘しておきたいのは、植民地を持つ国はいずれも、あらゆる敵対行為の兆しを速やかに力で封じ込めることに失敗すれば、それが発火点となり、一八五七年にイギリスがインドで経験したような広範な抵抗運動（インド大反乱。一八五七―五九年）が起こる可能性があるとの不安をつねに抱いていたということである。こうした不安が、イギリス、フランス、アメリカ、そして日本が植民地で行なった権力濫用の一因となった。だが、それはそれとして、欧米列強の植民地政策とその実態を瞥見（べっけん）することは、果たして朝鮮系の人々が主張するように[2]「朝鮮人は史上最も残虐だったとして知られる日本の植民地支配の下で生きた」か否かを検証するうえで有用であろう。

植民地における圧政の比較

当時の植民地統治の実態を調査してみると、強制労働、経済的搾取、反抗的な分子が居住する村々の焼き打ち等に加えて、住民の強制移住あるいは隔離などが各地で広く行なわれていたことが明らかになる。

本論は、米比戦争（一八九九―一九〇二年）を例外として、植民地勢力が戦時中に自らの植民地で行なった行為を取り上げるものではない。たとえば、われわれはフランス軍がベトナムで百万人近いインドシナの兵士や民間人を殺害したインドシナ戦争（一九四五―五四年）や、アルジェリアで五十万人以上の現地人の死を招いたアルジェリア独立戦争（一九五四―六二年）の検証は行なわない。また、オランダ軍が戦闘中に五万人から十万人のインドネシア兵を殺し、さらに推定二万五千人から十万人の民間人を殺害したインドネシア独立戦争（一九四五―四九年）についても、あえて検証を行なわない。戦争は必然的に植民地保有国に最も過激な行動を強いるであろうとの想定に基づき、われわれは平時における各国植民地当局の行動に焦点を当ててみたいと思う。

多くの植民地政府は、現地の人々に強制労働を課し、人々はしばしばプランテーション（大規模農園）あるいは政府関係の大規模事業に従事することを余儀なくされた。そこに見られた手順は、まず正当な所有者の土地を占有し、次に立ち退きを強いられた人民にプランテーションにおける労働を強要することだった。これらのプランテーションは種々の天然資源の抽出はもとより、アフリカと東南アジアにあっては植民地の収益性を確保するための要でもあった。だが、プランテーション、鉱山、あるいはその他の労働の場において、安い労働力は容易には確保できなかった。そこで労働者たちは軍隊あるいはその他の圧力によって、辛うじて税金が払える程度の低賃金で働くことを強いられたのだった。当時世界中で奴隷制度は廃止されていたが、ほとんどの場合、「植民地における労働者の搾取と彼らが置かれた状況は奴隷制度に酷似していた」[3]のである。

植民地政府による悪名高い強制労働のシステムのなかでも最悪の例の一つは、ベルギー国王レオポルド二世治下のコンゴ自由国（一八八五―一九〇八年）で見られたものだ。コンゴはベルギー国王の私領地であり、レオポルド二世の主たる目的はそこで最高の収益を上げることだった。ゴムや象牙をできるだけ多く取り立てるため、国王の代理人たちには無制限の権限が与えられていた。

これら代理人は、アフリカ人に対する筆舌につくせぬ虐待と極端な暴行を奨励するために新しいシステムを確立した。決められたノルマを果たせなかった者は、殴打され、鞭で打たれ、あるいは拷問を受けた。手足の切断は、恐怖を掻き立てて他の者への見せしめにするための、ごく当たり前の刑罰となった。頑強に抵抗する村落は焼き尽くされ、女性たちはゴムその他の資源が調達されるまで人質にされたのだった。[4]

コンゴのいくつかの地域では、重労働は奴隷制時代さながらに一つの鎖につながれた囚人たちの手に委ねられた。[5]ベルギーの統治下では、殺人、レイプ、餓死、病死などに人々の逃亡が加わって、コンゴの人口の極端な減少をもたらした。ベルギーによる植民地統治が始まったばかりの一八八五年には、コンゴの人口は二千万人から三千万人だったが、一九一一年にはなんとその三分の一近い八百五十万人までに激減していたのだった。[6]

一八三〇年から一八七〇年の間に、オランダ人はオランダ領東インド諸島（現在のインドネシア）で、コーヒー、タバコ、インディゴ、砂糖等の換金作物を徴収する目的で強制労働制度を設けているが、この制度の一部は一九一七年になっても依然として続いていた。強制栽培制度（Cultuurstelsel）として知られるこのシステムの下で、オランダの植民地当局は、ジャワ島の島民が「保有する土地の五分の一、あるいは一年に六十六日を、政府のための換金作物の栽培に当てる」ことを義務づけた税法を導入した。だが、実際には、オランダ人と、彼らとともに搾取に加担したインドネシア人のパートナーは収穫の半分を巻き上げたのである。[7] 徴税に見せかけたこの強制労働システムの下で、換金作物の栽培のために多くの土地と労働力が転用されることになった。そのため、ジャワでは食料の生産が激減し、あげくの果てに、定期的な飢饉に見舞われたのだった。一八五〇年には、これによってほぼ三十万人ものジャワ島民が命を落としている。[8]

フランスも、ドイツも、ポルトガルも、イギリスも、アフリカの植民地で同じような強制労働を課している。ヨーロッパの植民地当局は現金による納税を要求したから、アフリカの人々は否応なく賃金労働に従事することになった。これらアフリカ人の多くは、実際には、宗主国または民間投資家が管理する奴隷であった。[9] たとえばフランスの場合、マダガスカルでコーヒーを栽培・収穫するために発足した組織的な強制労働システムは、第二次大戦後まで続いていた。また、ポルトガルの強制労働システムの下では、アンゴラで三十万人以上の現地人が命を落としている。一方、マリでは、フランスは強制労働の人員を確保するために徴兵令を発している。

抵抗運動の抑圧

植民地政府はしばしば武装した民衆の暴動に直面したが、反乱は植民地の平和を回復するために鎮圧されなければならなかった。日本の軍隊は、朝鮮の「義兵軍」による反乱（一九〇八―〇九年）を鎮めるために、推定一万七千六百人の朝鮮人を殺害している。[10] また朝鮮人は、日本軍は村々を焼き、多くの囚人を容赦なく処刑したとも非難する。だが、「恵み深い」宗主国とされていたアメリカもまた恐ろしい行為と無縁ではない。一八九九年から一九〇二年までに、フィリピンで反乱分子を鎮圧するために過酷な手段に訴えている。「アメリカ陸軍は著名な革命家たちの財産を没収し、彼らの家族に恐怖感を与え」、「ゲリラ勢力を物資と隠れ家から隔絶するために、収穫物の廃棄や特定の村落の住民たちを収容所に隔離することを是認していた」のである。さらにアメリカ軍は「逮捕したゲリラを裁判にかけ、しばしば処刑し、陸軍軍事裁判所は……証拠がなくても容疑者を裁判にかけ、処罰する自由を与えられていた」のである。[11]

全容があまり知られていないのだが、米比戦争では、GHQ最高司令官、ダグラス・マッカーサー元帥の父、アーサー・マッカーサー大将が「ゲリラに食料、情報、および隠れ場を提供した町の民間施設の破壊にこれまで以上に専心するよう命令」している。[12]

米領フィリピンの鎮定は「異常なほど残忍に」行なわれた。アメリカ軍は反乱分子が住む地域の住民を「保護区」および強制収容所に移し、収容所の外にいる反乱分子を自在に排除（殺害）できるようにした。[13] 米陸軍があまりにも残虐な手口で抵抗運動（レジスタンス）

を抑えつけた*ため、植民地当局はフィリピン人統治の正当性をめぐる危機に直面した。アメリカがフィリピンに対して穏健な政策をとり、フィリピン側と権力を共有するようになったのは、すべての抵抗運動を抑え込んだ後のことだった。

　フランクリン・ベル陸軍少将（一八五六―一九一九年）は、「上院委員会で証言し、強制収容所あるいはルソン島の戦場だけで、六十万人のフィリピン人が病死」し、鎮定の過程で「ほぼ百万人のフィリピン人、つまりフィリピンの全人口の約七分の一が命を落としたと推測」している。[14] それでも、アメリカの植民地政府はフィリピン全土が平定された後ですら、「フィリピン人に対して全面的な市民的自由を認めなかった」し、「破壊活動分子と思しきフィリピン人並びに外国人を追跡するために警察に監視させた」のだった。[15]

　ヨーロッパの植民地保有国も、自らの植民地を制圧するために強制収容所を利用した。ドイツはその植民地、南西アフリカ（現在のナミビア）で、一九〇六年から一九〇八年にかけて、原住民であるヘレロ族を強制収容所に送り込んだ。囚人たちは栄養失調に苛（さいな）まれていたにもかかわらず強制労働を強いられた。これらの収容所では、ヘレロ族の総人口（七万五千人）のほぼ半分があらゆる種類の虐待、餓え、そして病のために命を落とした。収容所が閉鎖された後、ヘレロ族は強制送還されるか、あるいはあてどなく離散させられるかし、その中でドイツは、南アフリカのアパルトヘイトにきわめて似通った社会システムを構築したのだった。

イギリスですら、抵抗運動を抑圧するために、いくつかの植民地で強制収容所を使っている。早期の強制収容所は、南アフリカで戦われた第二次ボーア戦争（一八九九—一九〇二年）でお目見えした。ボーア人（オランダ系南ア移民）入植者に対する地元の支援を弱めるため、イギリスの軍隊は焦土作戦を採用し、田畑、家屋、家畜等を焼き払い、数万人を強制収容所に送り込んだ。これらの収容所では、およそ二万五千人が病と餓えで命を落としている。衛生施設と医療の不備のため、収容所内では「麻疹（はしか）、肺炎、赤痢、チフスが蔓延」し、「二万八千人のヨーロッパ人（ボーア人）が収容所内で命を落としたが、そのうちの二万二千人は、もともと病気に対する抵抗力がないうえに、陸軍当局があてがう粗末な食事のせいで著しく体力の衰えた十六歳以下の子供たち」だった。[16] だが、このような状況下で死んだアフリカ人の数を数えた者はいなかった。

イギリスは、ケニアで起こったマウマウ族の反乱（一九五二—六〇年）の際にもこのような仕組みの収容所を用い、これを「土地の村有化政策 villagization policy」と呼んだ。一般農民は、原住民の反乱分子に対する支援を阻止するために設けられた、柵で囲まれた村や収容所に強制的に押し込められたのだった。

イギリスはアフリカの植民地において、さらに大規模に原住民用の保護区を設けることによってアフリカ人を白人から隔離した。当時、イギリスの自治領だった南アフリカは、一九一三年に「諸部族の長が治めていた地域の人々を、小規模で不毛な保護区に閉じ込めた[17]」。

アフリカ人の一方的な犠牲の下に白人労働者の保護を目的とした差別的な法律がこれらの措置を可能にしたのだが、それはアパルトヘイト政策が実施される数十年も前に施行されていたのである。同様の法律が、南ローデシア（現在のジンバブエ）の議会で一九三〇年に可決されている。南ローデシアの植民地当局は全土を分割し、そのうちのほぼ四十パーセントに当たる、最も肥沃で価値の高い土地を白人入植者に振り分け、残りの不毛の地をアフリカ人に与えた。こうしたシステムはケニアにも設置されているが、それはイギリス人入植者のために最高の土地を確保した「原住民居留地」を再現したものだった。

以上、列強の植民地政策を概観したが、これらと比較した場合、日本の朝鮮統治政策の実態はどのようなものだったか。

英国ダーラム大学のキース・プラット氏は、朝鮮における日本の朝鮮統治の最初の十年を「恐怖の統治」時代と呼んでいる[18]。だが、朝鮮人民が直面した「恐怖」は、実際には、これまでに述べた欧米の宗主国による強制労働、強制収容所あるいは人種差別政策とは比べようのないほど緩やかなものだった。

第一に日本は、オランダ領東インド諸島、あるいはイギリス、フランス、ベルギー、そしてポルトガル領アフリカの植民地で等しく見られた強制労働に頼っていない。第二に、日本は、一九〇七年から一九一〇年までの間に起こった抗日武装運動を鎮圧するにあたって、民衆を強制収容所に収監していない。だがこれはアメリカも、ドイツも、イギリスもそれぞれの植民地で実施したことなのである。そして第三に、日本は朝鮮に経済・産業・教育等のインフラストラクチャーを構築するべく、他の植民地保有国のいずれよりもはるかに多くの努力を払っているのである。

植民地の近代化を比較する

どうやら民族史観の信奉者たちは、植民地時代が朝鮮にとってどのようなかたちであれ肯定できる結果を生んだことを一切認めることができないようだ。たとえば、日本統治下の朝鮮におけるキリスト教に関するある研究は、日本の「諸々の政策」は、「朝鮮社会にとってあらゆる面で破壊的だった」と記している[19]。さらに、民族主義を標榜する多くの研究者たちは、日本統治下の朝鮮で実現した大規模な近代化を過小評価する。

植民地体制下の朝鮮で見られた近代化について検証したがらない学者がいるが、

特に韓国の学者の間でこの傾向は顕著である。彼らにとって、近代化は歴史の進歩を意味する。したがって、近代化を植民地主義のような「後退的現象」と結びつけて考えるわけにはいかないのである。なぜなら彼らは、植民地主義は朝鮮の「真の」近代化の実現を阻止したのであり、仮に何らかの近代化が達成されたとしても、それは一国の「歪んだ」発展の一形態を育んだに過ぎないと考えるからである。[20]

しかし、朝鮮人民が統治国日本に寄せた期待と、日本の植民地政策に対する批判をともに検証すると、きわめて深刻な矛盾が明らかになる。朝鮮人は、日本は（公衆衛生、教育施設、産業融資の面で）朝鮮の近代化のためにまったく何もしなかったと主張する一方で、植民地当局は朝鮮文化にあまりにも多くの変化をもたらしたと批判するのだ。つまり、民族史観的論法の下で語られる日本は、「すべての罪状について二重に有罪」だということになる。

本論は、日本が植民地統治のために払った努力は、当時の世界の植民地の実態に照らして見た場合、穏健かつバランスがとれていたことを説くものである。この主張を裏づけるために、われわれはまず教育面における日本の実績を欧米の植民地保有国のそれと比較し、次に、世界の植民地経営の慣例に鑑み、その他の面で日本が遺した実績を検証してみたい。

教育政策の比較

近代教育の分野についてみれば、テクノロジーの新時代に備えて学生たちにこれを提供する李朝政府の施策は遅々として進まなかった。しかし、李氏朝鮮には読み書きのできる階級に属する男子は少なからずいた。伝統的な朝鮮社会では、「両班（ヤンバン）」と呼ばれる世襲的特権階級に生まれた男子がおり、彼らが官僚として出世する唯一の道は、儒学を基本理念とした官吏の任用制度、科挙の試験に合格することだった。試験に備えるために、男たちは、未成年者も成人も、「書堂」と呼ばれる寺子屋式の村塾に通い、漢籍（儒教関連の古典）の読み方や、主として朱子学の倫理・道徳を学んだ。だが、儒教に基づく教育は近代にふさわしいものではなかった。

李朝政府はあくまでも保守的なやり方に固執し、政府内の進歩的な分子を攻撃するに至った。その結果、一九〇五年以前の朝鮮において、近代化の優先順位は低かったのである。バージニア州マジソン大学歴史学部助教授のマイケル・J・セス氏はその著 *Education Fever: Society, Politics, and the Pursuit of Schooling in South Korea*〔『教育熱　韓国における社会、政治、学校教育の追求』、未訳〕において、一九〇四年当時、「学校教育は主に首都ソウルに限られて」おり、「しかもそこには、小学校がわずか七、校あるのみ」だったと記している。[21] 人口一千二百万人の朝鮮で、近代的な公立学校に通っている生徒の総数は五百人程度だった。公立学校以外に私立学校が数百校あったが、大半はミッション・スクールだった。

初めはこのようにささやかだったが、朝鮮の公立小学校の生徒数は、一九一〇年の二万二百人から、一九三七年には約四十五倍の九十万一千二百人に増えている。また、私立の儒学塾を除くすべての学校に通学している生徒数は、一九一〇年の十一万八百人から、一九三七年には約十一倍の百二十一万千四百人に増えている。全生徒の四分の一が女子だった。これらの数字は長足の進歩を示すものだが、それでも学齢に達した児童のうちの三分の一しか学校に行けなかった。朝鮮総督府は太平洋戦争のさなかに、一九四六年には朝鮮に義務教育制度を導入するとの計画を立てていた。

朝鮮の民族主義者たちは、日本統治時代の朝鮮の学校の教育課程が、日本語および日本的倫理並びに価値観に的を絞っていたことを非難する。つまり日本統治下の教育は、朝鮮人を天皇の忠実な臣民に仕立て上げるための政治的手段だったというのである。セス氏はこう書いている。

「日本の超国家主義と軍国教育が教育制度のすべてに浸透していた[22]」

しかし、考えてみてほしい。日本統治下の朝鮮で行なわれた教育は、フランス領インドシナあるいはアメリカ統治下のフィリピンで行なわれた教育と本質的にいったいどう違うのか。そもそも、あらゆる植民地における教育の重要な目的は、端的に言えば、国家に対する忠誠心を高め、国民の結束を強め、政府の力を強化することだ。この目標を達成するための手段が、ナショナリズムであり、強い軍隊だった。

しかし、一言指摘させていただきたい。つまり「超国家主義 ultranationalism」や「軍国主義 militarization」などといった過激な表現は十分に注意して用いるべきだということだ。これらは厳密な定義を要する言葉であり、それなしには学問的討議を展開することは難しいからである。

日本統治下の朝鮮で中学校とさらにその上の学校に進学した生徒の割合が少なかったことを考えると、植民地保有国としての教育実績の面では日本は平均的だった。しかしこうした批判は、李氏朝鮮が近代教育のための施設を一切遺していなかったことに鑑み、塩梅して考えられてしかるべきである。欧米列強とは異なり、日本は植民地保有国になったばかりの新興勢力だったことを忘れてはならない。

それでも日本が進もうとした方向は正しかった。朝鮮総督府は「漸進主義」を実践する中で、中高等教育を発展させる前に、あらゆる村落にまず小学校教育を浸透させることで精いっぱいだった。一九三九年には、単科大学および師範学校在籍の学生数は六千三百十三人。それに加えて、合計二百六人の学生が当時の朝鮮では唯一の総合大学校だった京城帝国大学（創立一九二五年）に在籍しており、さらに数千名の朝鮮人学生が日本で教育を受けていた。一九四二年の時点で、約一万四千人が日本で中学校に通っており、さらに六千七百七十一人が日本の単科大学あるいは総合大学で学んでいたのだった。

こうした記録を見ると、アフリカや東南アジアの植民地の実態をほんの少し検証しただけでも、日本が教育面で遺した実績は最高の部類に属することがわかる。

日本統治下では学齢に達した朝鮮の子供たちの三分の一しか小学校に通えなかったにしても、フランス領カンボジアでは、一九四四年に「学齢に達した男児の五分の一以下しか学校に行けなかった」のであり、日本統治下の朝鮮のほうが進んでいたことになる。ちなみに、女子生徒の割合は朝鮮よりはるかに少なかった。カンボジアでは、中等教育は一九三三年に始まったが、一九四四年の段階でもこれは名ばかりだった。さらに言えば、カンボジアには総合大学は一校もなく、一九五三年までに大学の卒業証書を持つカンボジア人は、わずか百四十四人に過ぎなかった[23]。これは、フランスが一八六三年以来カンボジアを支配していたことを考えると、いかにもお粗末な話だと言わざるを得ない。日本が朝鮮を保護国にしたのは、それから四十年以上も後の一九〇五年である。

ベトナムにおけるフランスの教育的実績も寂しい限りだ。ベトナムで近代「教育の恩恵に浴したのは、学齢期の子供たちの十人に一人に過ぎなかった[24]」。そして「文化政治」のスローガンの下で改革がもたらされるまでの朝鮮と同じく、教育制度は分離されており、「植民者」と「被植民者」の子供たちは別々の学校に通っていた。予想どおり、ベトナム人のための学校の質はフランス人用の学校に比べて劣っていた。「ベトナム人学校の歴史と国語の教育課程では、ベトナム人は自己制御ができず……(そして)無知である」ことに留意せよと記されている。[25] また、ベトナムで教えるフランス人教師の給与は、ベトナムで勤務するフランス人公務員と同レベルであり、同じ仕事をこなすベトナム人教師たちの三倍だった。フランス人には住宅手当と有給休暇が与えられたが、ベトナム人はこれらの特典とは無縁だった。[26]

朝鮮においては、ボーナスのような特典は本国にいる日本人を朝鮮で働くように説得する際に使われたが、朝鮮において日本人が得た給与と特典はベトナムのフランス人の場合に比べると、つつましいものだったのである。

フランス領西アフリカの教育制度はベトナム以下のレベルだった。そこでは、「フランス当局による最も甘い見積もりでも、千人につき四・七名の子供しか学校に行けなかった」[27]。また西アフリカでは、「学校組織には……入学資格のある子供を選択するにあたって客観的な基準がなかった」うえに、教育プログラムは「植民地当局によって一元化されておらず」、「教育官僚による独善的指導」の犠牲となり、「能力主義に基づく教職者の待遇も特段」見られなかった。その反面、学校組織は「ほぼ全面的に部族の首長と名士の子弟の要求のみを満たし、学校当局は小学校教育の年月を通して、この社会的エリートたちを支援するよう求められた」のだった[28]。中等教育の機会はごく限られており、フランス領西アフリカ全土に総合大学はわずか一校しかなかった。加えて、「大学生の総数の半分以上は、フランス人が占めていた[29]」。一九三七年の時点で、アフリカとヨーロッパの大学に在籍する西アフリカ出身の学生は合計わずか六百三十一人に過ぎなかった。対照的に、イギリスはアフリカの植民地に合計四つの総合大学を開設していたが、いずれの大学でも学生の大半は白人入植者の子弟だったのである[30]。

イギリスの植民地における教育実績は功罪相半ばした。イギリスの植民地の大半は間接統治の下で運営されていた。つまり植民地以前からそこを支配してきた現地の伝統的なエリート集団に日々の実権を委ねるというシステムである。このようにして教育は現地の支配者たちの手にほぼ委ねられたが、彼らもまたキリスト教の使節団のような民間組織に近代教育を委託したのだった。イギリスの植民地で実践された教育は、エリート集団の要求を満たしはしたものの、農民を益することはほとんどなかった。インドでは高等教育が実施され、一九一四年には、総人口三億人のうち大学生は五万人いた[31]。ただし、インドの総人口に占める識字率はわずか十二パーセントに過ぎなかったことを指摘しておくべきだろう。

イギリスとフランスがアフリカで施した教育の主眼は、現地人の学生たちを労働者や活動的な市民にすることではなく、従順な農民にすることだった。各学校は生徒たちに徐々に階層意識を染み込ませていき、自分たちはヨーロッパの支配者に劣ると感じさせた。イギリスとフランスの教育の差は、フランス人は「現地人を、自立、高等教育、自由貿易……政治参加あるいは独立の方向に向けて教育するための持続的な努力をまったく行なわなかった」点にある。この教育方針は、植民地国家フランスの長期的目標を反映するものだった。つまり「インドを統治していたイギリスとは異なり、フランスには出口戦略がなかったのである。フランスは植民地統治のプロセスにおいて植民地を『幼児化する』することを目論んだ」のだった。[32]

植民地化されたアフリカを一つの大陸として見ると、非識字率は八十パーセントから八十五パーセントだった。[33] とりわけポルトガルの実績は最悪だった。

ポルトガルは、アンゴラ、ギニア、そしてモザンビークを五百年にわたり植民地として保有しており、その間に「文明化活動」を展開してきたと豪語する。だが、五百年にわたって「アフリカ原住民」を教化するという白人の重い責務を負い続けたというわりに、ポルトガルはついにモザンビークで一人たりともアフリカ人医師を養成できなかったし、東部アンゴラの平均寿命は三十年にも満たなかったのだった。[34]

ポルトガルの植民地教育は、文化的同化に焦点を絞ったものだったが、学費が極端に高く、実際に通学できた子供たちはごくわずかだった。また、公立学校に通った生徒たちは質の低い教育を受けることになった。

ベルギー領コンゴの教育はすべての植民地の中で最悪だった。ベルギー当局はアフリカで植民地化したコンゴの人的資源の有用性を無視し、その富を搾り取ることに全力をあげた。「現地人のエリート集団を作らない」という選択を下し、「中等並びに大学教育はほぼ無視された[35]」。コンゴが一九六〇年に独立した時、全人口千三百万人中、学位所有者は二十人足らずに過ぎなかったのである。

植民地における教育の実績として最高の部類に属するのは、アメリカがフィリピンで行なった教育である。これは主としてアメリカがフィリピン人を自治に向けて教育した結果だった。フィリピンの学校はアメリカン・スタイルの教育を施し、生徒たちが早期に英語をマスターすることの重要性が強調された。小学校では学費は不要で、中学校あるいはさらに上で学ぶ機会は難なく提供された。そしてこのシステムのうえに五つの大学が用意されていた。

ここで、東南アジア三カ国における教育の実績を比較してみよう。「植民地時代が終わった段階で、インドネシアで読み書きができたのは人口のわずか八パーセントに過ぎず、仏領インドシナでは十パーセントだった……しかし、アメリカ統治下のフィリピンの識字率は人口の五十パーセントを超えていた」[36]。これと比較すると、一九四五年の朝鮮人の識字率は「まだ五十パーセント以下であった」[37]。

社会・経済政策の比較

植民地経営における日本の業績と欠陥を、他の植民地保有諸国のそれと比較することは、本論が扱う範囲を超えている。しかしそれでも、日本が朝鮮社会に対して行なった主要な投資の概要を述べることによって、日本は決して植民地の生血を吸うバンパイアではなかったことを明らかにするのは、意義のあることと考える。カリフォルニア大学サンディエゴ校歴史学部の藤谷健教授は、次のように記している。

> あの当時、特に一九三七年以降の多くの公式文書や政策から見てとれるのは、朝鮮人民の健康、教育、そして福祉の改善に取り組む総督府の強い意志である。総督府の行政官たち、あるいは国政を支える非公式な組織に勤務する人々の意図が果たして気高かったか、あるいは誠実だったかは、ここでの私の関心事ではない。彼らが、朝鮮人民の生活のレベルを向上させることが自分たちの責務である

と信じて行動し、民衆の健康、富、そして幸福の度合いを示す指標が改善されたと知った時、それで満足することなく、さらに努力する必要があると訴えたことに注目するだけで十分なのである。[38]

日本が朝鮮で行なった最大の投資は、広範な鉄道網の構築だった。帝国主義者たちは、鉄道こそ「近代化、進歩、経済発展の鍵」であると考えていた。[39] 実際、鉄道は日本と朝鮮の経済発展、そして、さらには中国における日本の戦争目的の達成にとって不可欠のものだった。一九四〇年までに朝鮮半島には計五千六百七十一キロメートル（日本国内は二万四千九百五十五キロメートル）の鉄道網が張り巡らされ、累計四千七百三十万人の乗客を輸送していた。[40] だがこれらの数字はイギリス統治下のインドとはとうてい比べものにならない。一九四〇年時点でインドの鉄道網は七万二千百四十四キロメートルに及び（これはドイツ、フランス、あるいはイギリス本国を凌ぐ数字だった）、合計五億三千六百万人もの乗客を運んでいる。[41] もちろん、インドは人口も面積も、朝鮮をはるかに上回ってはいたが〔一九四五年時点の朝鮮の人口は二千五百十二万人、一九五〇年時点のインドの人口は三億七千百八十五万人。朝鮮半島の面積は二十二万八百平方キロメートル、インドは三百二十八万七千平方キロメートル〕……。

朝鮮総督府はつねに資金面で窮乏しており、負債はかさむ一方だった。総督府の一九四〇年の予算は五億六千四百六十五万七千円で、最大の支出は鉄道建設に要した一億七千八百八十四万八千円（全体の三十一・八パーセント）。鉄道関連の経費に比べれば、教育（三パーセント）、警察（四・三パーセント）、裁判所並びに刑務所関連の経費は微々たるものだった（二・三パーセント）。朝鮮語奨励という項目に四万八千円の予算がついているのはなんとも不思議で好奇心をそそられる。総督府予算の財源は大半が借金で賄われた。一九四一年には債務が十億三千五百万円に達したため、ある日本人の学者はこう評している。「朝鮮の福祉は本国の日本人の犠牲の上に成り立っているようなものだ」[42]

日本はまた朝鮮の産業開発に巨額の投資を行なっている。一九二九年から一九三八年までの十年間で、朝鮮の近代産業における企業の数は四百八十四社から千二百三社に増え、これらの企業で働く労働者は、一九二二年の四万六千人から二十三万一千人に増えた。最も多かったのは化学分野の企業で、食品産業、繊維産業、金属産業がそれに続いた。「近代産業」の定義をゆるくして、鉱業、農業関連工場、製造業、そして近代建設業を加えるとしたら、一九三八年には二百十万人の朝鮮人が近代産業の何らかの部門で禄を食んでいたことになる。[43]

総督府は朝鮮人の公衆衛生にも取り組んでいる。たとえば一九三九年の時点で、朝鮮人の家庭の十二・五パーセントが近代社会の基本的必需品たる電気を供給されていた。一九三八年、朝鮮には合計百四十九の近代的な病院があったが、そのうちの九十五カ所は私立病院だった。これらの病院では合計三十三万四千四百三十八人の日本人患者と三十八万九千七百三十九人の朝鮮人患者の治療に当たっている[44]。当時朝鮮に在住した日本人は朝鮮の総人口の三パーセントであったから、人口比に鑑みれば、これらの病院の恩恵にあずかっていたのが日本人に偏っていたことは記しておくべきだろう。

一九三〇年代に百貨店が人気を博すようになると、朝鮮に消費主義(コンシユーマリズム)が拡大していった。この現象は、日本統治下で朝鮮人は「非人道的な、奴隷のような労働条件下」で生活していたとする朴慶植氏の主張が嘘であることを示している。事実、ある朝鮮人企業家（朴興植）は有名な和信百貨店を所有しており、朝鮮人の婦人たちは和信を含む百貨店の貴重な顧客だった。ある推定では、朝鮮の百貨店の買い物客の六割から七割までが朝鮮人だったとされている。このような大衆消費行動は都市部に住む朝鮮人は可処分所得があり、さまざまなレベルで近代的な生活を営んでいたことを理解する上で重要である[45]。

当時の世界の実情を調査することによって、われわれは朝鮮統治における日本の実績が、他の植民地保有国を凌(しの)ぐものであったことを再び認識するに至る。大半の植民地保有国は、被植民地の工業化を妨害したり、あるいは阻止したが、これは、それぞれの植民地の存在理由が宗主国の主要都市との競合にあるのではなく、その経済的ニーズを満たすことにあったからである。たとえばフランスは、「インドシナにおいて宗主国から輸入される商品と競合するような製品の生産を奨励」しなかった。[46] 同様にアメリカは、寛大な政策をとりはしたものの、「換金作物や、採鉱のような抽出産業をベースとした、きわめて従属的な輸出経済を奨励した」のだった。[47] より直截的に言うなら、インドシナとフィリピンの産業は本国の主要都市の経済的ニーズを満たすために存在したのである。

公衆衛生の面では、それぞれの植民地当局の業績を確かめることはより難しい。一般的なルールとして、医療は最初に白人階層、それも特に兵士と官僚に提供された。その次が彼らよりも下位に属するエリートで、最後が農民だった。とはいっても、これはあくまでも医薬品が十分にあった場合の話であり、そうではない場合がしばしばだった。恒常的に飢饉に見舞われていたインドにおいてイギリスが行なった、公共福祉に向けた活動を例にとってみよう。一八七四年から七九年の間に推定四百万人のインド人が餓死している。植民地当局が設置した調査委員会が、今後起こると想定される飢饉による被害を軽減し（同時に人命を救うために）鉄道網の拡張を提言したところ、経費がかかり過ぎるという理由で本国政府はこの提言を却下している。[48] 一方、一九〇五年から一九四五年の間に、朝鮮では一度も飢謹が起きていないことは注目に値する。

訳注

＊　ゲリラ勢力を鎮圧するためにアメリカ軍が用いた過酷な手口は、壮絶をきわめた。渡辺惣樹氏はその著『日米衝突の萌芽　１８９８—１９１８』（草思社、二〇一三年）の1章「アメリカ西漸運動のはて：フィリピン買収」で、次のように記している。
「……アメリカ軍が初めて経験する熱帯のゲリラ戦。対抗するための激しい拷問。捕えられたゲリラ兵は無理やりじょうろを使って口から水を注ぎ込まれ溺死しました。そうでない者は山のように膨れあがった腹の上で米兵が飛び跳ねました。フィリピン兵士は、口から水を噴水のように噴き上げ絶命していきました……」

原注

1　この章はブランドン・パーマーが執筆した。
2　愼鏞廈『韓国近代史と民族主義』二三八頁。
3　*Encyclopedia of African History*, s. v. "Plantations and Labor, Colonial"
4　前掲、"Congo (Kinshasa), Democratic Republic of Zaire: Congo Free State, 1885–1908"
5　Georges Nzongola-Ntalaja, *The Congo from Leopold to Kabila; A People's History*, Zed Books, 2002, pp20–21.
6　前掲、p22.

7 D. R. SarDesai, *Southeast Asia: Past & Present*, 5th ed., Westview Press, 2003, p96.
8 前掲、p97.
9 Gerald U. Bender, *Angola under the Portuguese; The Myth and the Reality*, University of California Press, 1978, p139, fn. 14. 一九〇二年にアンゴラを訪れたあるイギリス人は、この国の「人口の半分は何らかの形で奴隷制度の下で暮らしている」と述べている。
10 *Korea Old and New: A History*, p244.
11 Brian M. Linn, *The U. S. Army and Counterinsurgency in the Philippine War, 1899–1902*, University of North Carolina Press, 1989, p25.
12 Brian M. Linn, *Guardians of Empire; The U. S. Army and the Pacific, 1902–1940*, University of North Carolina Press, 1997, p14.
13 前掲、p14. 並びに *Southeast Asia: Past & Present*, 5th ed., p158.
14 *Southeast Asia: Past & Present*, 5th ed., p158.
15 Alfred W. McCoy, *Policing America's Empire: The United States, the Philippines, and the Rise of the Surveillance State*, University of Wisconsin Press, 2009, p60.
16 Laurence James, *The Savage Wars; British Campaigns in Africa, 1870–1920*, St. Martin's Press, 1985, p69.
17 *Encyclopedia of African History*, s. v. "South Africa: Capitalist Farming, 'Poor Whites,' Labor"
18 Keith Pratt, *Everlasting Flower: A History of Korea*, Reaktion Books, 2006, p213. キー

ス・プラット氏はウェスタン・ミシガン大学韓国問題研究所長でアジア史の研究家アンドリュー・ナーム教授を引用しているが、典拠を挙げていない。プラット氏はまた、「日本の植民地政策は……大陸制覇という長年の夢の実現のための一つのステップ……として理解されるべきである」とも書いている。

19 In Soo Kim, *Protestants and the Formation of Modern Korean Nationalism, 1885–1920*, Peter Lang, 1996, pp155–56.

20 Gi-Wook Shin and Michael Robinson, Introduction: Rethinking Colonial Korea, *Colonial Modernity in Korea*, ed. Gi-Wook Shin and Michael Robinson, Harvard University Asia Center, 1999, pp10–11.

21 Michael J. Seth, *Education Fever: Society, Politics, and the Pursuit of Schooling in South Korea*, University of Hawaii Press, 2002, pp16–17.

22 前掲、p27.

23 Thomas Clayton, Restriction or Resistance? French Colonial Educational Development in Cambodia, *Education Policy Analysis Archives*, vol. 3 no. 19, 1 December, 1995, p5.

24 Gail P. Kelly, Colonialism, Indigenous Society, and School Practices; French West Africa and Indochina, 1918–1938, *Education and the Colonial Experience*, ed. Philip Altbach and Gail P. Kelly, Transaction Books, 1984, p12. 当時のベトナムの人口は、推定千九百万人で、朝鮮の人口に近かった。

25 Gail P. Kelly, Conflict in the Classroom: A Case Study from Vietnam, 1918–1938, *British*

Journal of Sociology of Education, vol. 8 no. 2, 1987, p196.

26 前掲、p194.

27 Colonialism, Indigenous Society, and School Practices, p12.

28 前掲、p11.

29 Walter Rodney, *How Europe Underdeveloped Africa*, Howard University Press, 1981, p244.

30 *Encyclopedia of Western Colonialism since 1450*, s. v. "Education, Western Africa"

31 H. L. Wesseling, *The European Colonial Empires, 1815–1919*, trans, Diane Webb, Pearson Longman, 2004, p62.

32 *Encyclopedia of Western Colonialism since 1450*, s. v. "French Indochina"

33 *How Europe Underdeveloped Africa*, p245.

34 前掲、p206.

35 *Encyclopedia of Western Colonialism since 1450*, s. v. "Belgium's African Colonies"

36 *The European Colonial Empires, 1815–1919*, p60.

37 *Korea Old and New*, p263.

38 *Race for Empire: Koreans as Japanese and Japanese as Americans during World War II*, p39.

39 Daniel R. Headrick, *The Tentacles of Progress: Technology Transfer in the Age of Imperialism, 1850-1940*, Oxford University Press, 1988, p49. 引用文の太字の強調は原文の

まま。

40　Andrew J. Grajdanzev, *Modern Korea*, John Day Company, 1940, p185. 朝鮮全土を網羅したバス路線網はほぼ同数の乗客を輸送した。

41　*The Tentacles of Progress: Technology Transfer in the Age of Imperialism, 1850–1940*, pp55-56.

42　*Modern Korea*, p210, p217. 傍点はパーマーによる。

43　前掲、Chapter8.

44　前掲、p260.

45　Katarzyna J. Cwiertka, Dining out in the Land of Desire; Colonial Seoul and the Korean Culture of Consumption, *Consuming Korean Tradition in Early and Late Modernity: Commodification, Tourism, and Performance*, ed., Laura Kendall, University of Hawaii Press, 2011, p31.

46　*Encyclopedia of Western Colonialism since 1450*, s. v. "French Indochina"

47　前掲、s. v. "United States Colonial Rule in the Philippines"

48　*The Tentacles of Progress: Technology Transfer in the Age of Imperialism, 1850–1940*, p74.

V 軍人と文官

第16章 朝鮮政策における〝軍部の指導性〟神話

「軍国主義」と「軍国主義者」の定義

マサチューセッツ大学名誉教授でアメリカの著名な日本研究家、マーク・ピーティー氏が右の見出しにある二つの言葉について、次のように正確かつ筋の通った定義をしているのは幸いなことである。

おそらく軍国主義の概念は、一般社会が「軍国主義者」を見分ける際にその属性とみなすものと同じ判断材料をもって、きわめて簡潔に定義できるかもしれない。すなわち、それ自体を目的とする戦争賛美、対外的な軍事冒険への飽くなき欲求、国民の生活を職業軍人の統制下に置くべしとの主張、である。……（したがって）日本の有力な軍人のうち少なくとも何人かは、右のような定義において典型的な軍国主義者であったか否かが厳しく吟味されなければならない。[1]

ボストン大学のアンドリュー・J・ベイスビッチ教授（国際関係、元米国陸軍大佐）は、軍国主義には「兵士をロマン化して見る社会の目、軍事力こそが一国の偉大さの最も確かな尺度とみなす傾向、そして軍事力の効果に対する過大な期待感」が含まれると付言する。教授はさらに、軍国主義者は「軍備の充実、軍事行動の質、そして国家が育む軍事的理念（あるいはそれに対して感じるノスタルジア）の観点から一国の国力と国民の幸福を定義する」と語る。[2] そのベイスビッチ教授が、アメリカは軍国主義的社会になったと語っていることは注目に値する。

ピーティー教授とベイスビッチ教授という二人の著名な学者がこのように定義しているとすれば、朝鮮総督たちを簡単に軍国主義者と分類してしまうわけにはいかない。日本の歴代朝鮮総督は軍国主義者であるとの汚名を返上し、総督府の方策は武断的であったとの暗い影を晴らす道がもう一つある。すなわち明治・大正期の日本の軍指導者を、軍人兼文官（シビリアン）として考えてみることである。

童元摸教授による「軍国主義的朝鮮総督」批判

民族主義者の歴史物語の中で、日本の植民地支配に対して変わることなく繰り返される告発は主として次のようなものである。すなわち朝鮮総督府は当初から将軍や提督ら軍人によって主導されていたが、彼らが受けた軍事教育、訓練、またその気質は必然的に朝鮮人に対する攻撃的姿勢となって表れ、朝鮮人を圧迫し彼らの文化を消し去るような弾圧的なルールを課す方向へと向かった、というものだ。

童元摸(ドンウォンモ)教授はこうした観点の忠実にして熱心な支持者であり、「そのような状況下で軍事的要因が決定的な役割を果たし……それが一九〇五年(ママ)に、朝鮮に植民地の誕生をもたらした」と書いている。童氏は迷うことなく、これら「軍国主義者」たちの名前を挙げている。彼は山縣有朋(やまがたありとも)を「軍国主義者」の派閥の重鎮として位置づけ、朝鮮は「日本の喉元に突き付けられた匕首」であるとして朝鮮の領有を正当化した張本人としている。[3]また小磯國昭(こいそくにあき)を「陸軍将校の中の最高権力者の一人」と名指し、小磯の拓務大臣就任が「被植民地政府をさらに強力に支配することを意味したことは疑う余地はない」と書いている。[4]寺内正毅(まさたけ)大将は「武士出身の頑強な陸軍大将」で、「明治時代の典型的な軍国主義者」だったとする。[5]さらに南次郎大将を「この超国家主義的総督」[6]と評している。総督府主導者の中で童教授が嘲弄の対象にしなかった者は皆無に等しい。

軍国主義者とみなした総督たちに対する童教授の敵意には際限がない。彼は、小磯の死後、一九六三年に出版された回想録〔『葛山鴻爪（かつざんこうそう）』小磯国昭自叙伝刊行会〕に依拠して、ある事件について書いている。ソウルのいくつかの高等学校から集まった八人の学生が「総督は朝鮮人に基本的人権を与えず、義務を果たすことのみを要求している」と抗議した事件である。童教授は、「小磯は後になって、自分は生徒たちの意見に賛成であり、現存する差別を廃止するために最善を尽くすと約束したと書いている」と記している。小磯の約束に対する童教授の評価は前述したが、ここでもう一度繰り返そう。

「しかしながら、すべての前任者同様、小磯はこの約束を果たさなかった[7]」

「文官」としての軍人の伝統——徳川時代の遺産

ロンドン大学名誉教授、ドナルド・ドーア氏は、右の見出しに示した日本の伝統の全体像をみごとに描いているが、これをしのぐ研究はいまだ現れていない。教授は、『徳川実紀（とくがわじつき）』（徳川時代の公式記録。十九世紀前半に編纂された）を引用することによって、この伝統の下で「文 learning」が果たした重要な役割を強調する。

（徳川家康は）早い段階で、彼の「帝国 empire」は馬上からは支配できないことを悟っていた。家康は、（釈迦やキリストなどの）聖賢の道につねに深い敬意を払っており、それを修めてこそ、いかに国を支配し、人間としての最高の義務を果たせるかを理解できるとわかっていた。それゆえ当初から学問を大いに奨励したのだった。[8]

このあと、ドーア教授はこう解説する。

実際、徳川時代の士族階級には、国をうまく治めるためには、「文」（国事の研究、総合的な学問、文化、智の探究、文芸など）と「武」（武術）に同等の関心を寄せなければならないとする伝統があった。[9]

文と武の不可分性は、明治、大正時代まで続いた。私は、山縣有朋に送られてきた、あるいは山縣自身がしたためた書簡（公開されたものも未公開のものもある）の中に、和歌（三十一文字からなる日本の詩）に対する傾倒ぶりを示す手紙が驚くほど多いことを知るに至った。これらの和歌は互いに批評し合うために伊藤が同好の士とやりとりしたものである。伊藤博文は漢詩（中国の詩）の素養を誇りとしていたが、それはもっともなことだった。文武両道の伝統の力は非常に強力であり、元上智大学教授のリチャード・ディヴァイン氏が示すとおり、長谷川好道（よしみち）朝鮮総督の「学才は……（軽蔑的な）論評の対象となっ」た。彼は優れた知性で知られていたが、書籍を手にした姿を見るのは稀だったのだ。それでも長谷川は「美文調の文章を記憶する非凡な能力」を見せて「文」のレベルを示し、体面を保った。[10]

幕末まで武士だった人物が行政担当者の任に就いたことの意義は、在任中の業績が、安定的で安全かつ平和な政治・社会・文化的環境の下で民衆の平穏無事を実現し、維持する能力によって測られたことだ。徳川・明治・大正期には「コップの中に水は半分しか入っていなかった」と見る向きの歴史家たちに、それ見たことかと思わせるに足る社会的騒乱がたしかに何度も起こっている。それでも、この伝統の力は息長く続き、失敗すれば失職、降格、転任はほぼ必至であり、後述するスプランガー氏の項（第17章、三二四頁）に見られるように、（徳川時代には）失策を犯した者が公衆の面前で敲き刑に処せられる場合もあった。とはいえ、度外れの失敗を犯してもなお救いとなるのは、前述した長谷川好道の「騒擾善後策私見」が示すように、本人が深く反省し、事後に努力を払うことによって名誉を回復することができたという点である。

山縣有朋は「軍国主義者」だったか

童元摸教授は山縣を、朝鮮を「日本の植民地」として領有するべく主張した「軍国主義者」であると一刀両断の下に言う。この非難に対しては、二つの観点から異議申し立てをしなければならない。

まず、山縣は日本と地続きではない領土を取得・維持するために打ち立てられた根本原則の起草者の一人だという点だ。もしも山縣が、童氏が主張するように本当に「軍国主義者」だったとしたら、彼を「現実主義」「穏健主義」「相互主義」、そしてさらには「釣り合いの取れた政策」の支持者と呼ぶことが無意味になる。したがって、われわれは童氏のこの主張を完全に退けるものである。

次に、山縣が「軍国主義者」であるとの認識が、英語圏で尊敬されている学者の間に根強く残っている点を取り上げたい。これら高名な学者たちが、要職にある人々を含む広範な読者に向けて、日本の近代史やアジアにおける日本の地位といったテーマで執筆活動を行なえば、彼らの説くところを信頼する「非専門家」たち、つまり一般読者の考え方に少なからぬ影響を及ぼすことになる。そのためにも、ここで誤解を解いておくことが必要なのである。

「山縣有朋『軍国主義者』説」のルーツを探る

欧米に浸透している山縣の軍国主義者としてのイメージの起源を知るために、英語で執筆された四冊の参考文献に限定して、これを追究してみたい。そのうちの二冊は太平洋戦争中に刊行され、残りの二冊は比較的最近になって出版されたものである。

グスタフ・エクスタインの検閲官的な山縣批判

グスタフ・エクスタイン〔一八九〇―一九八一年。シンシナティ大学で長らく教鞭をとる。戦前にソ連を訪れパブロフのもとで学ぶ〕は著名な科学者〔心理学〕であり、日本文化の伝統に好感を抱き、日本に住んだこともある。だが、一九四三年、彼は *In Peace Japan Breeds War* を出版し、その中で延々と山縣攻撃を展開した。彼は山縣を論じた第三十八章（Aritomo Yamagata, Soldier「侍、山縣有朋」）の冒頭を、山縣を無条件で非難することから始めている。

日本に、現在の太平洋戦争の責任を（誰よりも）とらなければならない者がいるとしたら、それは二十一年前に死去した山縣である。彼は平時に戦争を企て、戦時には次の戦争を企てたのだった。[11]

ハーバート・ノーマンのイデオロギー的な山縣論

エクスタインの著書は、欧米における近代日本史研究の当時の第一人者、ハーバート・ノーマンの願ってもない後押しを得た。ノーマンの著作にはマルキシズムの影響が色濃く見られる。エクスタインが描く山縣像にとりわけ深い感銘を受けたノーマンは、書評の中でこう書いている。

鋭い筆法で簡潔に描かれた陸軍元帥山縣有朋の人物描写 vignette は、近代日本の悪の天才の特徴を、他のどのような著作よりも巧みにとらえている。（山縣は）……侵略に反対する海外のあらゆる動きと、国内の反応を冷酷無情に抑え込んだのである。[12]

ノーマンが、山縣は近代日本における攻撃性の主任設計者であるというエクスタインの基本認識に同調していることは、彼が山縣について次のように叙述していることからも明らかである。

「この冷酷な官僚は……『西郷の日本』と『田中義一（一八六四―一九二九年。陸軍大将、外務、内務、拓務大臣を歴任）、東條英機、小磯（國昭）ら将軍たちの日本』を繋ぐ時代にあって、この国の反動主義と侵略政策推進の中心人物だった……。今日の日本の軍指導者たちは、政治家としてあるべき姿を示してくれた『恩人』に対する尊敬の念をもって山縣を見ざるを得ないのである[13]」

山縣に関する酷評と、学者としてのノーマンの比類なき名声を考えれば、もし一九四八年十二月に山縣がまだ生きていたとしたら、きっとA級戦争犯罪人として処刑されていたに違いないと私は思う。もちろんこれは、当然のことながら立証し得ないことなのだが……。

フレデリック・R・ディキンソン教授の山縣論

エクスタインの長口舌は戦時ヒステリーに、ノーマンの堂々たる紋切り型の文章はイデオロギー的熱情に結びつけて考えられるとしても、ディキンソン教授が近年、どのように考えを変えたのかをあっさりと片づけるわけにはいかない。ディキンソン教授はイェール大学で博士号を取得した学者だが、数年間を日本で過ごし、山縣に関して書かれた日本語の資料の研究に没頭した。研究の成果をハーバード大学で出版し、現在はアイビーリーグの一つであるペンシルベニア大学で准教授を務めている。[14]

ディキンソン教授は、カナダの政治学者ウォルター・W・マクラレン〔*A Political History of Japan: During the Meiji Era, 1867–1912*, London, Allen & Unwin, 1916（『明治時代の日本政治史』、未訳）の著者で、一九〇八年に慶應義塾で政治学と経済を教えている〕と同じく、山縣が率いる強力な軍人官僚群が存在したという意見に同調する。そしてこれは「保守政治を確立するための最強の勢力」だったと捉えているのである。彼はまた山縣を「日本が一大帝国を擁する際に決定的な役割を果たした」徹底した帝国主義者であったと性格づけている。つまり山縣は日露戦争後、日本の「大陸への拡張を絶対的な命題」とし、同じ派閥のメンバーとともに、「まさしく、アジア地域における絶対的な覇権の確立を目論んだ」とディキンソン教授は見ているのである。[15]

ピーター・ドウス教授の山縣論

私はディキンソン氏に会ったことはないが、幸運にも、もう一人の山縣批判者であるピーター・ドウス氏の知己を得てすでに四十年以上になる。[16] 彼の鋭い知性、私にとっては羨望の的である優れた文章力、そして学者としての紛うかたなき誠実さを、私はこよなく尊敬するものである。

彼は初期の日本と朝鮮とのかかわりに関する優れた著作を出版したが、これは高い評価を受けてしかるべき力作だった。原題は *The Abacus and the Sword: The Japanese Penetration of Korea, 1895-1910*〔『そろばんと刀　日本の朝鮮浸透　一八九五―一九一〇年』〕である。ハーバード大学名誉教授で元アメリカ歴史学会会長の入江昭氏は、同書を「日本の朝鮮進出に関してあらゆる言語で書かれた著作の中で最高の作品」と絶賛している。崔永浩(チェヨンホン)ハワイ大学名誉教授も同様の感想だ。同書は三つの賞を受賞している。

筆者がこれから試みるのは、先入観という危険な落とし穴の存在を強調することである。もちろん、民族史観の下で展開される日本の朝鮮統治政策論を私が批判する際の論拠となる考えも、もしもそれが単なる先入観に過ぎないならば、同じようにそれは危険な落とし穴になりかねない[17]。日本の植民地主義に関する完璧な分析、あるいは著作はいまだに現れていないが、だからといって私はドウス氏の秀逸な研究論文にケチをつけるつもりはさらさらない。しかし、もし私自身が山縣に関して先入観を持っていると咎(とが)められたとしても、私は過去三十年の長きにわたり、山縣の思考と行動に関する著作や一次史料の研究に学者として全身全霊を捧げてきたことを根拠として、まっとうに反論できるものと信じている。

ドウス氏のこの著作の主眼は、大半が文官(シビリアン)からなるサークルに対抗する武断派の中心に山縣を据えることにある。彼はまた、武断派は一貫して、文官派以上に、朝鮮に対してより積極的な立場をとる傾向があったと見る。この場合、ドウス氏は何人かの陸軍指導者を、「海外からの内政干渉の可能性を懸念し」、「軍事的解決については、はるかに慎重で懐疑的」だった「伊藤博文首相や陸奥宗光外相ら文官出身の政府指導者」の対極に置いている[18]。

ドウス氏はさらにこう書いている。

「伊藤と井上(馨(かおる))は、慎重にことを進め、外国勢力に対する攻撃を避ける道を選んだが、……一方、山縣、松方(正義)、大隈(重信)の三人は外国の反応にはお構いなしに、さらに積極的に日本の国益を追求することを願った[19]」

ドウス氏はまた、次のようにも記している。

「……政策をめぐっては、朝鮮を併合すべしと強く主張する文官および武官、特に山縣派閥の高級官僚に対抗して、伊藤と井上馨が手を結ぶという大抗争（が見られた）[20]……」

このような叙述があるため、以下に記された「興味深い」という表現にはいささか唐突感を覚える。

「しかしながら、（「利益圏並びに主権圏 cordons of interest and sovereignty」に関する山縣の一八九〇年のメモを）分析した結果、先制攻撃による朝鮮半島の占領が必要であるとの結論を山縣が下さなかったことには、興味深いものがある[21]」

私としては、ドウス氏は「興味深い」を、「予想外の」あるいは「意外な」という意味で使ったと理解している。

山縣を軍国主義者、侵略者、あるいは強硬派と仮定することが危険だということは、ドウス氏自身が示している。彼は先に引用した「力は朝鮮支配のための唯一の道である」という長谷川好道の主張を起点に持論を展開し、この言葉から「長谷川が表明した悲観論は彼より上のレベルの軍指導部にも共有されていた」と推量する。次にドウス氏は、山縣は「同様に、朝鮮における改革の可能性を悲観的に見ていた」と付言し、続いて『山縣有朋意見書』〔原書房、一九六六年〕から次のような言葉を引用している。

　朝鮮の政治が腐敗し、無秩序で、人民が進歩を達成する能力あるいは気概に欠けているのは言うまでもないことである……。朝鮮が、わが国が明治維新でなしたように、急激に変化することを期待するのは、森の中で魚を釣るようなものだ。明治維新当時、最重要な国事に参画した者のほとんどすべては、わが国が進歩する必要性を認識しており、政府の外にいた識者たちは西洋の文物をわが国に紹介するべく張り合った……。だが朝鮮には、新しい文明を吸収するために必要な知識も、十分な能力もない。朝鮮の人民は、上から下まで、優柔不断で、むしろ怠惰である。

〔……其政治の腐敗紊亂せる其人民の進取の気象と能力とを缺ける固より論を俟たさるなり……韓國をして我か國維新の際に於けるか如き急激なる變動を實行せしめんと欲するは所謂ゆる木に縁りて魚を求むるの類のみ我か國維新の際に於ては國家の樞機に參與するもの殆んと皆な開國進取の必要を自覺し民間有識の士も亦争ふて泰西の文物を輸入することを是れ務め上下靡然として之に趨きたるも……夫の朝鮮は我か國の如く新文明

を吸収するに足るの素養と力量とあるに非す其國民は上下共に姑息にして苟且偸安を是れ事とするもの」

ドウス氏は右の記述から次のように推断する。「まさしくこのような見方が、長谷川およびその他の軍指導者が唱導する圧政的な対朝鮮方策を許したのである[22]」山縣は圧政的な朝鮮政策の唱導者であり、「外国人の反応の如何にかかわらず、日本の国益をより積極的に追求したかった[23]」などといった誤った臆測を話題にするのはこの辺で終わりにしよう。山縣が強硬派だと非難される理由はまったくないのである。もしも明治政府の、釣り合いの精神に支えられた現実的かつ穏健な植民地政策の青写真となった「山縣有朋意見書」（一八八六年）の提言が説得力に欠けるとしたら、これまでの検証はすべて無益だったということになる。当然のことながら、私はそのような結論を容認することはできない。

山縣の思想と行動の研究に三十年以上を費やしてきた今、私は山縣が一貫して穏健な対外政策を唱導し、弱い日本はいつか外国勢を敵に回し、食うか食われるかの国際社会で阻害される可能性に対する不安を、明治政府のいかなる指導者よりもはるかに強く抱いていたことに、いささかの疑いも持っていない。ドウス氏の臆測に反証を呈する三つの史料を紹介することによって、私の立場を擁護したい。最初の史料は、山縣自身の言葉であり、残りの二つは、長年にわたって山縣を身近に見てきた人々の言葉である。

第一の史料は、ドウス氏自身が引用した『山縣有朋意見書』である。彼が英訳した部分のすぐ後に、山縣は次のように付言している。

> （朝鮮の）さまざまな機関のすべてを専断的に一挙に改革した結果、朝鮮人民は混乱・狼狽し、われわれの好意は損なわれ、その結果（われわれに対する彼らの）悪意と嫌悪が生まれるとしたら、それは不条理の極みではなかろうか。
>
> したがって私は、日本側としては朝鮮の外政を至急、厳しく監督することが必要であろうと認めると同時に、内政を漸進的に（傍点は山縣による）改革する必要があろうと考えるものである。現時点で、日本による朝鮮外交監督の作業は進行中だが、朝鮮王国の内政に対するわが国の干渉は、実際に朝鮮の独立を阻む段階に到達している。（たとえば、日本は）朝鮮の王が最も信頼している者であっても日本に強い反感を抱いている者が総理大臣あるいは内閣官僚になることを認めていない。このような立場をとることによって、われわれは徒にすべての朝鮮人が日本を憎むように仕向けているのだ。さらに言えば、われわれが朝鮮の財政改革に関心を抱くのは当然だが、朝鮮が日本以外の国から密かに資金を借入すれ

ば日本にとって厄介な状況が生まれる。そのような行動には出ないとの保証を得るだけで十分であると思われるから、本件に関して（朝鮮王国側に）その旨日本側に保証するよう実際に要求することは決して理不尽なことであるまい。（日本のような）先進文明が育んだ財政制度を、現時点でそれを実行する意欲も能力も持ち合わせていない（朝鮮王国に）突然かつ強引に押し付けるのは、賢明な決定だと言えるだろうか。もし行政指導という言葉の本来の意味に忠実であるなら、（われわれは）王の信頼を勝ち得た朝鮮人と協力して（王国の）行政に当たらなければならない。

われわれの果たすべき役割は（王自らが選んだ大臣たちを監督することに）限られるだろう。そして、（朝鮮人によって行なわれた）ことが成功する可能性がないと判明した時点で初めて、われわれは改革に携わるべきなのである。その段階で介入しても、決して遅くはない。繰り返すが、朝鮮人が日本の権威と徳義（道徳上の義務）を認めず、単に日本を朝鮮から追い出すための運動に携わっていることが判明した時点で初めて、極端な措置を講じることが必要となる。もしわれわれが歴史の教訓から学ばず、また朝鮮の文化や風俗習慣を無視することによって、成功する可能性のないような法律や規則を一方的に朝鮮人民に押し付けようとするなら、それは必ずや、日本の行動を倶に監視している列強の干渉を招くだろう。かような政策（の愚劣さ）に関し、当方としてはいかに警告しても、とうてい警告しきれるものではない。端的に言えば、朝鮮における混乱の発生が列強の干渉をもたらす危険性は、当方が以前指摘したことである。（この可能性を）絶えず肝に銘じておいていただきたい旨、強くお願いするものである。[24]

〔……之に強ゆるに一時に百般の制度を更革せんことを以てする其駭惑狼狽我か好意を解して悪心となし内心之を厭悪するに至る豈に怪しむに足らんや

故に余は韓國の外政を監督するの嚴且つ急なるを要すると同時に其の内政を改善するの須らく漸を以てせさる可からさることを陳述し諸君の注意を促かしたるもの蓋し一再に止まらさるなり然るに今や外政の管鑰未た全く我か集中に歸せすして内政の干渉は殆んと獨立を無視せんとするまてに進み内閣の組織にまて喙を挿み國王の最も信任する所の人物にても苟くも我か國に對して悪感情を抱くか如き嫌ひある者には内閣を組織し又は其の一員に列するを容さゝらんとするか如き徒らに韓國の上下をして我れを忌み嫌はしむるか如き状あり夫の財政の整理の如きも其必要なることは勿論なから現在の處にては韓國政府をして我國以外より我國の知らさる間に負債を起し面倒なる對外関係を惹起すか如きことなからしむれは足れるに非すや今日の如く意思も素養もなきものに向って俄かに文明國の整頓せる財政制度を強制せんとするか如き果して策の得たるものと云ふを得へき乎余の見る所にては所謂ゆる行政監督をして讀んで字の如くならしめ韓國王の

信任ある韓國人をして協同して國政を料理せしめ我れは之を監督して終始適當なる忠告を與へ到底成功の見込なきこと明白なるに及んで始めて我れ自から其の改善に着手する亦未た晩からさるに似たり若し韓の國民にして到底我か權力と徳義とに服するの意なく好んて排擠運動をのみ是れ企つるに於ては之を懲らすに非常手段を以てする亦已むを得すと雖も歴史を顧みす風俗習慣を慮からすして實行の望みも確かならさる新法新令を彼れに強制し列國環視の中に於て故らに彼れの犯行を招くは最も戒むへきの事に屬す蓋し韓國の紛亂は即ち列國の干渉を招くの虞あること實に前述の如きものあるを以てなり余は諸君の三たひ思ひを茲に致さんことを切望するなり……。『山縣有朋戦後経営意見書』より引用」

二つ目の史料は、著名なキリスト教牧師、田村直臣が一九二〇年に原敬と交わした五時間に及ぶ会話の記録である。原はその時、田村にこう告げている。

「……日米戦争は、山縣公さえ生きて居れば起こらないよ。山縣公は外國に對しては腰の弱い人である。外國に対しては非常に懸念深い人である。この點は見様に依っては、公の長處とも云はれれば、また短處とも云える。いくら陸軍の若手が躁いでも、山縣公の存命中は大丈夫だよ……」[25]

最後の史料は、徳富猪一郎（蘇峰）によるものである。徳富は山縣と長年親交を結び、彼の死の二日後、以下に記す「悼辞」を記して、心労に満ちた人生を歩んだ山縣に最後に贈る言葉としたのだった。

（山縣は）外国（の力）を過大に評価していた。あれほど信望を集めた人物が、外国に対する恐怖心を決して克服できなかったのである。[26]

日本の歴史教科書に関するドウス教授の公正な見解

ドウス教授に関して、話を少し前に戻すことをお許しいただきたい。つまり、誤った山縣観が氏の学者としての全体像を象徴しているとの印象を読者諸氏に与えたとしたら、それは氏に対してまことに非礼なことであり、それは筆者の真意では決してないことを改めて指摘しておきたいのである。氏を学者として尊敬しているという前言を、私はここで改めて繰り返すものである。氏は紛れもなく、きわめて知的で、論旨明快、そして公正であり、学者としての高い規範の持主だ。その証として、次の例を示したい。ちなみに、その内容には、われわれの研究にも直接的な関連性があるという有難い側面もあるのだ。

スタンフォード大学のソレンスタイン・アジア太平洋研究センターはかつて、第二次大戦当時のアジアの記憶を検証する三年に及ぶ研究プロジェクトを立ち上げた。プロジェクトのタイトルは、「対立する記憶と和解」。初年度は、日本、中国、韓国、台湾、アメリカの高等学校の歴史教科書に焦点が絞られた。ザ・デイリー・ヨミウリ紙（二〇〇八年十一月二十二日付）に掲載された記事の冒頭の数パラグラフに、この調査に関するドウス氏の基本的な見解が記されている。

過去三年間、日本の高校の歴史教科書は海外のマスコミで不評を買ってきた。外国の評論家の中には、日本の歴史教科書はアジア・太平洋戦争の勃発に対する日本の責任、あるいは占領地域に日本軍がもたらした被害に対して十分な関心を払っていないと指摘する向きは少なくない。また、教科書の内容は年々民族主義的になっていると見る向きもある。

だが、実際には日本の歴史教科書は民族主義的という表現からは程遠く、愛国的な情熱を鼓舞するとはとうてい考えられない内容なのである。戦争を称賛せず、軍隊の重要性を強調せず、戦場におけるヒロイズムについて語ることもない。解説的な記述を抑え、戦時中の出来事の年代記を掲載することに主力が注がれている。

日本と対照的に、東アジアのおおかたの国家では、教育指導要綱は、国家としての誇りと独自性を増進することが歴史教育の主要な機能であると主張している。

韓国の教科書は日本の植民地支配に対する戦時中の朝鮮人民の抵抗の実態、あるいは文学における文化的発展に、ほぼ全面的に焦点を当てている。つまり朝鮮人民による解放のための継続的闘争こそが、韓国の歴史教科書に見られる記述のプロットなのである。また、最も熱烈な愛国的戦争物語は中国の教科書に見られる。[27]

原注

1 Mark R. Peattie, *Ishihara Kanji and Japan's Confrontation with the West*, Princeton University Press, 1975, pp370-71. 日本語版は大塚健洋他訳『「日米対決」と石原莞爾』（東京、たまいらぼ、一九九三年）

2 Andrew J. Bacevich, *The New American Militarism; How Americans are Seduced by War*, Oxford University Press, 2005, p2.

3 Japanese Colonial Policy and Practice in Korea, 1905-1940: A Study in Assimilation, pp72-74. 伊藤博文は軍人ではないが、拡張主義者として描かれている。

4 前掲、p183.

5 前掲、p478.

6 前掲、p383.

7 前掲、p476. この事件については、小磯の回想記『葛山鴻爪』七七四頁を参照されたい。

8 Ronald Dore, *Education in Tokugawa Japan*, University of California Press, 1965, p16.

9 前掲、p16, p95. 傍点は筆者。本書はドーア教授のその他の著作同様、発刊後数十年がたつが、戦後まもなく活躍した日本人学者による研究に劣らぬ高い学術的水準を示すものである。

10 Japanese Rule in Korea after the March First Uprising: Governor General Hasegawa's Recommendations, p525.

11 *In Peace Japan Breeds War*, Harper and Brothers, 1943, p228. 筆者は、一九四三年刊行の初版本の版権標記の日付が一九二七年とあることに戸惑いを感じた。これだと山縣が死去してから「二十一年後」ではなく、わずか五年後ということになる。そこで、ハワイ大学マノア校ハミルトン図書館の商業・経済・旅行産業マネジメント部門の司書デイヴィッド・フリン氏にこの疑問を解いてほしいと頼んだ。氏は最大限の努力を払って調査した後に、以下のような結論を伝えてくれた。もちろん、この回答に私は全幅の信頼を寄せている。
「私が調べた限りでは、一九四三年の初版本に記された一九二七年という版権標記の日付の同書が出版された形跡はありません」

12 Militarists in the Japanese State, A Review Article by E. Herbert Norman, *Pacific Affair*, vol. 16 no. 4, December 1943, pp477-78. エクスタイン自身の筆による人間描写 vignette を語らずして、彼に関する記述を終えるわけにいかない。彼は日本兵について、次のように記述している。「彼らの顔立ちは百姓のように粗削りで、体形はずんぐりしており、脚は短く、動物のように動きが敏捷で……チンパンジーを思わせる」(*In Peace Japan Breeds War*, pp233-34)

13 E. Herbert Norman, Feudal Background of Japanese Politics, *Secretariat Paper*, No. 9, IPR (January 1945) & Ottawa (December 1944), Chapter IV, p81. さらに次の資料を参照されたい。Norman's unpublished letter to Arundel Del Re, Civil Information and Education Section, SACAP, GHQ (2 March 1949). イタリア出身で、オックスフォード大学卒業後、一九二七年に東京帝国大学の英語および英文学教授に就任、日本および台湾研究家として知られるアランデル・デル・レが近代日本史に関する論文を書き、ノーマンに意見を求めたことがある。ノーマンは、「一八九〇年代半ばに日本の軍国主義が台頭する中で山縣が果たした役割は、それによって日本がより自由な政治制度を創設できなかったという意味できわめて有害だった」という点をデル・レが強調していないと批判した。どうやらデル・レは、その原稿を発表しなかったようだ。ノーマンの批判にいたく落胆したからに違いない。

14　Frederick R. Dickinson, *War and National Reinvention: Japan in the Great War, 1914–1919*, Harvard University Asia Center, 1999. ディキンソンはイェール大学と京都大学で修士号を取得しており、ペンシルベニア大学准教授として日本史を教えている。

15　前掲、p41, p43, p217, pp246–47.

16　ドウス氏はスタンフォード大学名誉教授。専門は日本史。

17　ドウス氏はすでに最初の研究論文で、山縣に対して否定的な見方をしていたことを明らかにしている。山縣は「最も強い影響力を持つ」と同時に、明治初期の「官僚独裁主義を不滅にするための……〝先験的政府〟構想に最も強く執着した」政治家だったと彼は主張する。ドウス氏によると、山縣は高級官吏の間に幅広い信奉者のグループを侍らせていて、「入念に紡いだ巣の中心に陣取って、かすかな〝糸〟の揺れにも敏感に反応するクモのように、ひとたび内外に危機の兆しがあると見れば、すばやく行動させる」べく、これらの官僚たちを監督していたのだった。確かにこれは、巧みな比喩ではあるが事実ではない。この点は後ほど検証したい。参照：Peter Duus, *Party Rivalry and Political Change in Taisho Japan*, Harvard University Press, 1968, pp83–84.

18　*The Abacus and the Sword; The Japanese Penetration of Korea, 1895–1910*, University of California Press, 1995, p65. ドウス氏はときおり自分の主張に脚注を付さないため、読者

としては不都合を感じざるを得ない。
19　前掲、p135.
20　前掲、pp202-03.
21　前掲、p64.
22　前掲、pp196-97. 大山梓編『山縣有朋意見書』の「戦後経営意見書」（一九〇五年八月）二八三―八四頁より引用。
23　前掲、p135.
24　『山縣有朋意見書』二八四―八五頁。最後の三つのセンテンスは、前に引用したドウス氏の解釈とは明らかに相容れないものである。
25　田村直臣『わが見たる原首相の面影』（東京、警醒社、一九二二年刊）二一頁、三三―三四頁。
26　「山縣元帥」（『国民新聞』一九二二年二月三日付）。山縣と徳富が長年にわたって草書で交わした書簡が活字に起こされた結果、二人の間の複雑な関係が明らかになった。Itō Takashi and George Akita（伊藤隆、ジョージ・アキタ）, The Yamagata-Tokutomi Correspondence: Press and Politics in Meiji-Taisho Japan, *MN*, vol. 36 no. 4, winter 1981, pp391-423.
27　Peter Duus, Special on history textbooks: Japan's teaching on war doesn't deserve bad press, *The Daily Yomiuri*, 22 November 2008. ピーター・ドウス「歴史教科書特集：戦争に関する日本の教育は、不当に海外のマスコミの不評を買っている」（ザ・デイリー・ヨミウリ、二〇〇八年十一月二十二日付）

VI　統治政策の評価

第17章　修正主義陣営の多様な声

韓国における修正主義史観の現状

パーマー氏の論文を読んでほどなく、私は東京都千代田区霞が関にある社団法人尚友倶楽部で、若き韓国人学者Y氏に会う機会を得た。氏は当時、日本の某国立大学の大学院生だった。その後私は氏に手紙を書き、韓国の学者の間では日本の朝鮮統治に対する修正主義的な見解をどのようにとらえているのか、その実情を尋ねてみた。

Y氏から返事が届き、その手紙の中でY氏は具体的な学者名を記し、特にソウル大学では経済史学者と歴史学者の間で激しい論争が繰り広げられていると教えてくれた。

当時進行中だったこの論争は、ある経済学者が「これまでに集めた史料によると、一九一〇年から四五年までの間に日本が朝鮮で展開した経済活動は朝鮮の経済発展に重要な貢献をなし、それが太平洋戦争後の韓国の驚異的な経済発展に直接つながったことを明らかにしている」と主張したことに触発されたものであり、歴史学者のほうはこのような主張を「不遜」とみなしているとY氏は説明し、彼らは相変わらず日本による略奪行為と朝鮮統治に対して朝鮮の民衆が激しく抵抗したことを強調していると書いている。さらにY氏は、「従来の」歴史解釈にこだわる学者が依然として睨みを利かせていると付言している。[1]

修正主義を支持する声——李栄薫教授の主張

Y氏の説明が正しいことは、すでに第1章で触れたとおり、ソウル大学で経済史を教える李栄薫（イヨンフン）教授が立証するところだ。すべての思い出は感情によって色づけされるから、過去の出来事を「客観的」に記憶しておくことはそもそも不可能であるということこそ李教授の基本的な論点なのだ。だからこそ、過去は「事実に基づいて」検証されなければならないと李教授は述べ、こう喝破する——韓国の民族史観に基づく記述は決して事実によって裏づけられたものではないが、それでも過去六十年間、教科書はそれこそが事実のように教えてきた。これが、こうした史観が韓国人の心に深く根を下ろしている理由であると教授は強調するのである。[2] そして、その著書の第九章で、教授は統計に基づく詳細な分析を行なうことによって修正主義史観を支持している。[3] 教授が提起している問題点は、後ほど修正主義者たちの研究成果をより広範に検討する際に考察したい。

民族史観に固執する韓国人研究者

パーマー氏は、修正主義に関する意見を以下のように述べているが、修正主義者はその内容に、おそらく楽観と悲観の両方をもって反応するだろう。

民族史観的パラダイムは、一九八〇年の後半以降、多くの影響力を失ってきた。今、朝鮮近代史を専門とするほぼすべての西欧の学者と多くの若い世代の韓国人歴史学者（その数はアメリカ在住者が韓国在住者を上回っている）は、リビジョニストである。しかしながら、保守派の韓国人歴史学者と大半の韓国人は、相変わらず「伝統的（民族）史観」に固執している。[4]

パーマーの「植民地近代化論」

パーマー氏は優れた学者であり、氏をはじめとするリビジョニストが置かれた少数派の立場に怖気づいて宗旨を変えるほど、やわではない。パーマー氏は、民族史観的パラダイムに異議を唱える歴史学者を「植民地近代化論」の唱導者と呼ぶ。私としては、この「論」という言葉はできることなら使いたくないのだが、この際あえてこの「植民地近代化論」の核心に触れてみたい。つまり、日本の朝鮮統治は朝鮮半島の近代化にとって決定的な役割を果たした点を明らかにしたいのである。別の言い方をするなら、植民地時代が朝鮮にもたらした結果のプラス面を積極的に容認する姿勢こそ、リビジョニズムの顕著な特徴なのである。

こうした仮定あるいは定義を唱導する学者たちは、朝鮮における資本主義の発展に関しても民族主義的観点を超越し、日本の植民地統治が朝鮮および朝鮮人民を利したさまざまな分野を検証する。彼らは、先に引用した史料の中で、教育の進歩、職業訓練の充実、産業開発、近代的インフラの導入、そして法体系の整備を韓国の戦後の驚異的な発展に寄与した日本の貢献として捉え、検証している。[5]

彼らの研究成果である『近代を再び読む 韓国近代認識の新しいパラダイムのために』と『解放前後史の再認識』[6]は、日本語と英語から韓国語に翻訳されたものを含む貴重なエッセー集だが、植民地時代に経済および官僚政治の面で朝鮮が受けた利益や、日本人に協力した朝鮮人の複雑な思惑まで、多元的な問題を検証している。これらの研究は、朝鮮人民と総督府の関係、植民地主義と近代化の関係、そして個人の目標と国家目標の関係などの、いずれもきわめて微妙に入り組んだ関係を分析したものである。

たとえば尹海東(ユンヘドン)教授は、植民地政権は世襲的なエリート集団たる両班(ヤンバン)の制度を打破し、政治の腐敗に終止符を打ち、近代的な企業活動を許したことから、朝鮮が日本の植民地になったことで人民は暮らし向きがよくなったのではないかと推定する。こうした主張をするおおかたの学者たちと同様に、尹氏は韓国の若い学者が植民地時代に対して抱く複雑な感情を代弁している。たとえば彼は、道路、港湾、鉄道は朝鮮搾取のために用いられ、朝鮮の伝統的な文化的多様性は日本帝国の手先によって失われたことを認めている。それでも尹氏は、朝鮮は全般的に見れば日本統治下で利益を得たと主張するのである。[7] 筆者としては、本章の後半で朝鮮の伝統文化の維持に努めた日本人の役割に触れるつもりである。

悪名高き二人の朝鮮総督のイメージを見直す（一）寺内正毅

アンドリュー・ハク・オウ氏が、合計八人、九代にわたった朝鮮総督〔陸軍大将七人、海軍提督一人〕はいずれも「絶対的権力」と「卓絶した政治的権限」を持つ武官であり、要するに「軍国主義者」であると理解していたことを思い出していただきたい〔第2章〕。そしてオウ氏は、初代総督寺内正毅(まさたけ)（任期、一九一〇―一六年）をはっきりと「明治期の典型的な軍国主義者」と呼んでいる。[8] また金一勉氏は、一九一〇年から四五年に総督を務めた七人の陸軍大将を、「豹や虎を思わせる容貌をしている」

と動物になぞらえ、〝逆擬人化〟をはかっている。[9]

われわれはここで、朝鮮人民にとりわけ憎まれた二人の総督の評価に対してリビジョニズムを試みるわけだが、同時に、それ以外の総督の統治下でも、朝鮮にとって有用な出来事が多々起きていることを、改めて記憶に留めておきたいと思う。

寺内総督は、朝鮮に「暗黒期」をもたらした軍事支配体制を構築した人物として、朝鮮人民に痛烈に非難されている。朝鮮統治の最初の十年間に日本は朝鮮文化を破壊し、農地を接収し、人民に対して過酷な圧政を行なったと韓国人は非難するのである。C・I・ユージン・キム氏と金漢教氏は、寺内は朝鮮において「恐怖の統治」を確立したと主張している。[10] われわれは、日本が朝鮮人民の国民的威信を傷つけたことは認めるが、日本の統治時代は、李氏朝鮮の最後の国王にして大韓帝国初代皇帝だった高宗（在位、一八六三―一九〇七年）の治世を含む李朝時代（一三九二―一九一〇年）に比べて、朝鮮の全体的状況は改善されたと主張するものである。腐敗は減り、朝鮮の近代化は進み、社会・経済的発展の機会は増えているからである。

李氏朝鮮の実生活

民族史観派の中で最も愛国的な学者でさえ、一八八〇年から一九〇五年まで続いた李氏朝鮮政府の甚だしい職権濫用と欠陥は等しく認めるところである。日本の帝国主義を厳しく批判したC・I・ユージン・キム氏と金漢教氏の共著 *Korea and the Politics of Imperialism, 1876-1910*〔「朝鮮と帝国主義の政治　一八七六―一九一〇年」一九六七年、未訳〕にも、高宗の治世に対する侮蔑の念が滲み出ている。同書では「宮殿が送り込んだ高宗の手先が各地に出没し、賄賂と引き換えに公職を斡旋し、正規の地租に加えて特別税を徴収した」と指摘している。さらに、「宮廷は、高宗の虚栄心をくすぐって点数を稼ぎ寵愛を得ようとする貪欲な輩を引きつけた」とも書いている。

二人はまた、改革派の人々や高宗の政敵は容赦なく抑圧されたとし、次のように述べている。

「朝恩をめぐる駆け引きでは、最も酷薄無情で奸智に長けた者が勝者となる。国王（後に初代皇帝）とその悪名高い大臣たちによる特権の濫用の前に、平民たちは無防備だった。改革を唱導する者は……追い詰められ、抑圧され続けた」

二人はさらに、朝鮮社会はエリートによって統治されていたと指摘する。朝鮮の総人口のわずか三パーセントに過ぎないエリートの富裕層が、権力と富への道を牛耳っていた。「残りの九十七パーセントは、それも特に農民は、悪政、重税、非合法な徴税、さらには法の気まぐれな執行に苛まれていた。そして、朱子学に裏打ちされた厳格な階層制度のせいで、民衆は救済策を求める機会をほとんど与えられなかった。平民は虐待され、忘れ去られたのだった[12]」

以上は、民族史観の信奉者による叙述である点を忘れないでいただきたい。

李氏朝鮮時代の腐敗と失政は、西洋の旅行者の認識するところでもあった。十九世紀後半に世界を旅したことで知られる英国人女性、イザベラ・バード・ビショップは次のように記している。

「腐敗の牙城はソウルだが、首都で見られる富の偏在は縮小された規模で、地方政府によって踏襲されている。地方にも、勤勉に働く者の所得をかすめ取って潤う狡猾で怠惰な群れがたむろしている」[13]。ビショップはさらにこう記している。「朝鮮人の男は、身の安全を守るには貧乏なのが一番であること、そして彼らの所有物は、自身と家族の分を除くすべてが貪欲で堕落した役人に召し上げられてしまうことを知っている」。彼女は、続けて朝鮮社会を次のように観察している。

役人の搾取の手口には、強制労働、定められた税の二倍あるいは三倍もの納税の強要、融資の強制などがある。ある男が少しばかり貯金をしているとの噂が伝わると、たちまち役人がやって来てそれを「融資」せよと迫る。要求を呑むと、原資も利子も返ってこないことが多い。だが融資を拒めば逮捕され、でっち上げの罪で投獄され、要求された額を本人あるいは親族が工面するまで殴打されることになる。[14]

日本の植民地体制を批判する者は、東学党の乱（甲午農民戦争。一八九四年〈甲午〉に起きた農民の内乱。関与者に、一八六〇年代に誕生した朝鮮の土着の宗教東学の信者がいたことから東学党の乱と呼ばれる）が、第一次日中戦争、つまり日清戦争（一八九四―九五年）勃発の直前に李朝を危うく倒しかけたことを都合よく忘れてしまう。この内乱は、朝鮮政府が農民に重税を課し、かつ極端に腐敗しており、飢饉にも有効に対処できないことへの民衆の不満が爆発して起きたものである。

寺内総督の貢献

一九一〇年、日本はそれまで五年にわたって保護国としてきた朝鮮を正式に併合した。初代総督寺内正毅は、伝統を重んずる朝鮮において崩壊寸前だった支配階級のエリート層を、日本の職業的官僚機構に置き換えるという困難な仕事に取り組んだ。朝鮮総督府の長期目標は、明治政府が沖縄、北海道、台湾で実施した施策を踏襲することだった。つまり寺内は公衆衛生の向上、旧弊な文化的慣習の排除、税制の合理化を実施し、最重要課題として朝鮮社会を完璧に管理することを目論んだのだった。これらの目標が達成されて初めて、朝鮮は日本の国体に統合されると寺内は考えた。この目標達成のプロセスを通して、朝鮮社会を掌握するために日本が選んだ手段は、当時の帝国主義列強の世界規準（グローバルスタンダード）に適（かな）うものだった。

腐敗した季朝政府が一九〇五年に崩壊するまでに、朝鮮が自らの近代化のために行なった投資は微々たるものだった。そのため総督府は朝鮮国内のインフラストラクチャー強化のために大々的な投資を行なわなければならなかった。インディアナ大学政治学教授のマイケル・ロビンソン氏は、「日本は早い段階で植民地統治の基盤となる建築物に莫大な投資をしたことから、以来建築ブームが続き、政府関係の建物、神社、鉄道、自動車道路、送電・電話線、水力発電所、堰、灌漑用水路」などが次々に建設されていったと記している。[15]日本の植民地体制を批判する者は、これらの施設はすべて日本が朝鮮人民を支配し、搾取するために用いた帝国主義風のツールだったと見る。しかしながら、これらの批判者たちは、帝国主義列強は利他的な動機では一切行動しないと決めてかかっているように思われる。

われわれの意図するところは、朝鮮総督府が寺内総督の下で報道機関を検閲し、言論の自由を制限し、無実の人々を拘束し、警察権を著しく強化し、朝鮮のナショナリズムを抑圧したことを否定することではない。しかし、これらはすべて、帝国主義に付いて回るものである。日本の官僚組織が統治の手段として完璧なものではなかった点は、われわれも認めるところである。すでに触れたとおり、明治政府の指導層は朝鮮における植民地統治に関して高邁な計画を抱いていたが、政策の実践は現地の官僚や警察官に委ねられていた。彼らの中には朝鮮の人々を見下す者もいたし、国策を意図したとおりに遂行できない者もいた。

寺内正毅暗殺計画とされた事件（一九一一年）に対する日本側の反応と、事件直後になされた朝鮮人被疑者の逮捕を例にとってみよう。植民地の警察は数百名の朝鮮人ナショナリストを逮捕し（彼らの多くはクリスチャンだった）、百二十二名を裁判にかけた。研究者の意見では、被告らに対する嫌疑はでっち上げであり、彼らは公正な裁判を受けていない。だが実際には、大半の判決は控訴の結果減刑されている。被告人の多くがクリスチャンだった（そしてキリスト教の宣教師たちが事件を国際的に喧伝（けんでん）した）ため、裁判は日本式の訴追手続きに対する国際社会の非難をもたらした。この一件は、朝鮮の民族主義運動を弱体化せしめ、朝鮮社会に覇権を確立するために総督府によって発動されたことは明らかである。したがってこれは「恐怖の統治」などではなくて、現実政治（リアルポリティックス）に則った行為なのである。そうはいっても、寺内の諸政策実施の手段は文化的な側面から見ていかにも無神経に過ぎ、それが三・一独立運動（一九一九年）の一因となったのだった。

視覚障害者の救済

帝国議会衆議院議員、井上角五郎（かくごろう）が原敬（はらたかし）に、朝鮮人は寺内を尊敬していないと告げたことには、すでに触れた〔第4章〕。寺内にかかわる以下のエピソードを語るにあたり、私自身は「一燕春をなさず〔たった一羽のツバメの姿を見たからといって春が来たとは言えない〕」という諺は真理であると考えていることを、まず認めておこう。それでも私は次に引用する短い新聞記事（二〇〇八年十月三十一日付）に関心をそそられたのである。

韓国の憲法裁判所は木曜日、視覚障害者のみがマッサージ師として認可されると裁定した。雇用の自由が侵害されるとの理由から反対論もあったが、同裁判所は百年前に施行されたこの法律を支持したことになる。ちなみに同法は、朝鮮が日本の植民地統治下にあった一九一二年〔寺内総督時代〕に、視覚障害者の生活権を保障するために施行されたものである。[16]

私が特に興味をそそられたのは、その時代としてはきわめて進歩的なこの社会政策が、ほぼ一世紀後の現代韓国の憲法裁判所のお墨付きを得たという点である。[17]

このことは、植民地時代の朝鮮と現代の韓国との間の継続性を証す、ささやかながら一つの確固たる事例と考えてよいのではないかと思うものである。

悪名高き二人の朝鮮総督のイメージを見直す（二）南次郎

前出のアンドリュー・ハク・オウ氏は、一九三六年から四二年まで朝鮮総督を務めた南次郎を最も激しく非難する。彼は南を「植民地時代の朝鮮で最も悪名高き指導者」であり、かつまた「植民地時代の朝鮮で最も恐れられ、蔑(さげす)まれた人物」と呼ぶ。朝鮮の人々が南を嫌うのは、彼の総督時代に朝鮮における同化政策が強化され、朝鮮半島全体に戦時体制が敷かれたからである。

諸々の同化政策の中で最も嫌われたのは、朝鮮人が日本人の名前を名乗ることが「許された」、一九三九年の創氏改名だった。実際問題として、朝鮮人は日本名を名乗るようにと言われ、最終的には朝鮮人の家庭の八十四パーセントが日本名を取得した。しかしながら、この政策はおおむね戸籍にかかわるものであり、（学校や市役所などにおける）役人対個人の事務手続きの際に適用されたものだった。総督府はまた、朝鮮の戸籍を日本と同じ仕組みにしようとした[18]が、それは行政手続きを合理化するためであって、朝鮮の人々を抑圧する意図はなかった。日本名への変更について、朝鮮人の家庭内の事情に口出しするつもりはなかったのである。

朝鮮人同化政策は、さまざまな分野でその大半がいまだ進行中だった一九四五年八月、日本の敗北とともに終わりを迎えたことを忘れてはならない。大正・昭和期に活躍したジャーナリストで政治評論家の御手洗辰雄(みたらいたつお)［一八九五―一九七五年。一九三九年に京城日報社長に就任〕は、総督南は朝鮮人男子の徴兵制度の確立に成功したと主張している。[19] 日本統治下の朝鮮における兵役制度は一九三八年の陸軍特別志願兵制度に始まり、第二次大戦の戦況が日本にとって不利になるにつれて強化された。朝鮮人徴兵制度は四二年五月に発表されたが、実際に施行されたのは四三年八月一日で、四四年十二月に最初の朝鮮人徴集兵が入隊した。先にわれわれはこの政策を肯定的に見た。

山縣有朋の「意見書」と長谷川好道の「私見」の双方の主要な項目の一つである教育改革は、依然として推進途上にあった。「総督府は朝鮮人と日本人に提供される教育の質とカリキュラムに差をつけないことを眼目としていた」。御手洗は、かなりの障壁はあったが、教育改革の面で相当な成果が達成されたと推断している。[20] 特に南次郎は、朝鮮総督としての任期内に全国の小学校に通う生徒数を二倍に増やしており、地方における小学校教育の格差を是正し、教育の質と修学時間を改善した。[21]

行政改革の面でも、南の下で重要な前進が見られ、朝鮮総督府は「朝鮮人の地方知事の数を増やしている」。南はさらに「産業部長職と内務部長職の過半数に朝鮮人を任命している」のだ。また「警察署長職を朝鮮人に開放」し、同胞の生活により直接かつ密接にかかわりのある朝鮮人警察官に警察権を委ねたのだった。[22]

保守派だった南が、徴兵制度と参政権の付与を結びつけることに反対したのは驚くべきことではないだろう。だがここにも前進は見られる。府尹〔市長〕・面長[23]〔村長〕

は依然として任命職だったが、地方議会は「予算その他を決定する強い権限を与えられていた」。日本では、この権限こそが、野党が国会で台頭し、究極的に与党となって内閣を組織する鍵となったのである。

御手洗は「朝鮮人民にとって参政権は重要な課題だった」ことを明らかにする。さらに、「朝鮮人の間では、完全な独立は妄想に過ぎないとしても、適正な時期が来ればアイルランド型の自治*は与えられるという期待感が支配的だった。この手順は、日本の一般大衆ばかりか帝国議会の両院の議員の間でも、ある程度の支持を得ていた」と記している。南は、いずれは両院で朝鮮人の代表の登院を可能にすることになる「緩やかな参政権の付与」を支持したが、「朝鮮人による自治そのものには反対」だった。それでも、朝鮮人民がこうした希望や夢を抱くことが不可能ではなかったことは、総督南の下での朝鮮の政治情勢は、朝鮮人民にとって必ずしも民族史観派が主張するような、ひたすら息苦しいものではなかったことを示すものである。そして南は、一九四二年五月に総督を辞した後も、枢密顧問官（一九四二年五月—四五年三月）として、朝鮮の人々が自国の政治により広くかつ自由に参加できるよう支援したのだった。[24]

韓服姿の南次郎

御手洗辰雄が編者となった本の一節には、南次郎について「最も好かれた総督」と題して記述されているのだが、これは露骨なプロパガンダとして一笑に付されてしまいかねない。しかし御手洗は、寺内と長谷川は「紛れもなく最も恐れられた総督」だったと認めているから、歴代総督の評価については一定のバランスのとれた記述をしていたことになる。御手洗は、南は六年にわたった任期の四年目に、朝鮮の人々と毎月二回の会合を催すことにした点に注目している。この会合は記帳を済ませた者なら誰でも参加でき、南は気取らない性格で人々を寛(くつろ)がせたと御手洗は書いている。これは、朝鮮の大衆と接触しようとする南の行動の、もう一つの例である。

朝鮮総督府発行の雑誌『朝鮮』の一九四一年十一月号[25]に、朝鮮の伝統的な「韓服(ハンブク)」姿の南の写真が掲載されている。キャプションは「朝鮮服で頰(ほお)をほころばす総督とお孫さん」とある〔二二二頁参照〕。南のこうした行動の数々を簡単に片づけてはならない。われわれが指摘したいのは、朝鮮の人民を味方につけるために南が総督として大いに努力したことは確かであり、それは総督府が抑圧的な政策をとった結果として起こり得る騒ぎの鎮圧のために警察力を導入するような事態に比べれば、精力と経費の両面できわめて効率的だった、という点なのである。

韓服姿で歩く朝鮮人を背景に捉えた朝鮮映画

パーマー氏はこうした努力のもう一つの例として、一九四一年に公開された親日映画『志願兵』について語っている。この映画の中で朝鮮の人々は、伝統的な民族衣装で登場する。映画の主人公は朴春浩。不在地主の農地で監督官を務める、夢多き若い農夫である。春浩は、朝鮮人はすでに心中では十分に日本に同化しているのに、自分が日本軍に入隊できないことを悲しく思っている。日本軍が特別志願兵制度を制定したことを知った彼は興奮して直ちに願書を提出し、みごと入隊許可を得る。映画を通して、地主と春浩の家族は一貫して朝鮮の衣服を身につけている。おまけに背景には伝統的な民族衣装を身にまとった朝鮮の人々が歩く姿が見られるのである[26]。

以上のことから、この映画は、プロパガンダの目的で製作されたものではあっても、一九四一年の段階で総督府は、朝鮮人の文化を抹殺することによって彼らを組織的に抑圧しようとはしていなかったことの証左ではないかと考えるものである。私のこの主張を補強するために、以下、話が少々わき道に逸れることをお許しいただきたい。

歴史資料としての映画――セルゲイ・エリセーエフ教授の至言

一九五五年のことである。ロンドンでドクター・コースに必要な初期の研究をすべて済ませ、後は論文を書くだけというとき、私は東京に赴くことにした。ケンブリッジ大学での最後の日に、極東歴史・言語学部の建物に別れを告げようとしていた私は偶然にも、「アメリカの極東研究の父」と呼ばれたセルゲイ・エリセーエフ教授（一八八九―一九七五年）にお目にかかる機会を得た。先生は、東京帝国大学を卒業した最初の外国人であり、博士論文を日本語で書かれた[27]。それが、世界の極東研究者の崇拝を集めるこの偉大な学者と私が交わした最初にして最後の会話だった。博士が語った短い言葉は、今日に至るも克明に覚えている。

「日本に行ったら、できるだけ多くの映画を観るようにしたまえ。映画というものはね、きみ、その国の歴史と文化について実に多くのことを教えてくれるものだが、さらに重要なのは、人々が日々をどのように生きているのかを、ごく自然な形で教えてくれることですよ。つまり、今日風な野暮な言い方をするなら、『その国の真実は、きみが画面を通して観たもの以上でも、それ以下でもない』ということです」

したがって、パーマー氏が観た映画の中に朝鮮の人々が韓服を着てそぞろ歩きをするシーンがあったこと、総督府が刊行した雑誌『朝鮮』に韓服姿の南次郎と孫娘の写真があったことは、きわめて重要なことなのである。つまり、これら二つを「単なる」プロパガンダにすぎないと見れば、それらの画像はある特定の時代と場所を反映するものであり、当時の人々のごく自然な姿を捉えたものだったという点を見失うことになるのだ。さらに言うなら、映画の中で主演者たちが朝鮮語を話していたという事実は、朝鮮併合から三十一年を経た一九四一年になっても、多くの朝鮮人はまだ日本語が十分に話せなかったのではないかと思わせるのである。ここにもまた民族史観的論評の支持者たちの主張に反して、総督府は朝鮮人が日常生活で日本語を話すことを、さほど厳密に強制していなかったことが示されているのである。

南次郎に宛てた大野緑一郎の書簡

三十年来の同僚で私のよき助言者でもある広瀬順皓教授は、二〇一二年十月、国立国会図書館憲政資料室に収蔵されていた一次文献の中から、『大野緑一郎（ろくいちろう）文書』と題された五十九通の草書体でしたためられた書簡を発見したと教えてくれた[28]。

大野緑一郎（一八八七―一九八五年）は、南次郎朝鮮総督の下で総督府政務総監（日本の「内閣書記官長」に当たる）を務めた人物である。これらの書簡のほとんどは、在朝鮮の日本人官僚の人事および予算に関する事項を記した大蔵（財務）省宛ての報告書か、国会議員の質問に対する回答であり、たった一通を除いて、すべてが事務的な筆致で描かれていた。その例外的な一通は南次郎に宛てたもので、どうやら朝鮮のどこかの温泉で書かれたようなのだが、そこには朝鮮人に対する敵意がまったく感じられないのである。

広瀬教授は、この一通の書簡をめぐって、一つの「日韓」プロジェクトが進行中だと語り、韓国側の協力者はソウル大学の文書係で韓国国家記録院に勤務する金慶南女（キムキヨンナム）史だと教えてくれた。面白い話だと思った。教授は彼女とは東京で催された公文書館員対象の学術会議で知り合ったという。彼女は件(くだん)の草書の手紙を判読して楷書に起こし、次にそれをハングルに書き換えてソウルの国家記録院に保管し、韓国の学者たちの眼に触れるようにしたいということだった。この試みは、南次郎のみならず日本の朝鮮政策に関して存在する韓国側の誤解を払拭する上で、小さな風穴を開ける一助になるのではないだろうか。

申起旭氏と韓道鉉氏による南次郎の統治スタイル評

ここで、申起旭(シンギウク)氏と韓道鉉(ハンドヒョン)氏の見解を紹介しよう。二人は、南次郎が同化政策を推進していた時代に優先されていた統治スタイルについて鋭い洞察を加えている。すなわち二人は、朝鮮総督府は「社会的調和と社会的階層の確立」の重要性を強調する方法論として「植民地協同主義(コーポラティズム)」を利用していたと見ているのである[29]。日本の統治体制は、「植民地管理および動員を請け負う半官的、半非営利的な仲介諸団体」を通して機能しており、こうした団体はおびただしい数にのぼった。総督府の官僚機構はこれらの組織に加えて、伝統的な組織（たとえば各村落に存在する古くからの盟約の類(たぐい)）や近代的な警察や教職者を通して大衆を動かした。申氏は、日本人は朝鮮人の協力を求め、彼らをあからさまに強制することによって服従させることのないように努めたが、こうしたやり方はその過程で「植民地の政務に対する本国政府のより直接的な介入」を招くことになったと書いている。[30]

総督府は、朝鮮の人々が国策に従うよう奨励するために財源を使った。朝鮮では無制限の権力を握っていた総督府は、「飴と鞭」の手法を使って朝鮮の人々が植民地当局の政策に準拠するよう働きかけたのだった。つまり植民地の官僚機構も政府の各組織も、こぞって「馬の鼻先にニンジンをぶら下げ」たわけである。この手法が功を奏さなかった場合に初めて、国はいくぶん強硬な手段を講じたが、それでもまだ人民が納得しない場合に、手口はしだいに強硬になっていった。

このコーポラティズムと、南次郎が朝鮮社会に対して行なった貢献を理解するために、一九三二年から始まり、主として南次郎の下で遂行された「地域活性化運動」を分析することは意味がある。総督府は、朝鮮の農村地帯を苛(さいな)んでいた食糧不足と農民の負債を解消する運動を始めたのである。この目標を達成するために、総督府は小作地の削減と「自作農の創出」をめざした。この運動の下で、小作農を対象に農業、経済、道徳に関する教育が朝鮮の農民に提供された。協同主義的なアプローチを使って、「(植民地)政府は……減税措置を講じ、農地購入のための低利ローンを提供する金融協同組合を動員したのだった」[31]。

一九三三年から一九四〇年の間に約五十万世帯がこの金融協同組合を利用している。政府の調査によると、このプログラムはある程度の成功を収めた。利用者の二十一パーセントが、経済状態が改善したと語り、三十六パーセントが食糧不足は解消したと答えている。これと比べて、経済状態が悪くなったと答えた農民は一パーセントに過ぎなかった。[32]

朝鮮総督府による土地改革の肯定面：申起旭氏の分析

申起旭教授の分析は以下に示すとおり非常に大きな役割を果たすため、ここに読者諸氏のために氏に関して簡単に紹介してしかるべきと考える。申起旭氏[33]は、好評を博した修正主義的研究、*Peasant Protest and Social Change in Colonial Korea*, 1996〔『植民地時代の朝鮮における農民の抗議と社会的変化』、未訳〕によって突如脚光を浴びた学者である。

さて、申氏によると、一九二〇年代に朝鮮総督府は朝鮮の農村地方に蔓延する社会不安と経済情勢の悪化を懸念していた。その対応策として総督府は、長谷川好道総督の任期終了後に採用された「穏健な植民地政策」に基づき、小作農に有利な小作調停令（一九三二年）と農地令（一九三四年）を制定した。[34]これらの措置は、日本人と朝鮮人の地主の双方との間で起こった争議の際に、総督府が小作農側に付くことを意味したと申氏は指摘している。

特に重要なことは、今や小作農は地代の減額を求めることができ、法的拘束力を持つ正式な契約を地主と取り交わすことができるようになった点である。小作農は、このような形で地主に対して優位に立つことになった。あと二つ、顕著な結果が生じた。まず、地主の数が減少し始め、太平洋戦争終了後にはほぼゼロになったことが挙げられる。もう一つは、農業分野で将来の展望を失った結果、各種企業に投資した地主が多かったという点である。このことは、総督府の決定が――この時点では予測不可能だったわけだが――朝鮮の資本主義経済の発展に貢献したもう一つの証（あかし）である。

申氏はさらに、共産主義者の影響を受けた農民の組合運動は、総督府の略奪的行為のために暴動に走らざるを得なかった貧しい小作農の間から発生したものだったという従来の見解に修正を施し、朝鮮の農業地域の複雑な情勢を解き明かした。中氏は、小作農は組合運動には加担しておらず、組合運動に参加した者の大半は、地租の増税と村の行政に対する地方政府の干渉に猛烈な不満を抱いた自作農であったことを明らかにしたのである。これが自作農の一部を暴動に駆り立て、警察がそれに報復し、その結果、自作農の人口は一九三〇年代中盤までにほぼ消滅するに至ったのだった。[35]

申氏はさらに、民族史観的パラダイムの信奉者が支持するもう一つの〝教義〟に取り組んだ。それは、総督府は地籍測量（一九一〇―一八年）を行ない、日本人および日本企業が朝鮮人所有の土地を収奪できるようにした**というもの**である。彼は、日本はこの調査を介して、少なくとも特定のケースにおいては、朝鮮の土地保有権の仕組みを極端に変えてはいなかったことを示してみせた。調査の対象となった合計九千二百五十六区画の土地のうち調査結果が報告されなかったのは十二区画に過ぎず（それほど徹底した調査であった）、調査の途中あるいは終了後に何らかの争議が起こった区画は全体の一パーセント以下であり、宮殿や政府省庁が所有していた土地を除けば、所有権が移動したケースは皆無に等しかったことをこの調査は示すものである、と申氏は述べている。[36]

日本統治下の朝鮮の土地改革と戦後韓国の産業発展：申起旭氏の結論

申氏は長文の論説の中で、戦後の韓国のいわゆる「産業の変容」あるいは「〝奇跡〟は、一九六〇年以降に作用した力のみで達成されたものではなく、（むしろ）一九六〇年以前の出来事、つまり植民地主義、占領、反乱、戦争、改革等」がその後の著しい経済的変化の基盤を作ったと主張する。そして彼は、「植民地時代の（朝鮮の）産業化と土地制度の改革は、植民地時代後の朝鮮の発展を可能にした最重要の要素（と考えられなければならない）」と、無条件で強調するのである。[37]

ロビンソン・インディアナ大学教授は申氏の結論を支持して、こう語っている。

私はナショナリズムに反対する立場から執筆することにした……そして現在の

韓国における社会・文化的実態を理解するために、朝鮮の早期の近代化の体験に改めて焦点を当てることにしたのである……。この点に関する決定的な真実は……朝鮮に近代化が訪れたのは日本の植民地統治時代だったということだ[38]……。

植民地朝鮮と日本における農地改革
：申起旭、リチャード・スメサースト、ペネローペ・フランクス各氏

総督府が制定した小作調停令（一九三二年）と農地令（一九三四年）のひな型は日本の小作調停法（一九二四年）にあったと申起旭氏が言及していることから、私は、日本における小作農関連の改革とその経緯に関するリチャード・スメサースト氏とペネローペ・フランクス女史の分析を想起した[39]。

ピッツバーグ大学教授リチャード・J・スメサースト氏の *Agricultural Development and Tenancy Disputes in Japan 1870–1940*〔『日本における農業の発展と小作争議一八七〇―一九四〇年』、未訳〕は、戦前の日本の農業の全体像を詳細かつきわめて理路整然と描いた説得力に富む研究である。彼は、政府と農民の双方が農業の成長に貢献することによって、「日本の地方経済は一八六八年から……一九三〇年代の後半にかけて劇的に拡大した」との前提で分析を始めている。明治政府の貢献は「秩序ある政治、財政、教育、技術機関」の枠組みを創設したこと、そして新しく創られたイン

フラストラクチャーが提供する機会を積極的に利用するよう農民に奨励したことにあると彼は見ている。しかし実際には、政府があえて農民を奨励したり、「合理的な決定と選択」に基づいて農業技術の改良に邁進させたりする必要はほとんどなかった。

スメサースト氏は、「地主と政府による強要とごまかしの手口が一体となって、一九二〇年代後半の小作争議を弱体化せしめた」とする民族史観派の執拗な主張には反対している。つまり、一九二〇年代の小作人の運動の成功は、「政府の寛容さと、公平な支援に帰する」と考えられ、もちろん小作人は政府のそのような姿勢を歓迎した。これはつまり、政府は争議調停という手段を通して小作人が農地を「安価に」取得できたことを可能にし、一方、警察と裁判所はめったに地主の支援に回らなかったということを意味する。

スメサースト氏はさらに、明治期における男子参政権の進展の度合いがお粗末だったとか、遅々としていたなどといったあら探しをする代わりに、むしろ参政権の資格の拡大が小作農の政治への参画を可能にした点を強調している。一九二五年から第二次世界大戦勃発時までに、小作農は日本全国の村議会の二十七パーセントから三十二パーセントで議席を確保し、その結果、彼らの生活は向上したと彼は記している。[40]

ヴァイパン・チャンドラ氏（マサチューセッツ州ウィートン・カレッジ教授）は前述の申氏の著作の書評で、「植民地政府が親小作人的、反地主的なスタンスを取ったという事実を（中氏が）発見したことは、朝鮮半島のマルクス主義・〝民族主義的〟史学者たちを間違いなく苛立たせるだろう」と述べている。[41] 実際にそうなったか否かは別にして、スメサースト氏がマルキスト寄りの日本の歴史学者から非難の集中砲火を浴びたことは事実である。経済史学者の西田美昭氏〔一九四〇―二〇一二年。東京大学名誉教授。「九条科学者の会」の呼びかけ人を務めた〕は二十六ページに及ぶ反論を発表し、[42] その中で怒りを爆発させている。

「近代日本の農業史に関するスメサーストの著作は、まともに取り上げるに値しない。他の学者の研究成果を偏って利用し、資料を曲解した以上、その結果下された結論は必然的に欠陥だらけである。本書は全く役に立たない」

しかし、この種の断定的な批判は学究の世界に相応しくない。なぜなら、こうした批判の仕方は学者間の交流と互いの成長に向けてのすべての道を閉ざすものだからだ。実はスメサースト氏と西田氏がそれぞれ、こうした立場をとったことは、いささか皮肉なことである。というのは、スメサースト氏は朝鮮研究における「修正主義者」と目される可能性があり、逆に西田氏は「進歩的かつマルキスト寄りで、反ナショナリズム」の学者の一人とみなされているにもかかわらず、朝鮮史研究にエネルギーを与えている民族史観すなわち、いたってナショナリスティックな歴史物語の信奉者とみなされる可能性があるからである。

本題に戻って、フランクス女史の貢献について考えてみよう。フランクス女史はさまざまなタイプの村落の代表からなる集合体の役割に注目した。彼女は、当時の日本で農業に携わる大地主はたいてい村長を務めていたのだが、全国的に見るとその数が多かったわけではなく、彼らの中には地方での農業に興味を失い、工業あるいは商業的な機会に魅せられて農業を放棄するに至った者もいたかもしれないと指摘する。そこで、中規模自作農と小作人が耕作の中心となった「全村落的集団 whole-village groups」が、大地主が本来果たすべき機能を引き受けることになった。これらの村落集団にそれができたのは、集団の組織化という点で、村自体が代を継いで十分な経験を積み、集団としての行動に要する組織力や技能を培っていたからである。

この経験が、諸々の行政機関や農業改良・普及事業を含む「外部の世界」との「仲介人」役を務めたり、「以前は地主が取り仕切っていた市場における農産物の売買、あるいは信用供与を代行する」際に生かされたのだった。フランクス女史はとりわけ、佐賀平野での技術革新の導入と灌漑事業の竣工において、村落集団と行政が果たした役割に関心を寄せている。これら二つの分野での試みが成功したことで、佐賀平野の農家は「最低生活レベルの生産から、洗練された商業生産農業」に変貌したと彼女は書いている。その過程で役人たちは、ときには法の力を借りて目的を達成するといった「権威主義的」な手段も用いた。しかしながら、役人と農民は一定の相互尊重の精神のもとで、ほとんどの場合、協力し合っていたとフランクス女史は結論づけている。

明治政府のもう一つの貢献は、フランクス女史によれば、農業の改良・普及に長期にわたって尽力したことだが、これはスメサースト氏が言うところの、政府によるインフラストラクチャー構築の一部だった。彼女が強調するのは、「行政の役人あるいは調査担当者と農民組織の間に見られた、調和のとれた役割分担」である。この役割分担はおおむね成功したが、それは、「現役の農民たちと長期にわたって密接な関係を維持してきた」行政の代表が、「農民あるいはその代表と協議」し、「進んだ技術の応用の後押し」をし、また農村の「機構改革に慣れて」おり、そのため「農民の意見を聞く耳を持っていた」からである。一方、農民側は、村落集団が持っている地元ならではの技能を生かし、村落集団のリーダーらが環境によって異なる「問題や可能性」に敏感に反応し、これに対処する際にイニシアチブを発揮したことで存在感を高めたのだった[43]。

ここで申起旭氏が最も強調する点に改めて触れておきたい。申氏は「社会歴史的な観点」から、農民の政治的な行動は、生活を改善したいと願う彼らが、自らの利益のためにいかに行動したかという点が理解されなければならないと主張する。そして、「(農民運動の)指導者の考えを自分なりに納得しない限り、農民は抗議のために蜂起しない。……一九二〇年代から一九四〇年代の朝鮮が目撃したのは、朝鮮人による民族主義的な、あるいは共産主義的な農民運動というよりはむしろ、朝鮮の農民による農民のための運動だった」と述べている。[44] 別の言い方をすれば、朝鮮の農民（と、日本の小作農）は、単なる「土塊（つちくれ）とか麻袋に詰め込まれたジャガイモ」のような存在などでは決してなく、しっかりと考えて行動するグループだったのである。そうでなかったと考えることは、彼らの人間性と行動する能力を否定することになる。テッサ・モリス・スズキ女史〔オーストラリア国立大学教授、近代日本・朝鮮史〕は、この点について次のように書いているが、まさに言い得て妙である。

「最も小規模で無防備な集落でさえ、国家政策の無抵抗の犠牲者になることを拒み、しばしば、植民地行政にかかわる討論に驚くほど果敢に参加することによって、帝国の枠組みの中で自分たち自身の主体性を形成していった[45]」

統治下朝鮮と日本における農地改革運動――もう一つの明確な繋がり：申起旭氏

申起旭氏は、朝鮮における農地改革運動を、「農村社会の構造改革を新しい朝鮮の中心に据える」ことを目標にした、つまり農村地帯は「自立した農村社会」を生み出す「社会経済と文化の中心」となることを目指すべきであるとする、きわめて反資本主義的で反都市型、かつ反近代的な運動として捉えている。

次に彼は、朝鮮の農地改革運動は明治時代の日本の農地改革の哲学の影響を受けているように思われると述べている。事実、彼は「朝鮮と日本の農地改革運動に重要な類似性」を見ている。たとえば、朝鮮の「ノンミンドウ」は、「武士道」とも関連のある日本の「農民道」を朝鮮語に翻訳したものだというのである。しかし、申氏はこうした類似性に驚いていない。なぜなら、「日本の農業学校で学んだ李盛煥」をはじめとする「朝鮮の主要な農地改革論者たちは日本で教育を受けていた」し、「一般市場や都市の勢力との戦いを通して自治を達成」してきた「二十七の模範的な村落（を代表する）……多くの指導者たち」は、「彼ら自身にとっての〝ユートピア〟建設のためのアイデアとモデルを探す」ために、日本の村落を訪問していたからである。

このような類似性にもかかわらず、申氏は朝鮮と日本の間の主要な差異を指摘している。つまり、朝鮮の農地改革運動は植民地当局の命令の下で行なわれたという点である。それでも、朝鮮と日本の間にこうした繋がりがあったことは、植民地時代の経験を〝彼ら（日本人）〟対〝われわれ（朝鮮人）〟の二元的解釈で説明するのは短絡的過ぎることを示すもう一つの例であり、こうした見方は記録に明示された事実の前では形なしなのである。[46]

日本統治下の朝鮮の工場労働者：朴淳遠（パクスンウオン）女史の研究

リビジョニズムに対する朴淳遠女史の貢献は、二つの大きな論点に分けて評価することができる。

その1つは Making Colonial Policies in Korea: The Factory Law Debate, Peace Preservation Law, and Land Reform Laws in the Interwar Years〔「戦間期の朝鮮における植民地法立法　工場法論争、平和維持法、土地改革法」、未訳〕と題する彼女の論文に見られる。[47]

朴女史はまず「独裁的で搾取的な日本によって抑圧された、植民地朝鮮の無力な朝鮮の労働者という従来の見方」に注目する。そして、「日本の植民地政策は、必ずしも独裁的ではなかった」と説き、日本統治下の「法律は、統治にかかわる複雑な政策決定のプロセスの結果生まれた」ものであり、そのプロセスは「各方面のリーダーたちの利害の調整、日本における政策のプライオリティの変化、および現地の圧力」を反映したものだったと論じている。彼女はまた、朝鮮の労働者は「寡黙で無抵抗な犠牲者」、あるいは「法の保護下になく、不満を述べるいかなる媒体も持たない……植民地の余剰労働力」だったという見方にも与しない。

そのうえで彼女は、日本統治下の朝鮮の労働者を、自らが置かれた嘆かわしい状況から脱出する術を持たない「物言わぬ無抵抗な犠牲者」として批判した最近のいくつかの研究に異論を唱えるのである。すなわち、旧来の（民族主義的な）推論に基づくこれらの研究は、植民地体制下の経験の「豊かさと複雑さをひたすら隠し、もみ消すことを目論んだ、短絡的で政治的に偏向した物語」に過ぎず、そのような経験を「搾取と抵抗（レジスタンス）（つまり〝白と黒〟もしくは〝善と悪〟）という二元的なテーマの下で短絡的に描かれた植民地朝鮮の話」に置き換えていると説く。彼女はさらに、「植民地政府は、社会立法に関しては個々の法案ごとに状況に応じて審議し、植民地の状況（必要性）に応じて慎重に選択し、修正した」と主張している。[48]

朴女史はまた、朝鮮における日本の法律の適用を二つの大きなグループに分けて考える。一つは「内地延長主義」に基づくリベラルな政策で、もう一つは、三・一運動への対応の一環として採用された「文化政策」だった。[49] ただし彼女は、文化政策の評価については迷っているように見える。彼女はこの政策は「明らかに独裁主義的」だったが、「施行にあたってはより洗練された分割統治の側面」が見られたと書いている。だがその後で、「一九二〇年代に文化政策が推進されるさなかの朝鮮社会に見られた、比較的寛いだ社会政治的な雰囲気」について記述してもいるのである。[50] それはそれとして、朴女史の大きな貢献は、朝鮮の労働者に対する植民地政府の取り組みが実際にはきわめて複雑なものだったことを明らかにしたことである。

植民地朝鮮の産業化と労働者――小野田セメント工場のケース：朴淳遠女史

朴女史は、日本統治下の朝鮮の歴史を〝抵抗（レジスタンス）（良い朝鮮人）〟対〝日本との協調

〈悪い朝鮮人〉〟、あるいは朝鮮人の〝殉教とナショナリズム〟対日本人による〝抑圧〟にスポットを当てた物語として扱う〝二元的〟あるいは〝二分法的〟な捉え方を今日に至るも断乎として受け付けていない、と私は考えていることを改めて繰り返しておきたい。

他のリビジョニストと同じく、朴女史は植民地時代の朝鮮と今日の韓国の間に明確な〝継続性〟があることを認めており、「植民地統治下で進められた近代化の実態を理解すること……は、ますます複雑さを増す今日の韓国の多様な近代性を正しく理解するための必要条件である」と語っている。その著作 *Colonial Industrialization and Labor in Korea: The Onoda Cement Factory*〔『統治下朝鮮の産業化と労働——小野田セメント』、未訳〕の第四章 Workers in Liberated Korea: The Onoda Samch'ok Factory〔「朝鮮解放後の労働者たち——小野田セメント三陟(サムチョク)工場」〕で、朴女史は「植民地時代の遺産が二十世紀の韓国の労働実態にもたらした影響に関係した、より重要な歴史的疑問の数々」を詳細に取り上げている。

こうした過去からの遺産が果たした重要な役割は、「日本統治下の朝鮮における文化政治政策が、多様な文化に適応できる可能性をもたらした」ことである。朴女史の研究対象となった朝鮮の労働者は、申起旭氏の研究に協力した農民の場合と同じように、決して「無抵抗な石炭の塊」ではなかった。彼らは目標を選択できたし、それを積極的に追求した。ある者は日本語を学び、日本人が経営する会社や日本人が優位を占める官僚社会に飛び込む決断を下した。また、集中的な職業的経験を積むことによって、「解放後の朝鮮」で「貴重な人的資源」となる者もいた。端的に言えば、「植民地時代が終わるまで」に、「野心的な若者」を含む「多くの朝鮮人」は、「責任感が強く、独立心が強く、熟練した工場労働者としての身分を確立させ、……彼らに対して開かれていた労働階層の上層部に食い込んだ」のである。この話は、もちろん、日本人だけにしか開かれていなかった「就職口」があったことを示してもいる。それでも朴女史は、植民地朝鮮における朝鮮人にとって労働環境はむしろ開かれていたという自身の判断が正しいとする姿勢を崩していない。彼女は朝鮮人の「地位向上のための運動は、なにも工場、鉱山、建築現場の労働者に限られたものではなかった」と指摘し、さらに「学校、一般企業、銀行、そして、政府官庁のその他の近代部門の勤め口においてさえも、広く行き渡っていた」と記している。一方で、刻苦してわが道を歩み、「小規模あるいは中規模の資本家になった朝鮮人もいた」と書いている。[51] 要するに、かくて朴女史はリビジョニスト陣営にとって強烈な有効打を放ったのである。

日本による朝鮮の土地収用：エドウィン・H・グラガート氏

韓国人と日本人を隔てる最も敏感（センシティヴ）な問題の一つは、総督府は土地所有権の調査を行なうことによって、強欲な日本人が朝鮮人の所有する土地を収用することを可能にしたという韓国人の見方であろう。エドウィン・H・グラガート氏は、学者としてなすべきこと、つまり豊富な資料を正しく検証することによって、この非難に疑義を唱えた。要するに一次文献に依拠したのである。

グラガート氏は土地に関連した総督府の三つの史料を選び出している。すなわち、土地台帳（一九一四年）、土地所有権証（一九一七年）、地籍図（一九一〇―一八年）である。彼はこれら三つの土地調査関連史料に盛り込まれた情報に基づき、李朝末期から植民地時代が終わるまでの土地所有権の推移の実態を突き止めるため、五つの村を対象に事例調査（ケース・スタディ）を行なった。彼の結論は、朝鮮併合から一九一八年までに、これらの村の朝鮮人が保有する土地の日本人あるいは日本企業への移転に、大きな変化はなかった、というものだった。

グラガート氏はさらに、これらの村のあらゆる種類の土地のうち、一九三五年末までに朝鮮人から日本人の手に渡ったものは十パーセント未満であった、と記している。彼は、この時期に土地所有権が移転した要因の一つは、世界を襲った大恐慌の影響だったと指摘している。一九二〇年代、朝鮮人と日本人の地主は朝鮮殖産銀行や土地開発会社のような金融機関から融資を受ける際には土地を担保とした。その後大恐慌が起こると、融資を返済できなかった借り手は金融機関に土地を没収された[52]。つまり、土地所有権の移転に関して不法なことは全く行なわれなかったのである。
しかしながら、これは敏感（センシティヴ）かつ論議を呼ぶ問題であり、言及の量は少ないが、中起旭氏がこのテーマに関して書いていることに注目し、改めて紹介する必要があろうかと思う。

（この調査を通じて）日本人は、（朝鮮人が所有する）土地の保有権を極端に変えはしなかった。……（合計）九千二百五十六の土地区画のうちのわずか十二（区画）……については未報告だったが……調査期間中および調査後に争議が起こった区画は一パーセント以下に過ぎず……調査は土地所有権の移転はほとんどなかったことを示している。[53]

要するに、朝鮮人から日本人への土地所有権の移転は、土地調査あるいは総督府の無節操な行為から生じた結果ではなかったのである。

日本が行なったとされる文化財の略奪：裵炯逸女史の指摘

日本人は、朝鮮人から土地を奪ったとして非難されるばかりか、さらに悪いことに、「先祖伝来の遺産を奪うことで民族の帰属意識までも奪おうという手の込んだ陰謀の一環として、朝鮮の文化的な遺物を無差別に略奪した」とされている。だが裵炯逸(ペヒュンイル)カリフォルニア大学准教授は、この反日的レトリックのもう一つの帰結として、「『誰が朝鮮（の文化財）の略奪に責任があったか』という議論百出の論争の中で、自らが利敵行為を行なったというわずかな可能性をも一切否定するために」、朝鮮人は「超大国政治の無意識の犠牲者」として自らを描くことになったのだと指摘する。[54]

この点に対する裵炯逸女史の答えは、民族史観的記述の主唱者たちを慰めることにはならない。なぜなら彼女の非難の矛先は、「実際に遺産の略奪に加担して採掘し、戦利品を売り渡し、こともあろうに朝鮮総督府の美術館から朝鮮の文化財を盗み出したのは……農民、密輸業者、そして多くの骨董商と関係のある商人を含む地元の人間たち」だったというところに向けられているからである。これらの手合いの得意先は、「当初は伊藤博文や柳宗悦(やなぎむねよし)らの日本人だったが……植民地時代の最後期までには都市部に住む富裕な朝鮮人の植民地エリート階級が台頭し……自身が収集した骨董品を貯め込み、うまい汁を吸うために同じ骨董商をひいきにして日本人と競い合った」。[55]

それでも、一九六一年に誕生した韓国政府文化財管理局の創立者たちは、「韓国の民衆の独立心……こそ、韓国の国家遺産の保護を可能にした唯一の原動力」であると本気で主張していた。だが裵女史は、「朝鮮の遺跡や文化遺産の保護」の面では総督府から受け継いだものは大きく、端的に言うなら、いくら反日的な暴言を吐こうとも、この点で統治時代の朝鮮と現在の韓国の間には継続性があるのだと力説する。[56]
自説を実証するために、裵女史は三つの点を挙げている。第一に、文化遺物の「真贋」を認定し、「一般向けに陳列する方法は、日本の植民地支配の当初から基本的には変わっていない」と指摘して、（日本からの）独立や朝鮮戦争、二つのコリアの出現、それに伴う「軍事政権」の誕生を含む社会の大激変にもかかわらず、これが変わっていないことに注目するのである。[57]
第二に、裵女史は「文化財管理局の機構と運営、および国立美術館の今日の所蔵品は……文化財の格付けの点で依然として植民地時代の（総督府の）嗜好を反映している」点に注目する。[58]
そして第三に、「現在の韓国の文化遺産の格付け」は、「一九三四年から四一年までの植民地当局による記載」と同じ順序で通し番号が付いていることを挙げている。そのうえで、「一九六二年に韓国で戦後最初に国宝として登録された品目以来、今日に至るまで、新たに登録される品目は、いずれも一九四三年作成のリストに付け加えられてきた」と指摘するのである。[59]
しかしながら、裵女史は、総督府による朝鮮の文化遺産の保存をめぐる問題について批判がないわけではない。彼女は一方で、文化遺産の研究のために総督府が学者たちに資金を提供したのは、日本の朝鮮支配を正当化するために「日朝共通の民族的起源論」を発展させるという動機と結びついていたことを強調している。さらに彼女は、総督府が一九一六年に設立した古跡調査委員会から資金援助を受けた考古学者たちは「行きあたりばったりの調査」を行ない、なかでも未熟な者たちは遺跡の発掘現場で腕を磨くことになったと書いている。おかげで歴史的に重要な朝鮮の遺跡の多くが疵(きず)つけられることになってしまったのである。[60]そしてこの点についても、植民地時代の朝鮮と現代の韓国は、まるでシャム双生児のように腰の部分で繋がっているとの彼女の指摘は、長く印象に残る。この点について、裵女史自身は次のように歯切れよく語っている。

> 文化遺産マネジメントの実践の中には、総督府時代の官僚主義に由来する信頼性(オーセンティシティー)という遺産があることを認めねばならない。なぜなら、文化的、審美的かつ法的に見て、そこには日本統治時代からの継続性が否定しがたく残っているからだ。もしも韓国が文化遺産の収集に関する倫理や審美眼から植民地色を一掃したいと真剣に願うなら、韓国の学者と、特に文化財管理局の官僚たちはそろそろ、より系統だったやり方で、この植民地時代の遺産に取り組んでみてはどうだろうか。[61]

民族史観的論調の杜撰さ：アレクシス・ダッデン女史の統治批判

コネチカット大学教授アレクシス・ダッデン女史の*Japan's Colonization of Korea; Discourse and Power*, 2005〔『日本の朝鮮植民地化　対話と力』二〇〇五年、未訳〕は、プリンストン、ブラウン、スタンフォード等、やんごとない大学の学者たちから高い評価を得た[62]。これらの学者全員が、ダッデン女史の最大の貢献は次の点にあることで合意している。すなわち明治の指導者たちはまず「帝国主義一般を」正当化するために「国際法の欧米的概念」を用い、次にそれを日本の朝鮮統治の「合法化」に使ったことを明らかにしたという点である[63]。

このように分析したダッデン女史の著作を、民族史観を標榜する学者たちはもろ手をあげて歓迎した。もちろん、そのような評価を得るのは彼女の権利であり、特権である。しかし、彼女の研究論文（モノグラフ）の随所に見られるのは、どうにも学者らしからぬ、意味不詳かつ一方的な記述の羅列と、ときに史実の立証が不可能な出来事に基づく、単純にして怪しげな結論なのである。京都の国際日本文化研究センターの元研究員、ジェームズ・C・バクスター氏は書評で、学者としての地道な修業を重視しない彼女の姿勢を次のように痛烈に批判している。

息をのむほど立派な（この本の）表紙には、三人の高名な歴史学者のコメントが華々しく引用されている。その中の一人（ジェームズ・L・マクレイン）は「この作品は、ヒラリー・コンロイ、マーク・ピーティー、ピーター・ドウスらによる画期的な日本の植民地研究に勝るとも劣らぬことは間違いない」と述べている。……だが、ダッデンの研究は本当に、彼女の先輩たちの研究に「勝るとも劣らない」のだろうか。私の判断では、この著作はよほど大幅な整理がなされない限り、決してそうとは呼べない代物なのである。

バクスター氏は、ダッデン女史が調査の対象とした「……当時の国際的システムの下で帝国主義がどのように機能したか」を明らかにした功績を認めはするものの、彼女が犯したミスを詳しく取り上げ、こう推断する。

「ダッデンと版元のハワイ大学出版会は、研究者としての彼女の経験に関してさまざまな問題があるにもかかわらず、（不完全な論文を）出版するという、若い研究者にとっては良からぬ前例を作ってしまった。……この分野の先輩諸氏から同業者として尊敬されるためには、刺激的な論文を作成しようとして、威勢がいいだけの主張をするのはやめにして、（史実に基づいて）詳細に至るまで論文を整理し直す必要がある」[64]

研究者としての経験と論述の質との間には不可分の関係があることには誰しも異存はないだろう。ダッデン女史が学問の核心部分に対処するにあたって暴露した杜撰さ

（それ以外に表現しようがない）が、前述したような論述や結論につながったのである。

明治政府の指導者たちと朝鮮植民地政府に関するダッデン女史の見方は偏っている。彼女の語る伊藤博文像がその一例だ。彼女は、「伊藤博文の流儀は博愛的だったという考え方（つまり、伊藤だったら朝鮮を決して併合しなかったに違いないという意見）に同意して、エリート主義の見地から伊藤に対して崇敬の念を抱き続け、伊藤の下で朝鮮の刑法に拷問が是認され、こうした遺産が植民地時代を生き延び、そして、おそらくその後もずっと維持されたに違いないという事実については無視する」向きを鼻で笑うのである。[65]

私としては、「伊藤博文だったら朝鮮を決して併合しなかったに違いない」とか、あるいは「拷問を是認した」との主張があるという記述の、もっと納得のいく根拠が知りたいところである。さらに言えば、伊藤が承認した朝鮮の刑法は「植民地時代を生き延び、そして、おそらくその後もずっと維持されたに違いない」拷問という遺産の発端となったとダッデン女史が言うからには、彼女はこの拷問を「鞭打ち刑」と同一視しているに違いないと思われるのだが、決してこのような関連づけをしてはならないことは、後述する説明で自明となろう。

ダッデン女史はまた、伊藤博文が統監府に送り込んだ、きわめて評判が高かった日本の法律専門家たちを「法律の伝道師たち」あるいは「法律に明るい御曹司たち」などと評して茶化し、伊藤が作った操り人形だとして蔑(さげす)んでいる。[66] スプランガー氏は、統治下朝鮮における刑法改正の研究との関連から、これら「司法の専門家たち」をめぐるダッデン女史の叙述に対する私の否定的な反応に同意しているようだ。スプランガー氏はこう述べている。

「ダッデンは、梅謙三郎(ママ)〔謙次郎〕や倉富雄三郎を格好だけの『司法の伝道師』と捉える。つまり彼らは、人目を気にして、見かけだけは立派な近代性の確立に尽力したが……その裏では国家権力の強大化を目論んだ国家プロジェクトが進行していたと断定する。そしてその文脈で彼女は、朝鮮における梅や倉富の立法面での努力は、人目を引くための単なる『パフォーマンス』以外の何物でもなかったと主張するのである[67]」

次にダッデン女史は、寺内正毅(まさたけ)大将が、「(一九一〇年の)寺内暗殺が目的だったと言われる(しかし、全くのでっち上げだったかもしれないこの)事件の捜査にあたり、……容疑者を一斉検挙」し始めた一九一一年に筆を進める。[68] 彼女はこう書いている。

「何百人もの朝鮮人が収監され、拷問を受け、場合によっては撲殺された。だが、この騒ぎ全体は、同様の事件がそうだったように、おそらく注目を引かずに終わっていたかもしれない[69]……」

傍点を付した箇所はあまりにも学者らしからぬ推測であり、もはや開いた口がふさがらない。「何百人もの朝鮮人が収監され、拷問を受け、場合によっては撲殺された」とする非難の文言がまことに曖昧なため、私は彼女が記した脚注を調べてみることにした。私がそこに見たのは、このテーマに関して歴史資料館で簡単に入手できるような参考文献のリストだけだった。私に言わせれば、これは歴史学者としてあまりにもマナーに欠けたやり方である。彼女が取り上げたのは、寺内暗殺未遂が絡んだいわゆる「百五人事件」であるが、「朝鮮陰謀事件」としても知られている。キリスト教徒や朝鮮の民族主義運動の指導者を含む六百人から七百人の朝鮮人が逮捕された。最終的に日本側は、百二十二人の朝鮮人を裁き、百五名に有罪の判決を下した。だが、ほとんどの判決は控訴の結果減刑されるか無罪になっているのである。

もう一つ、ダッデン女史の学者としての見識を疑わざるを得ない記述を挙げてみよう。彼女は、次のように主張している。「日本の植民地支配の最初の十年間（一九一〇―一九年）、とりわけ最初の数年間（一九一〇―一四年）に注目することが重要である。なぜならそれは、特別に残酷な期間（exceptionally brutal period）だったと思われるからである」[70]。だが、彼女の著作の一七七頁の脚注65を見ると、「特別に残酷な exceptionally brutal」という文言の根拠となる情報源は記されておらず、代わりに、「日朝融和 collaboration」の問題と、ダッデン女史の主張をほぼ否定する証言からなる口述記録をもとに書かれたヒルディ・カン女史の*Under the Black Umbrella*に読者の注意を向けていることが見てとれる。これは、いわゆる〝囮商法bait and switch〟的記述の好例であり、学者として決して許される行為ではない。

さて、事実の裏づけのない彼女の総論から、特定のテーマに焦点を絞ってみよう。ここでも彼女は、いわゆる「従軍慰安婦」は〝性的奴隷〟だったという不適切な主張を展開している。[71] これは厳密に検証されるべき複雑な問題だから、こうした非難を放っておくわけにはいかない。

民族史観の下に語られる「従軍慰安婦」の歴史は、日本軍の慰安所を満たすために、軍や警察による強制連行や、いかがわしい斡旋業者がペテンや誘拐などの手段を講じたことに焦点を当てる。韓国のナショナリスト陣営は「従軍慰安婦」を国民的な問題に昇華させたために、日本人兵士と慰安婦の性的遭遇はいまや、日本（兵隊）による朝鮮（慰安婦）のレイプとみなす事態に立ち至っている。つまり韓国のナショナリストたちは、日本国が朝鮮全体を恐怖に陥れ、侮辱したと見るわけである。このように歪曲された学究的見解がなされている以上、修正主義陣営が自らの歴史検証に基づいてこの誤った民族史的記述に異議を唱えていることを知らしめるのは、十分な時間をかけるだけの価値があることと考えるものである。

売春目的の女性の募集と売春宿の経営には、慰安婦たちを日本軍の性的奴隷として無条件に分類してはならない理由を理解する上では欠かすことができない特殊な成り立ちがある。

修正主義の立場をとる研究者および学者たちは、軍の〝売春システム〟（つまり、慰安所のしくみ）は、日本と朝鮮に存在した公娼制度の延長だった点に注目する。サンフランシスコ州立大学の人類学教授C・サラ・ソウ（蘇貞姫）女史は、大半の女性が周旋業者に騙されて売春を始めたという主張は間違っている、との立場をとる。ほとんどの場合、従軍慰安婦になる過程は開かれたものであり、当該の女性（とその家族）は、自分の行く先が売春宿であることを認識していた。当時、おびただしい数の朝鮮人女性が、父親または夫によって売春宿に売られたり、あるいは一家を貧困から救うために自ら進んでその道を選んだりしていた。朝鮮の儒教的父権社会にあっては、女性は使い捨て可能な人的資源として扱われたのだった。[72]

これらの女性はほとんどが朝鮮人の仲介人に買われたが、日本人の周旋業者も多かった。[73] ここでわれわれは、慰安婦募集のあらゆる過程で、朝鮮人の男性の存在が重大な鍵を握っていたことを認識させられる。朝鮮の男性は家族内の女性を朝鮮人の斡旋業者に売り、それらの業者が彼女たちを売春宿に売ったのである。朝鮮の女性は構造的暴力の犠牲者であり、父権主義的な朝鮮社会において家庭では発言権を奪われ、植民地下にあっては自らの苦境に抗（あらが）う機会はほとんどなかったとソウ女史は正しく指摘している。[74]

民族史観的な論述では、あらゆる性的遭遇ははっきりとレイプとして描かれる。われわれは、多くの慰安婦が計り知れない苦しみを経験したことを決して否定するものではない。しかしながら、われわれは同時に、慰安所に関するほぼすべての帳簿に、すべての日本人兵が、日本人あるいは朝鮮人の慰安所経営者に対して、自らが受けた性的サービスの代価をきちんと支払ったと記されている点に注目する。だが、女性たちに賃金を支払うか否かは経営者しだいだった。借金を払い終え、晴れて慰安所を出た女性がいる一方で、自らの意思に反して慰安所に留め置かれた者もいた。すべての慰安婦を一律に描くことは不可能である。売春宿ごとに多様な事情があったわけだから、〝性的奴隷〟としての悲惨な生活を売春婦たちに共通の物語として伝えることは、不正確だし、誤解を招く。

朝鮮近代史研究にかつて見られた民族史観的な振り子の動きは今や勢いを失い、もっぱら日本軍と政府に責任があるとした以前の見方は、朝鮮の社会と家族により多くの責任があったと見る方向に振れ始めている。日本の軍隊が慰安所システムの維持の面で重要な役割を演じたことは確かだが、リビジョニストたちによる研究が示すとおり、決して日本軍だけに責任があったわけではなかったのである。

ちなみに、こうした議論の中でしばしば無視されてきたのが、多くの日本人慰安婦である。「朝鮮人の活動家や研究者は、〝性的奴隷〟として酷使された朝鮮人女性と、商業的目的のために自らの意思でその世界に身を置いた日本人女性を明確に区別することが重要であると考えた」[75]。しかし、日本人の売春婦たちとて、朝鮮人の売春婦たちと同様の犠牲を払わされていたのである。彼女らの多くは貧しい家の出で、家長によって売春宿に売られたのだ。しかし、国際社会はこれらの女性たちが味わった塗炭の苦しみについては、なぜか憤慨しないのである。

鞭打ち刑の恐怖：ダッデン、エドワード・J・ベイカー、ヘンリー・チュン（鄭翰景）各氏

前項で取り上げた論議にうんざりした読者も、取るに足りないことだと思った読者もおられよう。しかし、それは、われわれの研究の根本的な目的にとって意味のあることなのである。目的とはつまり、ダッデン女史が拷問と同一視しているように思われる、冷酷にして異常な鞭打ち刑に対して加えられた非難と四つに組むことだ。朝鮮の人々にとって、この拷問並みの鞭打ち刑とは、日本の朝鮮支配の残酷性を証明する敏感(センシティヴ)かつ憤激せずにはいられない事柄なのである。

ダッデン女史は、半ばユーモラスに事態を描くつもりなのか、またも根拠のないもう一つ別の主張を行なって論述を進める。彼女は、一九〇八年の時点で、朝鮮の刑務所には日本人の看守が百五十一人、朝鮮人の看守が百六十人いたが、数の上でのこの

「健全な比率」は、「日本人の刑務所長はつねに、朝鮮人の囚人に対して鞭打ち刑を行なう朝鮮人の看守に事欠かなかった」ことを意味するとの前提で論述を始め、鞭打ち刑は「事実としても、また人々の記憶の中でも」「朝鮮古来の慣習」であることは「はっきり」しており、したがって、体罰の一形態として十分に正当化できるという日本側の主張の下に採用されるに至ったものであると説く。[76]

次に彼女は、エドワード・J・ベイカー氏の論文 The Role of Legal Reforms in the Japanese Annexation and Rule of Korea 1905–1919〔「日本の朝鮮併合における法改正の役割と一九〇五年から一九一九年までの朝鮮支配」、未訳〕に関心を向ける。[77] 彼女は、ベイカー氏が「日本人が管理する刑務所で朝鮮人の囚人を拷問することは、植民地時代を通して慣習となったばかりか、(ベイカー氏が巧みに記したように)『政策目標』になったことを立証した」と記している。氏の主張を、ダッデン女史は以下のように引用している。

「鞭打ち刑はきわめて冷酷な体罰だった。犠牲者は手足を縛られたままうつ伏せにされ、竹棒で臀部を九十回も打たれた。……少なからぬケースで死者が出た」[78]

「少なからぬケースで死者が出た」とのベイカー氏の推断の正否を確かめるために、私はハワイ大学韓国研究センターの同僚たちを訪ねた。管理スタッフのマーシー・ラブグエン女史と出版関係のスペシャリスト、マイケル・E・マクミラン博士は、良き同僚精神を発揮してくれ、*Studies on Korea in Transition, Occasional Papers No. 9*[79]〔『転換期の朝鮮研究 不定期白書9号』、未訳〕のコピーを作ってくれた。そしてここでも、われわれは、ダッデン女史の不注意を示すもう一つの例を知るに至ったのだった。「ハーバード大学出版会刊」とダッデン女史がクレジットに記したベイカー氏の論文は、実はハワイ大学出版会から刊行されたものだったのである。

論文を読んで、私はベイカー氏が情報源としてヘンリー・チュン氏（鄭翰景、大韓民国政府駐日代表部初代公使）の *The Case of Korea*（1921）〔『朝鮮の実情』一九二一年、未訳〕に依拠していることを知った。[80] ベイカー氏は、鄭元公使の手記が「日本支配に対する感情的な攻撃であり、明らかに誇張がある」ことを認めている。それでも「（私は）鞭打ち刑に関するこれ以外の描写を見つけることができなかった」という理由から、鄭（チュン）氏の著書を情報源（ソース）として用いたことを正当化し、公式な記録にもそう記してある、と付記している。[81]

さらにベイカー氏は、鞭打ち刑の描写を限定することによって、起こり得る批判から自らを守ろうとする。そのために彼は、次の点を認めている。「私が発見した鞭打ち刑の唯一の描写は、一九一九年に三・一運動との関連で執行された刑に関するものである。朝鮮人の蜂起に警戒心を抱き、怒った日本人の役人によって執行された鞭打ちは、その前の九年間に行なわれた刑を代表するようなものではなかった可能性がある」[82]。ベイカー氏の記述は、論文というよりはむしろ、「状況証拠」を裏づけるために書かれた弁護士の弁論趣意書 brief（事実、彼は弁護士出身である）を想起させるが、それでも彼の学者としての規範はダッデン女史よりも高い。

さてそうなると、「少なからぬケースで死者が出た」という鄭氏の主張しか、信頼できる情報源はないことになる。そこで私は、再びハワイ大学韓国研究センターの同僚たちに頼んで、鄭氏の手記を見せてもらった。彼らは、この本を手元に所有していなかったが、またもや素晴らしい同僚精神を発揮してグーグルからダウンロードする労を取ってくれた（おまけに、用紙代は要らないというのである）。余白にメモを書き込めるコピーを入手したのは望外の成果だった。

鄭氏は鞭打ち刑について次のように指摘している。第一に、臀部に裂傷を負わせるのを避けることが「望ましい」ので、竹を割って作った細く、しなやかな「鞭」が使われたこと。そして、刑を受ける囚人はあらかじめ[83]「警察医の診察を受けるが、これはつねに行なわれたわけではない」ということである。

鄭氏は次に、十一人の朝鮮人の若者が受けた鞭打ち刑のケースについて述べ、そのうちの一人で徐という若者の言葉を引用している。徐さんによると、十一人全員に、三日にわたり合計九十回の鞭打ち刑に処す、との判決が下ったという。徐さんは次のように語っている。「最初の一撃で、強烈な痛みを感じた」。第二撃の後、「尻の肉がゼリーみたいにドロドロになったような気がした」。そして第三撃からは、あまりの痛さに「恐怖を覚えた」。徐さんはさらに続けて、鞭で打たれた後、日本人が経営する地元の病院へ行こうと思えば行けたが、「そんなところへ行くくらいなら、刑務所に戻ったほうがいいと思った」。そこで彼らは病院には行かずに、伝統的な漢方薬を使ってみたが、効果はなかった。結局、彼らは汽車で二時間のところにあるキリスト教の宣教師が運営する病院に行くことにした。

鄭氏は続いて、右の病院の看護婦が語る、二人の若者、朴さんと金さんの体験を紹介する。この看護婦は、朴さんの臀部から「壊疽（えそ）を起こした皮下組織の大きな塊をいくつも」切除したが、彼の「死因は、敗血性腹膜炎と過度の痛みに耐えた末の肉体疲労だった」と語っている〔敗血症＝病原体によって引き起こされた全身性炎症反応症候群（SIRS）。細菌感染症の全身に波及したもので非常に重篤な状態であり、無治療ではショック、血管内凝固症候群（DIC）、多臓器不全などから早晩死に至る〕。一方、看護婦によると、金さんのほうは、「臀部が二目と見られないほど化膿しており」、やはり腹膜炎で死んだということだった[84]。鄭氏は、残りのさらに四人の青年に会い、彼らの写真を撮ったと記している。四人とも、「尻は赤く腫れ、出血して」おり、「皮膚と皮下組織は広い範囲にわたって腐敗していた」。四人のうちの一人は「ひどく気分が悪そう」だったが、「腹膜炎を患っていることは明らかで、もともと体力のない青年だったから、頑張っても生き延びる可能性はなかった」[85]。鄭氏の解説によると、その後、「二人の死亡が確認」され、もう一人は「重篤」だった。だから私は、以上のことを根拠として鄭氏は、「少なからぬケースで死者が出た」と推断したのではないか、と考えるのである[86]。

当然のことながら、私は一人とて朝鮮人の死の意味を軽んずるつもりは毛頭ない。決してない、と繰り返し強調したい。だが、鄭氏自身の記述を引用すれば、一九一九年三月一日から七月二十日までの間に、合計一万五百九十二名の朝鮮人が鞭打ち刑に処せられている[87]。彼の主張（「少なからぬケースで死者が出た」）を奉じてきたベイカー氏とダッデン女史は、仮にこれら十一名の若者が全員、不幸にして死んでいたとしても、このとき鞭打ち刑に処せられた人々の〇・〇一パーセント強にすぎないという事実についてどのように説明するのか、四苦八苦するに違いない。さらに言えば、鄭氏は自らの論述の初めのほうで、単なる誇張を通り越した大げさな筆致で鞭打ち刑を非難している。

「鞭で打たれ、銃撃され、あるいは銃剣で突かれた後、這いずってわが家に辿りつき、誰にも看取られることなく、人知れず死んだ多く（の朝鮮人）のことは、神のみぞ知る」[88]

では、刑務所当局による鞭打ちの結果、臀部の肉が裂け、それが敗血症を引き起こし、そのせいで囚人たちは腹膜炎にかかり、死んでいったという鄭氏の非難についてはどうか。この点に関しても私は独自の調査を行なったが、鄭氏の描く因果関係を確かめるのはきわめて難しいとの結論に達した。

まず私は、*Johns Hopkins Medical Handbook: 100 Major Medical Disorders of People over the Age of 50*〔『ジョンズ・ホプキンス病院医学ハンドブック　五十歳以上が罹患する百の医的障害』、未訳〕を紐解いてみた。[89] 腹膜炎の解説は短く、「腹腔内にある腹膜の炎症」と「腹膜の感染」とだけ記されていた。[90]

次に私は、ホノルルの自宅の近所に住む麻酔医、ゲリン・T・S・チュン博士に訊いてみた。博士は多岐にわたる外科手術の過程で、頻繁に現場に詰めることが要求される麻酔医だから、本件に関するアドバイザーとして適役と思えたのである。有難いことに博士は、ブリタニカ簡易百科事典に載っている「腹膜炎」の定義を送ってくれた。それには、腹膜炎には二種類あると書かれていた。一つは、「原発性腹膜炎」で、「盲腸が破裂した場合と同様に、一般的に消化管穿孔（せんこう）（消化管に穴が開くこと）」に由来するもの。もう一つは「急性腹膜炎」で、「（体の）その他の部分」の炎症の結果である。鞭打ち刑によって生じた敗血症が腹膜炎の原因になり得るでしょうか、との問いに対して、チュン博士はこう答えた。「消化管が胃、小腸、大腸、そして直腸から、なることを考えると、臀部の鞭打ちが腹膜炎を起こすことは、可能性はきわめて少なたい。

ここで私は、辛うじて一命を取り留めた私個人のエピソードを紹介させていただき

いでしょう」

私が今日生きているのは、実は、埼玉県戸田市にある八木医院の八木直人院長のおかげである。十年以上も前のことだが、ある日、研究中に突然右脚に激痛が走った私は、八木院長から凝血塊の疑いがあると言われた。先生は血液凝固阻止剤のワルファリン(クマジンともいう)を処方してくださった。これは、ネコいらずの成分のようだが、とにかく、私はそれで生き延びたのである。

二〇一二年の春といえば、日本における私の朝鮮統治関連の研究生活の十二年目に入ったころだったが、四月二日、私は十年ぶりに立っていることができないほどの激痛を右脚に感じた。八木院長は即座に、常用していたクマジンが効き過ぎていることを察知し、直ちに近くの総合病院で診てもらうようにと言われた。診断は、静脈の深い部分で発生した血栓症で、きわめて危険な状態だった。そのまま入院し、十七日間治療を受け、四月十九日に退院した。入院中、担当医の湯沢久徳医師と東儀李功医師は、別々の日に私が単独で交わした会話の中で、鄭氏の手記にある、敗血症が誘発したとされる腹膜炎による死は「考えられなくはない」が、きわめて「稀」だと語った。

二〇一二年十月上旬、私は再び右脚に激痛を感じ、八木先生の助言で緊急に病院に

赴いた。エックス線を含む入念な検査の結果、湯沢医師は、激痛は腱炎のせいだとの結論を下した。ステロイド注射をしてもらったが、痛みは後に脚の別の部位に転移したため、次に通院したとき、先生は痛みのある部分に直接ステロイドを注射してくれた。次の通院時に、私は湯沢医師に敗血症と腹膜炎の関係について尋ねてみた。先生は、敗血がいったん血管に入れば、腹膜のみならず、あらゆる主要な器官が侵されると説明してくれた。だが、脳を敗血から守る「防禦壁」はあると言った。それでも、敗血はときにはその「壁」をも貫通するのだと説明してくれた……。長話はこれくらいにするが、いずれにせよ湯沢医師は敗血症の危険について私を啓蒙してくれ、八木院長は私の命を救ってくれたのである。

以上のことを総合して考えると、鞭打ち刑を受けた若者の十一名中三名が、敗血に誘発された腹膜炎で死んだとすると、確率は異常に高いことになり、この点に疑義を唱えるのはもっともなことと考える次第である。したがって、ベイカー氏が鄭氏の著作に関して使った「誇張」という言葉以上に大げさな記述が、ここに認められるのである。

われわれはここで、統治時代の刑務所における朝鮮人受刑者の死について、マイケル・スプランガー氏の、イデオロギーとは無縁の解釈に耳を貸すべきであろう。彼は私の問い合わせに対して送ってくれたeメールでこう語っている。

「牢死に関する暦年の統計報告を私は持っていると思いますが、それが果たしてきちんと分類されたものだったかどうかは覚えていません（分類されていなかったのではないかと思います）。ほとんどの報告から推測されるのは、囚人たちは諸々の病に罹ったため、刑務官の懸命な介抱の甲斐なく死んでいった、ということです」[91]

鞭打ち刑——朝鮮古来の慣習

民族史観的な物語の支持者たちは、統治下の朝鮮で日本人は鞭打ち刑を刑罰の一形式として行なったとして非難する。だが彼らは、前例、つまり李朝時代を通して朝鮮では鞭打ち刑が執行されていたという事実を全く無視しているようだ。一九〇五年以前に朝鮮を訪れ、現地に在住した経験のある外国人は、鞭打ち刑が普及していたことを記している。一八九四年から九七年までの間に四度朝鮮を訪れているイギリス人女性旅行作家、イザベラ・バード・ビショップは、朝鮮の「刑罰の手法」は「衙門（宮廷の警備担当者）の雇い人による残酷な鞭打ち（と）罪人が死ぬまで鞭打たれることと」で知られていたと書き、「罪人たちの苦悶の叫び声は宮廷に隣接するイギリス代表部の部屋の壁を通して聞こえてきた……」と付記している。[92] ビショップの朝鮮に関する記述は、東洋趣味に満ち満ちているが、彼女の朝鮮社会の扱い方は公平だったと言ってよい。

朝鮮に長期にわたって逗留し、高宗（こうそう）と親交のあったアメリカ人宣教師、ホーマー・B・ハルバートはこう書いている。「朝鮮の刑法には、鞭打ちの執行に関する指示がふんだんに記されていた」。彼は、鞭打ち刑にはしばしば、「巨大な櫂（かい）状の棒が使われるが、それが猛烈な勢いで振り下ろされて囚人の脚の骨を砕き、囚人を不具者にしてしまう」とも書いている[93]。しかしこれは、植民地化される前の朝鮮で見られた刑罰の一側面に過ぎなかった。ハルバートはこう続けている。

このほか一般的に行なわれている刑罰としては、投獄、殴打、数珠つなぎの鎖刑だ。少しでも扇動的な思想を持っていると疑われた男たちは独房に入れられる……。彼らは、自分たちに不利な証拠がない場合でも、約束された裁判の期日まで留置されるが、裁判は多くの場合実現しない。このような形で、六、七年、〝朝鮮政府の客〟として収監されていた男が、最近になってようやく釈放された。彼は自由主義的過ぎる思想の持ち主との容疑をかけられていた[94]。

すでに記したとおり、バードもハルバートも、日本の朝鮮支配が始まる前の朝鮮における体験をもとに著作を執筆している。いずれが書き遺した記録も、民族の伝統を担う李氏朝鮮王国で実際に行なわれてきた鞭打ち刑と刑事裁判の残酷さを証すものである。したがって、朝鮮古来の慣習を踏襲したとの日本側の主張は正しい。
次に、スプランガー氏の鞭打ち刑の論考について見てみよう。

鞭打ち刑の実際：マイケル・L・スプランガー氏の考察

米ヘンドリックス大学助教授マイケル・スプランガー氏による鞭打ち刑の考察は広範囲にわたるが、詳細かつバランスがとれている。スプランガー氏は刑の執行の際に使われる台の、正確にして詳細な描写を通して、読者に鞭打ち刑がいかなるものかを語っている。すなわち彼は、この台は「二枚の噛み合わせ板」でできていて、「長いほうは二メートル二十七センチある」と書いている。鞭に関する彼の記述も、同様に正確にして微細である。鞭は「節の突き出た部分を削いだ竹でできて」おり、「長さは五十四センチメートルあまりで、太さは直径七・五センチメートル……」等々。実際にこの刑を執行するのは、「刑務所の副所長……で、場所は刑務所の敷地内。立ち会うのは医師一人（可能なら）……とほかに何人か」である。（罪人たちは）「理想的には」事前に医師の検査を受け、「鞭打ちに耐えるだけの体力があること……を保証してもらうことが望ましい」。彼はまた、「一度に受ける……鞭打ちの数は三十回までに限られていた」と記している。[95]
スプランガー氏は、鞭打ち刑についてさらに長い記述を行なっており、その中で、鞭打ち刑を、「文明的 civilized」「人道的 humane」「科学的 scientific」などの理由で正当化する植民地政府の関係者の言葉を引用している。

　次に示すスプランガー氏による記述を、手前勝手だとの理由で即座に片づけてしまう前に、少なくともわれわれは鞭打ち刑が当時いかにして正しいとされていたかを理解すべきであろうと考える。そのために、その一部をここで引用してみたい。

> 彼ら（日本人）はまず、鞭打ち刑を受ける者が心身ともに健康であるかどうか十分に考慮されなければならない点を強調した。この刑の対象となるのは、十六歳から六十歳までの朝鮮人男性に限られる。……罪人の肉体及び精神状態を調べるために、（できれば）医師が立ち会うことが望ましい。肉体あるいは精神面に問題があるとみなされた場合は、刑は最長三十日間遅延される。さらに、刑の執行官は鞭打ちが続行中の罪人の肉体及び精神状態を観察し、怪我あるいは苦痛の兆しの有無を判断することが決められている。重傷に至らぬように、鞭打ちの回数は一日に三十回とされ、左右の臀部が均等に打たれる。そして、鞭打ちの「処置」の終了時には、氷の塊が臀部にあてがわれる。最後に、苦痛を最大限和らげるため、刑務官は鞭打ちが始まる一時間前から罪人が食物を摂取していないことを確かめ、刑の執行中に水を与えるよう指示されていたことを記しておきたい。

鞭打ちを執行する者は、罪人たちの精神状態に細心の注意を払うことが求められた。また、鞭打ちは内々で行なわれるものとされており、刑の対象は一度に一名、そして立ち会うのは一名あるいは二名の役人で、ほかの罪人は現場に立ち入ることができなかった。要するに、鞭打ち刑は、刑を受ける者を辱めたり恐怖を覚えさせたりするための見せ物ではなかったのである。したがって、体罰刑であったにもかかわらず、「無用な苦痛」は「可能な限り」避けるべし、とされていたようである。

（さらに言えば）、執行官に与えられた指示はきわめて詳細にわたるものであり……予想外の結果が生じることを避けるため、刑の執行官は、あらかじめ定められた苦痛のレベル、つまり、罪人が犯した罪に相当する痛みを味わわせる精密機械と化したのだった。[96]

次にスプランガー氏は、鞭打ち刑にかかわるある重要な事実へと読者を導く。すなわち総督府の役人たちは、竹製の鞭を使ったのであって、「当時西側諸国で使われていたような、残酷な、人肉を切り裂くような（革製の）鞭」は決して使わなかったし、事実、〝肉を切り裂くことは禁止されていた〟という点である。[97] 彼はさらに、日本の当局は、罪人たちの肉体的な苦痛を和らげるだけではなく、精神的な苦痛を緩和することをも重大な関心事と考えていたと、スプランガー氏は付け加えている。そして彼は、李氏朝鮮時代（一三九二―一九一〇年）と日本の徳川時代（一六〇三―一八六八年）、そして西洋において、鞭打ち刑は「大衆のための見せ物であり、受刑者に恥をかかせることを目的としたものであった。（日本では徳川幕府の）評定所の高官ですら、職務怠慢の罪で鞭打ち刑（敲き刑）に処せられた！」と記している。彼は、（統治下朝鮮における）「〝新しい〟鞭打ち刑は、内々で執り行なわれることによって、受刑者が深甚な不名誉を蒙ることを免れ、可能な限り威厳を保てるように配慮されていた」点を改めて強調している。[98]

スプランガー氏は、次のような言葉で論を締めくくっている。「このようなさまざまな努力にもかかわらず、植民地当局は、朝鮮人民や朝鮮の中の国際社会に向けて、この鞭打ち刑は李朝時代と比べて科学的、人道的かつ有効な刑罰であると十分納得させることができなかった」。そして、三・一独立運動の直後に国際社会で起こった批判もあって、植民地政府は「一九二〇年四月に鞭打ち制度を廃止した」のだった。[99] 植民地政府はその立場や方針に固執しようとしていたのではなく、むしろこのように進んで変わろうとしていたとのわれわれの主張を、あえて再び指摘しておきたい。

日本統治下の朝鮮の刑法改正：マイケル・L・スプランガー氏の見解

スプランガー氏は総督府が科した刑罰に批判的ではあったが、それでも植民地当局が鞭打ち刑を含む刑罰システムを改正する努力を継続的に続けた点は認めている。それればかりでなく、刑法改正は朝鮮開化のために必要だとしたレトリックは必ずしも期待されたほどの結果を伴うものではなかったにしても、総督府が改革のために払ったような漸進的な努力は、「他の植民地当局も確かに試みはしたものの、まったくとは言わないまでも、ほとんど実を結ばなかった」と書いている[100]。

このような叙述の仕方こそ、スプランガー氏の研究成果を大いに有望な業績とするものである。博士論文と、それに続くであろう著作の成功は、未知の領域を照らす光の明るさによって測られるはずだ。さらに大きな可能性としては、その光が新鮮な視点を提供し、これまで固く信じられてきた〝真実〟の数々を修正する一助となり、あるいはその廃棄へと導くのではないかということだ。スプランガー氏は学者の名に恥じない、公平でバランスのとれた研究を通して、新しい視点の提供と過去の〝真実〟の否定という二つの標準にみごとに到達したのである。

「論より証拠」という言葉があるから、以下に、彼の研究の正当性の土台をなすと私が考えている七つのポイントを挙げてみたい。

第一に、彼が植民地の官僚を正当に評価していることを挙げたい。彼がこうした評価を下す根拠は、これらの官僚たちが「市民としての道徳的責任が自分たちに課せられていることを心底信じていた」と思われること、そして「優れた職業意識と能力ゆえに帝国の全域で高い評判を得ていた」ことの二つである。[101]

第二に、朝鮮植民地史の民族史観的な記述が根強い力を持つのは、その「多く」が「植民地の牢屋に入れられた知名度の高い民族主義者たちの体験だけに焦点を当てた」ものだからとスプランガー氏が見ている点が挙げられる。[102]

第三は、スプランガー氏が「植民地時代に刑罰を受けた圧倒的多数の朝鮮人」は「一般の犯罪者」だったという点が「まったく無視されてきた」と皮肉を込めて指摘している点である。[103]

第四は、「圧倒的多数の」罪人たちは、「おおかたの人間がそうであるように、自分の身の安全と健康」を案じていたとスプランガー氏が言及していることである。すなわち、彼らの主たる関心は「イデオロギー上」の目的を満たすことではなく、たとえば「食糧や衛生」のような、日常の欲求が満たされることと、一般的には、「刑務所における生活を（今より）我慢できるものにする」ように改善を求めることだったと指摘している点である。[104]

第五は、受刑者たちは、抑圧的な「植民地当局」に恐れおののく「無抵抗な」集団ではなく、「暴動、労働拒否、ハンスト、（そして）脱走」等の手段で抵抗したとスプランガー氏が言及している点である。彼らは「刑法上で認められた規則の範囲で行動し」、「報道機関、弁護士、そして一般大衆」の関心を引くことによって、「刑法上の慣習や政策の面で重要な改革を、交渉の場で求めた」のだった。[105] スプランガー氏は、これらの交渉には「植民地の行政官と調査員、日本人および朝鮮人の社会改革者、そして受刑者たちの家族」が参加していたと、その著作の中で明言するセオドア・ジュン・ユウ氏〔ハワイ大学マノア校女性問題研究学部准教授〕の言葉を引用している。[106]

受刑者が当局と直接交渉できたこと、そして交渉の相手が多岐にわたったことからして、当時の朝鮮で甚だしく抑圧的な植民地政府がのさばっていたという姿を想像することが難しくなる点は、再度指摘されてしかるべきである。

第六は、民族史観的論法を信奉する向きとは異なり、スプランガー氏が、三・一独立運動後の朝鮮における文化政治への移行は、「言論と出版」の分野と朝鮮人民の組織能力の面で、本格的な変化を生んだと信じているという点である。移行の結果、「植民地の人民は以前より積極的に発言する」ようになり、そのことがきっかけで、刑務当局は「監禁制度改革の可能性の実現のために以前に倍して努める」ことになったとスプランガー氏は書いている。[107] それだけでなく、スプランガー氏はさらに一歩踏み込んで、「文化政治」が発足する以前から、植民地の役人たちは「明らかに世論の動向に関心を抱いており、……朝鮮併合以来、一貫して、朝鮮人民および朝鮮の中の国際社会の批判を和らげる措置を講じていた」と指摘している。[108]

最後に、スプランガー氏が、植民地政府と刑法改革論者たちが実は改正の可能性の限界に直面していたことを示す重要な指摘をしている点を挙げたい。つまり、予算というものが「植民地社会ではきわめて大きな役割」を演じていたのである。[109] 要するに、資金の有無が本格的な改革計画を著しく制約したというわけである。

私は政治史学者として、予算書は一国の統治の質を決定づける非常に重要な文献であると長いこと考えてきた。予算書を読めば、当該の政権にとって何が重要か、そしてどの機関あるいは組織が政府に協力し、国家統治の責任を負わねばならないかがわかる。予算書を読めば、予算の配分の優先順位、額、そして個々の目標を満たすにあたって直面する問題を当局はどう見ているか、などが明らかになるのだ。

十五年以上も前のことになるが、私は、George Hager and Eric Pianin, *Mirage: Why Neither Democrats Nor Republicans Can Balance the Budget*〔ジョージ・ヘイガー、エリック・ピアニン『ミラージュ　なぜ民主党も共和党も予算を均衡できないか』クラウン出版社刊、一九九七年、未訳〕を紹介したデイヴィッド・ブローダーの記事を読んだ。ブローダーが引用する著者の言葉を読んで、私は政府において予算が果たす中心的な役割を正確に理解するに至った。

「国家の予算書とは、単に不可解でわかりにくい数字の羅列ではなく、国がどのようなことに関心を抱き、どのような優先順位でその達成に臨んでいるかを詳細に記した文書なのである……」[110]

東京大学名誉教授の坂野潤治氏は、二〇一二年の三月に優れた日本史〔『日本近代史』筑摩書房〕を出版した。その中で坂野教授は、総辞職後の内閣の職務を規定した明治憲法第七十一条に関する一般的な通念に触れている。つまり、「帝国議会が予算案を採択していない場合、あるいは、予算が実際に成立していない場合は、政府は前年度の予算を有効とみなす」〔「帝國議会ニ於テ予算ヲ議定セス又ハ予算成立ニ至ラサルトキハ政府ハ前年度ノ予算ヲ施行スヘシ」〕というものである。当時、憲法七十一条は予算審議において議会を骨抜きにできるから、政府の立場を強めたことを意味すると日本のみならず海外の政治史家に解釈された。なぜなら政府は、来年度の政府予算案を否決することによって予算審議の主導権を握ろうとする野党の動きを無視できるからである。坂野教授はさらにこう書いている。「四十三年前、アメリカの日本史研究者、ジョージ・アキタ教授が自著〔ジョージ・アキタ著、荒井孝太郎、坂野潤治訳『明治立憲政と伊藤博文』〕で明らかにしたように、歳出予算が前年度を下回ることは二一世紀初頭の今日でも稀だから、前年度の予算を続行できるというこの条文は、政府関係者にとってほとんど有難味のない規定であった[111]」

刑務所改革予算に関するスプランガー氏の記述は豊富であり[112]、どうやら氏と私は、国家における予算の役割に関して同じように洞察しているようである。

マイケル・L・スプランガー氏の結論

ここで朝鮮の刑罰制度と、それにかかわる植民地当局の役割に関するスプランガー氏の最終的見解を、少々長めで恐縮ながら、引用してみた。

　植民地の刑罰制度は単なる政治的抑圧の道具に過ぎず、刑務所は〝人間倉庫〟であり、……刑罰の執行者たちは高邁な原則に関心がなかった……などと想定してみる必要はない。実際、刑事局の役人たちの中には夢想家が多かったのである。もちろん彼らは、朝鮮人民に〝父親的な態度で〟(パターナリスティック)干渉し、民族的に優位であるという観点から夢見ていたのだったが。そしてこれら役人たちにとって、朝鮮は彼らの夢を実現させる舞台だったのである。……(彼らは)刑罰が受刑者の矯正にも朝鮮社会全体にも著しい変質をもたらす可能性(を信じていた)。彼らは当時国際的に通用していた刑罰学的、犯罪学的理論を受け入れていた。……事実、(植民地政府の刑務所管理学関連の記録に記された)……主要なテーマは、手に負えない朝鮮人をしかるべく牢屋に入れるということばかりでなく、少なくとも日本並みの刑罰システムを構築するということであった。……朝鮮における刑法改正は植民地政府にとっての**特別**プロジェクトであり、世界中の植民地主義を特色づけていた矛盾や曖昧さ、緊張状態を露わに示していた。（太字の強調は原文のまま）

当研究の目的の一つは、植民地主義の刑罰を、日本帝国が徹底的に抑圧し続けた植民地社会に**対して**一方的に押し付けたシステムとして検証することだけではない。むしろ日朝双方の妥協の産物である複雑な制度として検証してみることなのである。この制度には、朝鮮社会に**移植された**生気にあふれ、ダイナミックな（日本）社会の証（あかし）がすべて備わっているのだ。植民地朝鮮の全体像の実態と同様に、刑罰制度もまた当局の支配の最前線でもなければ、絶対的な抗日運動の場でもなかったのである。[113]（太字の強調は原文のまま）

さすがスプランガー氏だけのことはあって、言い得て妙である。だがそのような推断を下す過程で彼は、意図せずして、一人の朝鮮総督の名誉挽回に貢献している。スプランガー氏は、朝鮮人総動員の影響は「一九三〇年代後半」から見られるようになったと書いている。これは、「植民地の刑務担当官たちが、世界の植民地にとってモデルケースとなるような（刑法の改正を）斬新的な方式の下で達成し、大いに気をよくしていた」ころと時代的に一致する。つまり、大喜びするに値するほど優れたこの「モデルケース的政策」の施行は、朝鮮で最も蔑まれた「総督南次郎」の任期（一九三六年八月五日—四二年五月二十九日）とある部分で重なり合っていたということである。[114]

スプランガー氏に関する記述を終えるにあたり、朝鮮総督府は「少なくとも日本と同等の刑法制度を朝鮮にもたらした」との結論に再び触れておきたい。[115] われわれは、これこそ日本の同化政策の核心的な部分であると考える。それはすなわち、日本でそれまでに達成されたもの……つまり自由で開かれた、多元的国体の価値観が染み込んだ機構や組織……を植民地においても作り出すことだった。もちろん、人間の手で作られたものにおよそ完璧なものなどあり得ないが……。趙紫陽が遺した言葉を思い出せば、この主張が正当なものであることは自明となる。趙は台湾と韓国は議会制度、多党制、出版の自由、司法の独立への移行に成功したと確信していたが、これらはいずれも近代日本の業績として私がこれまでに語ってきたことだ。

趙よりもはるかに若い中国人同胞が、中国の将来は趙が説いた理想を受容できるか否かにかかっていると、当時の彼と同じように確信している。陳光誠氏である。二〇一二年に北京のアメリカ大使館に避難することによって米中間の外交問題を引き起こしたこの盲目の人権活動家は、ニューヨークでマスコミの前に初めて姿を現した折に、いくつかの主張を行なった。その一つは、陳氏は艾未未（アイウェイウェイ）氏のように、インターネットが中国指導部による国家支配の手を緩めさせることになったと確信しているということであった。彼は、「中国は西側とは異なった文化と歴史を持つのだから、西側型の民主主義を模倣してはならない」との主張に反論する。なぜなら、「日本と韓国と台湾」は「東アジア的民主主義」の導入に成功しているからだというのである。いわゆるジェネレーション・ギャップのせいなのか、日本はようやく、少なくとも一人の著名な中国人に認められたわけである。陳氏が趙の向こうを張って日本をリストに載せてくれたことは称賛に値するが、遺憾ながら趙紫陽と同様、彼もまた日本がアジアにおけるこの道のリーダーであると認めていない。

中国中央に対する陳氏の評価は、「正しい方向に向かって進んでいる」と見て、趙紫陽以上に楽観的であり、一方、地方の役人たちの「無法な」振る舞いには批判的である。この点に関して、日本人の、それも特に山縣有朋の言動は、中国にとって良き教訓を提供するかもしれない。それはつまり、自由で活発かつ自発的な市民の政治参加に基づく「下から上への政治」を実現すべしということである。[116]

植民地朝鮮における慣習法の構築と現代韓国の法体系への影響
：マリー・ソン－ハク・キム女史

法治主義の精神は生かされたか

最初に、一言お断りしておきたい。つまり、私は法律や近代朝鮮史に関しては門外漢だということだ。したがって、マリー・ソン－ハク・キム女史の長文の論文と解説から引用した内容は、ある面では一方的かつ偏向したものであり、場合によっては間違っていると目されるかもしれない。そうだとしたら落ち度は私にある。彼女の筆致は弁護士としての経歴にふさわしく、明快にして精密かつ流麗だから、特に問題は私の側にあるということになる。とはいっても、まずここで李哲雨（イチョルウ）氏の論説、Modernity, Legality, and Power in Korea Under Japanese Rule〔「日本統治下の近代化、法律尊重主義、および権力」、未訳。申起旭、マイケル・ロビンソン編 *Colonial Modernity in Korea*〕と題する論説の中からキム女史が引用した部分（三三五頁）を吟味する必要がある。李氏の話は民族史観に満ちたものだが、統治下の朝鮮に対する日本の法的貢献に関して、彼はこう述べている。

私の論述は、法と正義の体系化の点で形の上では司法の近代化がなされたかもしれないが、そこでは権力が〝容赦なく〟行使され、一方で民衆は民主主義的な保護を受けるに至らなかったことから真の近代化は実際には起こらなかったとする紋切り型の見方と何ら異なるものではないように思えるかもしれない。しかしながら、私はこのいわゆる歪んだ近代化という外見の陰で起こっていた、日本による支配の様式的変化について調査することにもっと敏感になっていいのではないかと考える。[117]

「権力が容赦なく行使された」といった表現を使い、感情に訴えるこの種の主張に異論を唱えるためにも、*The American Journal of Comparative Law* 第五十七巻一号（二〇〇九年冬季号）に掲載された、キム女史の論説 Customary Law and Colonial Jurisprudence in Korea〔「朝鮮における慣習法と植民地下の司法」、未訳〕の概要に目を転じてみたい。[118] これは、彼女の論文のいわば俯瞰図と言うべきもので、一読すると、詳しい内容を知るために論文全体を読んでみたくなる。スペースに限りがあるため、われわれの研究に光明をもたらす部分のみを取り上げたい。

植民地における慣習法の構成

キム女史は、論文の概要の冒頭で、単刀直入に結論を述べている。「植民地時代における慣習法の構成は、近代韓国の民法と法律学の形成に重要な影響を及ぼした」。問われるべきは、なぜ植民地当局は慣習法を新しく作らなければならないと感じたのか、誰がその「構成」を行なったのか、そしてその作業はどのようにして達成されたのかである。キム女史は自らの研究の中でこれらの点について考察している。彼女は、一九一〇年の朝鮮併合の直後に総督府は、日本の民法と民事訴訟法は「朝鮮の一般法」になると宣言したが、同時に、「朝鮮人の個人間の紛争の大半を処理するにあたっては、朝鮮の伝統的な慣習法が適用されるべく命じた」と書いている[119]。

だが、王朝時代の朝鮮には「成文化された民法典は存在しなかった」。そのため当局は、「家庭および相続関係の民法」を施行するにあたって「慣習法の概念に依拠せざるを得ず、植民地の判事たちに、朝鮮で慣習的に施行されてきた法的規則を洗い出す作業を委ねた。要するに、このようにして「過去の判決記録の検証や学理的活動を経て……古くからの慣例が集められ、改善されたのちに慣習法として成文化された」のだった。

次にキム女史は、「日本統治終了後の韓国民法の主要部分の基礎は、この植民地時代の慣習法にある」とする本来の持論に戻るのである[120]。キム女史は論文の後のほうでこの点についてこう問うている。

「もしも植民地時代の慣習法が単に日本帝国主義の悪意に満ちた行動指針（アジェンダ）の副産物に過ぎなかったとしたら、なぜ植民地時代以降の韓国の民法制度は、依然として植民地の裁判所が採用した多くの判例と法的推論に継続的に依存したのだろうか[121]」

そしてキム女史はこの問いに対し、自らの答えを出している。「植民地時代の慣習法が遺したものは、これまで認識されてきたよりはるかに深く、広範に行き渡っているようだからである」[122]

法の〝移植〟

法の〝移植〟は、世界の「立法のエリートたち」が「歴史を通じて」かかわってきた過程である。それはつまり、「既存の法秩序を、他の法制度を起源とする規則や概念を用いて作り直す」作業である[123]。「朝鮮の慣習を西欧の法的概念と原則に一致させるために、植民地の裁判所も法律専門家も衷心から努力したことを示す証拠がある」とキム女史は主張する[124]。彼女はこれより前に、「韓国の法史学は、民族史観的主張に拘束されない、広い視野に立った比較研究から得るものが多い」とも述べている[125]。そしてさらに、韓国の場合、「植民地時代の慣習法は、日本の民法典に（すでに）含まれていた近代的な法的概念と原則に合わせて朝鮮の法と慣習を作り直すという特定の目的のために作られた」と読者に語るのである[126]。

　キム女史はこの後、法の〝移植〟の問題に戻り、こう記している。「植民地化された社会を望ましい目標に向かって推し進めるための手段として慣習法を構成することは、世界中のほとんどの植民地が共有した手段だった」。そして彼女は、アフリカのイギリス植民地の実態について簡単に触れている[127]。

植民地時代の法体系が今日の韓国の法体系に及ぼした影響

このテーマに取り組むにあたり、キム女史はまず、「韓国の法史学における支配的な傾向」は主として、「韓国古来の法と慣習は、同化政策を進めることを目論む植民地政府法務当局によって意図的に抑圧され、改変された」ことを検証することだった、という問題を提起する。彼女は、二つの理由から、こうした仮定と意見に異論を唱える。第一に、それは「前近代時代の朝鮮に慣習法が首尾一貫した法秩序として存在した」という誤った推論に基づくものだからである。第二に、「韓国の最初の民法」は「一九五八年に公布され」、その後「一九六〇年に発効した」ことと、さらにそれが「完璧に日本の民法に基づくものである」ことは、「議論の余地がない」とキム女史は指摘する。これは予測されてしかるべきことだ、とでも言わんばかりに、キム女史は賢明にもこう指摘する。「植民地時代以降の韓国の第一世代の判事や弁護士は、民法典の草案者を含め、すべてが日本統治下の朝鮮で教育と訓練を受けているのである」[128]。同じことが独立後の韓国の軍隊に関しても言える点に、読者各位は注目されたい。キム女史は以下の点に読者の注意を喚起して、自身の主張を簡潔に締めくくっている。「植民地時代の法学の遺物は、普通考えられている以上に韓国に遍在している」し、「現代韓国の民法は、慣習法に関する植民地時代の法体系にしっかりと立脚しているのだ」[129]。キム女史の研究に関する私の小論を終える前に、植民地時代からの継続性を示す、もう一つの例を示したい。

継続性のさらなる証：裵炯逸、マリー・ソン－ハク・キム女史

裵炯逸女史が「韓国政府の文化財管理局の組織も管理体制も……植民地時代の当局の嗜好を反映している」と指摘したことを読者は覚えておられるだろう。

キム女史は、初代朝鮮統監伊藤博文が、日本の民法典の草案者の一人で、当時東京帝国大学の民法教授だった梅謙次郎に対して、ソウルに赴き、「朝鮮における近代的法制の構築」に助力してほしいと手紙で依頼したと書いている。その一つの結果が、一九〇七年十二月に施行された（朝鮮）法院改組法だった。そしてキム女史が指摘するように、「当時創設された朝鮮の裁判所の組織も機構も、今日に至るも（韓国において）いずれもほとんど同じパターンを踏襲している」のである[130]。

朝鮮の法制近代化への影響

論文の中段から少し手前で、キム女史はまさしく正鵠を射た主張をしており、その全文は引用するに値する。

植民地時代の朝鮮においては、朝鮮人民の個人間の関係を支配する規則を、日本人判事が策定しているとの印象を与えないようにすることは、二重の意味で重要だった。裁判所は世論を考慮しなければならなかったし、裁判官たちはつねに、彼らの下す判決が植民地の大衆にどのように受け止められるかを心に留めていなければならなかった。植民地体制下ではあっても、彼らは朝鮮の人民が認める一定の正当性を確立するために努力を払わなければならず、そうするにあたっては、〝慣習法〟の施行が彼らの判断の合理性を示す証（あかし）となった。[131]

実に的確な表現だが、これは植民地政府当局が慣習法にかかわる問題に積極的に取り組んだことを想起させる言葉でもある。長谷川好道は、まさしくこの点についてこう語っている。「世界のどこでも同じことだが、専制政治の問題点は、それが社会の底辺にいる人々の関心事が権力の座にある者に届くことを阻塞（そへい）してしまうことだ」。スプランガー氏の次のような言明を再び引用したい。

「植民地政府の司法官僚は世論の動向に関心を抱いており、（そして）……彼らが朝鮮併合以来、一貫して、朝鮮人民および朝鮮の中の国際社会の批判を和らげる措置を講じていたことは明らかである」

本項の結びに、キム女史の言を引用することは至極当然だと考える。

朝鮮法制史の沿革を理解するためには、統治下の朝鮮の裁判所は、単に統治国日本だけを益することを目的とした政府機関ではなかったことを理解することから始めるべきであろう。植民地の法的機関の主たる目的は間違いなく、朝鮮と日本の法制度を統合し、その結果日本の安定的な朝鮮支配を保障することだった。しかし、法律を単に植民地政治の産物として扱うことは望ましくないし、一方、朝鮮の法制史を厳密に国史の範疇で研究することも決して納得できるやり方ではない。（しかし）……朝鮮の法制の近代化に（日本が）及ぼした影響は、朝鮮史の記述の中にいつまでも残る民族史観的パラダイムで十分に説明することは不可能と言えよう。[132]

キム女史は筆力も説得力もあり、公平でバランスのとれた見方をする学者である。だから、繰り返し言うが、法律をテーマにした彼女の論文は相当長いのだが、どうか読む気を殺がれないようにしていただきたいものである。[133]

韓国の資本主義的発展に日本が果たした役割：カーター・J・エッカート教授

日本が朝鮮の資本主義的発展に果たした役割を理解する上で、ハーバード大学教授

（朝鮮史）エッカート氏がなした〝転換期的（ターニング・ポイント）〟な貢献を、わずか数パラグラフで評価するのは妥当ではない。[134]

　エッカート教授は、巨大企業、京城紡績（以下、京紡）の設立（一九一九年）は、朝鮮における産業資本主義の出発点だという前提で論を進める。彼は、京紡の管理体制、資本金（担保貸しを含まず）、流通制度、原材料の調達、日本からのテクノロジーの移転等はすべて、京紡の日本企業並びに朝鮮総督府との緊密な関係に由来することを示す。総督長谷川好道の言葉を思い起こしていただきたい。長谷川もまた、次のように述べているのである。「最近の（つまり三月一日の）民衆蜂起から学んだ教訓」の一つは、「われわれは……朝鮮人と日本人を結ぶ経済の絆を強化し……やがてそれを阻止する可能性のあるすべての障壁を取り除いて朝鮮における投資を促進し、（そして）助成金の枠を広げることによって企業の成長を奨励する……」ことだ。[135]

　エッカート氏の著書はすでに日本語に訳されており、[136]特に日本の読者に向けて彼の見解をここであえて繰り返すことは控えたいが、日本語訳には、英語版にない二つの〝アトラクション〟が含まれていることを指摘しておきたい。一つは、彼の著作を読んだ韓国人読者の反応に対するエッカート氏の言葉だ。彼は、彼の著作のおかげで民族史観的見解を超越することができたと告げてきた若い韓国人学者の存在に特に勇気づけられたと書いている。他の韓国人読者の反応はお世辞にも温和とは言えないものであり、エッカート氏は日本の植民地支配を「よく見せ」ようとしているという中傷から、朝鮮の歴史を「侮蔑している」という常軌を逸した感情的な反発まで、実にさまざまである。彼は、自分の著作は日本の植民地支配の正当性を「弁明」するものだとの非難は、日本の朝鮮支配に関する誤解に深く根ざしており、韓国語に訳された際の「独善的」で、「意識的に選択」された「不正確」な解釈と、「伝聞証拠」に基づく解釈を反映したものであると考えている。[137]

　もう一つの〝アトラクション〟は、青山学院大学の木村光彦教授による解説である。木村教授は、日本の植民地支配の終焉期には日本による投資が在朝鮮企業の資本の九十パーセントを占めていたため、端的に言えば、朝鮮の資本家たちは日本統治下で日本に圧倒されていたということになると述べている。この事実は一見、日本統治下で朝鮮企業が発展したとのエッカート氏の本来の主張を否定しているように思える。しかし木村教授は、エッカート氏は朝鮮における投資総額の「実に十パーセントもが」朝鮮人によるものだったのだと主張することによって、読者にこの数字に関する発想の転換を促したと好意的に記している。木村教授はまた、もしも韓国が戦後のあの驚異的な経済発展を体験していなかったとしたら、日本の資本が一九四五年以前の朝鮮の経済発展を完全に締め付けていたという主張は妥当であることになると断言する。木村教授はさらに、植民地支配の終末期の朝鮮における企業の大半は、戦後の韓国経済の奇跡的な発展の牽引車となった三星（サムスン・グループの前身）や現代（ヒュンダイ）を含む朝鮮企業だったと付言している。[138]

植民地資本主義が韓国の戦後の経済発展に及ぼした影響：申起旭氏の見解

申起旭氏はエッカート教授や木村教授とはいささか異なったデータを提供しているが、これは取り上げた時代が異なっていることが影響しているのかもしれない。それでも申氏は、植民地時代の産業化に朝鮮の企業が積極的にかかわっていたとの前提を認めて議論を展開している。彼は、「一九四〇年代の初めまでに、朝鮮では工業が国家総生産の四十パーセントを占め」、農業は同じく四十パーセントで、輸出の五十パーセント以上が工業製品だったと記している。[139]

申氏はまた、「一九三七年までに朝鮮の企業が全企業の四十パーセントを占めており、朝鮮全土の資本構成に占める朝鮮資本の比率は……十三パーセントだった」と説いている。さらに彼は、「朝鮮の全企業の三十パーセント」は、「朝鮮人と日本人による共同経営」だったから、「植民地朝鮮の産業化への朝鮮人の参画の実態はさらに確固たるものだった」と付言する。

申氏はさらにこう語る。「統治下の朝鮮における日本の経済活動は、植民地時代以降の韓国の産業分野の重要な遺産となった」。他の研究者たちは「……ポスト植民地時代の産業界における企業家精神……に対する人的・文化的遺産の貢献」について書いているが、この人的・文化的遺産は実は「植民地の産業化」の過程で生まれたからだと中氏は付け加えている。[140] 中氏はさらに、「一九三〇年代は、朝鮮にとって手本となる、目指すべきモデルを残したが、これを戦後の韓国の発展をもたらした〝(日本の貢献を証す)物言わぬ同伴者(コンパニオン)〟と呼んでいいかもしれない」と説く同僚の研究者、禹貞恩(ウジョンウン)に言及している。[141] そして中氏は、以下のように結論している。

「このような植民地時代の遺産の範囲と質は存分に討議されていいが……、植民地体制下で進められた朝鮮の産業化が韓国産業のその後の大変身の礎となったことに、ほぼ議論の余地はないのである」[142]

文化政治に関するスプランガー氏の見解を改めて指摘して、本章を締めくくりたい。

スプランガー氏は、文化政治は確かに朝鮮の社会環境と朝鮮人対日本人の関係に「本格的な変化」をもたらし、それが朝鮮の刑法改正を可能にしたと説いている。私にはこれこそ禹氏の言う、韓国の産業的・資本主義的発展を促す〝物言わぬ同伴者(コンパニオン)〟であり、まさしく韓国が目指すべき発展のモデルだったと思えるのである。日本の植民地当局は、朝鮮人民を抑圧し、搾取を進捗させるために朝鮮にいたのではない。だからこそ、長谷川好道の「騒擾善後策私見」と山縣有朋の「意見書」は繰り返し読まれなければならないのだ。なぜなら、これら二通の文書には、日本の当局が植民地統治において人智の及ぶ限り守ろうとした行動規範が如実に記されているからである。

訳注

＊　イギリスとアイルランドの関係は、日本と朝鮮の関係によく似ている面がある。十二世紀後半以来、数世紀にわたってイギリスの度重なる侵略を受けていたアイルランドは、民族（ケルト民族対アングロ・サクソン、アングロ・ノルマン民族）および宗教（カトリック対プロテスタント）が激しい衝突を繰り返す中、一八〇一年にグレートブリテン王国（イギリス）に編入され、植民地となった。だが、独立への願望が強かったアイルランドは一九二〇年、「アイルランド統治法 Government of Ireland Act」の下で南北に分割される。それぞれに自治権が付与され（ただし、外交、国防、国際貿易、通貨は除外）、上下両院からなる議会が開設された。南北アイルランドは、共にイギリス国王を代表する総督 Lord Lieutenant of Ireland を擁し、イギリス議会下院への参政権が認められた。両自治区で発生する問題に対処する目的で、立法機関アイルランド評議会 Council of Ireland が設立された。

原注

1　二〇〇五年六月三日の消印のある、日付のない書簡。二通目には六月二十三日の日付が入っている。ともにY氏の許可を得て言及。

2　『大韓民国の物語　韓国の「国史」教科書を書き換えよ』

3　前掲、一七八―九二頁。
4　二〇〇九年八月十八日付書簡。
5　Look at the Economy and Society of Korea under Japanese Rule: Beyond the 'Theory of Development' and 'Theory of Exploitation', *Korea Under Japanese Rule Past and Current Research Results and Issues for Future Research*, pp39-49.
6　尹海東他編『近代をふたたび読む　韓国近代認識の新しいパラダイムのために』および朴枝香他編『解放前後史の再認識』
7　尹海東『植民地　近代のパラドックス』（ソウル、ヒューマニスト出版社、二〇〇七年）pp62-63, pp238-39.
8　アンドリュー・ハク・オウ「南次郎総督下の植民地朝鮮における日本の文化的同化政策」一七頁、一八頁、二三―二四頁。原題は五五ページ参照。
9　金一勉『朝鮮人がなぜ「日本名」を名乗るのか――民族意識と差別』（東京、三一書房、一九七八年）五七頁。
10　C. I. Eugene Kim and Han-kyo Kim（金漢教）, *Korea and the Politics of Imperialism, 1876-1910*, p214.
11　前掲、p116.
12　前掲、p116, p221.
13　Isabella Bird Bishop（イザベラ・バード・ビショップ）, *Korea and Her Neighbors*, London: John Murray, 1898; reprinted Yonsei University Press, 1970, p263.（時岡敬子訳『朝鮮紀

行——英国婦人の見た李朝末期』講談社学術文庫、一九九八年）

14　前掲、p336, p337.

15　Michael Robinson, *Korea's Twentieth-Century Odyssey*, University of Hawaii press, 2007, p42.

16　Jung-hyun Kim, South Korea court says only blind can be masseurs, *The Daily Yomiuri*, 31 October 2008.

17　寺内は一九一〇年から一六年まで朝鮮総督を務めた。

18　一九三九年十二月二十六日付『朝鮮総督府官報』一頁。

19　御手洗辰雄編『南次郎』（東京、南次郎伝記刊行会、一九五七年、非売品）四七一頁。(private edition. Copies are sent gratis upon request to other than those in the Denki Kankokai)

20　前掲、四六〇—六三頁。御手洗はこれらの改革を語るにあたり、「無差別」と「平等化」という二つの言葉を使っている。（四六一頁、四七二頁）

21　*Education Fever: Society, Politics, and the Pursuit of Schooling in South Korea*, p23.

22　『南次郎』四七二頁。

23　前掲、四七二頁。崔永浩教授によると、「府」と「面」はそれぞれ「市」と「村」に相当する行政単位。

24　前掲、四七二—七三頁。

25　国立国会図書館憲政資料室、堀内寛雄室長がこの号の写しを提供してくださった。

26　パーマーは、日本の統治時代に製作された四部作の一環としてオン・ラインで見つけたＤＶＤのコピーでこの映画を観ている。ちなみに、これらの映画は、本書刊行時において以下のサイトで鑑賞できる（有料）。
http://mubi.com/films/volunteer

27　情報提供者はデイヴィッド・フリン氏。Serge Elisseeff, 1889–1975, *Harvard Journal of Asiatic Studies,* Vol. 35, 1975, pp12–13.

28　憲政資料室の堀内寛雄氏には、年来変わらぬご助力を賜ってきたが、今回も、大野に関する広瀬教授の研究に関して、再び注意を喚起していただいたことを深く感謝するしだいである。

29　Gi-Wook Shin（申起旭）and Do-Hyun Han（韓道鉉）, Colonial Corporatism: The Rural Revitalization Campaign, 1932–1940, *Colonial Modernity in Korea,* ed. Gi-Wook Shin and Michael Robinson, Harvard University Press, 1999, pp70–76.

30　前掲、pp76–77.

31　前掲、pp86–89.

32　前掲、p89.

33　申起旭氏はソウルの延世大学で学士号を取得。シアトルのワシントン州立大学で修士号と博士号を得ている（専攻は社会学）。現在は、スタンフォード大学の社会学教授で、ウォルター・Ｈ・ショレンスタイン・アジア太平洋研究所所長。

34　Gi-Wook Shin, *Peasant Protest and Social Change in Colonial Korea,* University of

Washington Press, 1996, pp177–78. 別の発表で申氏は、これらの法令は一九二四年に日本で施行された法律をひな型にしていると指摘している。Gi-Wook Shin, Agrarian Conflict and the Origins of Korean Capitalism, *AJS,* vol. 103 no. 5, March, 1998, p1327.（AJS＝American Journal of Sociology）

35　*Peasant Protest and Social Change in Colonial Korea,* pp176–80.

36　前掲、pp39–41. 参照：Gi-Wook Shin, Agrarian Conflict and the Origins of Korean Capitalism, pp1326–28.

37　Agrarian Conflict and the Origins of Korean Capitalism, pp1311–12.

38　Narrative politics, nationalism and Korean history, *Papers of the British Association for Korean Studies,* vol. 6, 1996, p36. ロビンソン氏はインディアナ大学東アジア言語文化学部教授、同大学歴史学部教授。

39　George Akita, *Evaluating Evidence: A Positive Approach to Reading Sources on Modern Japan,* University of Hawaii Press, 2008, pp73–74.

40　Richard J. Smethurst, *Agricultural Development and Tenancy Disputes in Japan 1870–1940,* Princeton University Press, 1986, pp3–4, pp19–21, pp27–32, pp33–37, p40, p56, pp 432–33. スメサースト氏はピッツバーグ大学の歴史学部教授。ディキンソン・カレッジを卒業後、ミシガン州立大学で修士号と博士号を取得した。

41　ヴァイパン・チャンドラ氏の書評は下記を参照されたい。*American Historical Review,* vol. 103 no. 5, December 1998, pp1671–72.

42 Growth of the Meiji Landlord System and Tenancy Disputes after World War I: A Critique of Richard Smethurst, *Agricultural Development and Tenancy Disputes in Japan 1870–1940*, *Journal of Japanese Studies*, vol. 15 no. 2, summer 1989, p415.

43 Penelope Francks, *Technology and Agricultural Development in Pre-War Japan*, Yale University Press, 1984, pp44–46, p245, pp277–85. 二〇一一年に書かれた論文によると、フランクス女史はイギリス西ヨークシャー州のリーズ大学東アジア研究学部名誉講師、ロンドン大学東洋アフリカ研究学院研究員、ロンドン・スクール・オブ・エコノミックス経済史学部上席客員研究員の肩書を持つ。

44 *Peasant Protest and Social Change in Colonial Korea*, p180. 引用文の太字の強調は申氏による。

45 Tessa Morris-Suzuki, Becoming Japanese: Imperial Expansion and Identity Crisis in the Early Twentieth Century in *Japan's Competing Modernities: Issues in Culture and Democracy, 1900–1930*, ed. Sharon A. Minichiello, University of Hawaii Press, 1998, p159.

46 Gi-Wook Shin, Agrarianism: A Critique of Colonial Modernity Korea, *Comparative Studies in Society and History*, vol. 41 no. 4, October 1999, p794, p796, pp800–02.

47 *Korean Studies* 22, no. 1, 1998, pp41–61. 朴淳遠女史はソウルの梨花大学で学士号を、ハーバード大学で修士号と博士号を取得した。最新の肩書は、バージニア州のジョージ・メイソン大学歴史美術史学部准教授。ワシントンのハワード大学と東京の慶應義塾大学でも教鞭を執っている。

48　前掲、p41, p45.

49　前掲、p45.

50　前掲、p45, p49.

51　Soon-Won Park（朴淳遠）, *Colonial Industrialization and Labor in Korea: The Onoda Cement Factory*, Harvard University Asia Center, 1999, pp2-3, p5, p6, p9, p188, p190.

52　Edwin H. Gragert, *Landownership Under Colonial Rule: Korea's Japanese Experience, 1900-1935*, University of Hawaii Press, 1994, passim. グラガート氏はｉＥＡＲＮ－ＵＳＡ名誉理事（本書執筆当時）。ｉＥＡＲＮ－ＵＳＡは International Education and Resource Network の略称で、世界の百三十カ国の小中学校においてプロジェクト・ベースのオン・ライン協調学習を推進している。

53　*Peasant Protest and Social Change in Colonial Korea*, pp39-41.

54　Hyung-Il Pai, The Creation of National Treasures and Monuments: The 1916 Japanese Laws on the Preservation of Korean Remains and Relics and Their Colonial Legacies, *Korean Studies* 25, no. 1（2001）p76. 裵炯逸女史はソウルの西江大学で学士号（歴史学）を得た後、ハーバード大学で修士号と博士号（人類学）を取得している。現在は、カリフォルニア大学サンタバーバラ校東アジア言語・文化研究学部准教授。

55　前掲、p76.

56　前掲、p72, p76.

57　前掲、p77.

58 前掲、p77.
59 前掲、p86.
60 前掲、p87-88.
61 前掲、p89.
62 アレクシス・ダッデン女史はシカゴ大学で博士号を取得。現在はコネチカット大学の歴史学教授。
63 Alexis Dudden, *Japan's Colonization of Korea; Discourse and Power*, University of Hawaii Press, 2005. 同書カバーを参照。
64 *MN*, vol. 60 no. 3, autumn 2005, pp409-12, esp. pp411-12.
65 *Japan's Colonization of Korea; Discourse and Power*, p117.
66 前掲、p117, p126, p177 fn. 58.
67 Grafting Justice: Crime and the Politics of Punishment in Korea, 1875-1938, p104 fn. 33. スプランガー氏は〝謙三郎〟を〝謙次郎〟と記すべきだった。
68 *Japan's Colonization of Korea; Discourse and Power*, p120.
69 前掲、p121.
70 前掲、p118.
71 前掲、p115, pp144-45.
72 参照：C. Sarah Soh（C・サラ・ソウ〈蘇貞姫〉), *The Comfort Women: Sexual Violence and Postcolonial Memory of Korea and Japan*, University of Chicago Press, 2008, pp1-27.

73　Youn-ok Song（宋連玉）, Japanese Colonial Role and State-Managed Prostitution: Korea's Licensed Prostitutes, *Positions: East Asia Cultures Critique*, vol. 5 no. 1, spring 1997, p181.

74　C. Sarah Soh, The Korean 'Comfort Women' Tragedy as Structural Violence, *Rethinking Historical Injustice and Reconciliation in Northeast Asia; The Korean Experience*, ed. Gi-Wook Shin, Soon-Won Park and Daqing Yan, Routledge, 2007, p20.

75　Pyong Gap Min（閔丙甲）, 'Korean Comfort Women': The Intersection of Colonial Power, Gender, and Class, *Gender & Society*, vol. 17 no. 6, 2003, p939.

76　*Japan's Colonization of Korea: Discourse and Power*, pp116-17.
ちなみにタイム誌に、韓国の現代教育に関する次のようなくだりがあった。「（韓国）政府は、（体罰による）学生たちへのストレスを軽減したいと考えている。体罰は、韓国の学校にあって時代を経て確立され、正式に承認された儀式であったが、現在では禁止されている（学生たちは、体罰は依然としてときどき加えられると言うが……）」。二〇一一年十二月五日号掲載。筆者はアマンダ・リプレー。リプレーはニュー・アメリカン・ファウンデーションの特別研究員で、本記事をソウルから投稿している。

77　前掲、p173. ベイカー氏の論文は以下で閲覧可能。*Harvard Law School: Studies in East Asian Law: Korea*, reprinted from *Studies on Korea in Transition*, Harvard Occasional Papers, No. 9, Harvard University Press, 1979 (sic). ベイカー氏はイェール大学で法学位を取得し、その後ハーバード大学で修士号を得た。現在は、ハーバード・イェンチング・インスティチュート実行委員会助手兼コンサルタント。

78 *Japan's Colonization of Korea: Discourse and Power*, p116.

79 Edited by David R. McCann, John Middleton, and Edward J. Shultz, Center for Korean Studies, University of Hawaii, 1979.

80 鄭翰景（Henry Chung）氏は、一九八五年に死去している。朝鮮の裕福な家庭に生まれた鄭氏は聡明な学生で、ワシントンのアメリカン大学で博士号を取得。戦後初の韓国の駐日公使を務めた。

以下、原注に若干の補足をしておきたい。鄭氏（一八九一―一九八五年）は朝鮮半島北西部の平安南道（日本統治時代の行政区画の一つで、現在は平城直轄市も含む）で生まれ育った独立活動家。一九一〇年にアメリカに亡命。三・一運動が弾圧された直後の一九一九年四月に上海に設立された大韓民国臨時政府の主要なメンバーの一人で、首班李承晩の腹心。戦後初代の韓国政府駐日代表部公使（一九四九年一月十四日―二十二日）、在日本大韓民国国民団団長（一九四九年四月一日―六月九日）を経て、アメリカに戻る。（訳者）

81 The Role of Legal Reform in the Japanese Annexation and Rule of Korea 1905–1919, p223 fn. 109.

82 前掲、pp223-24, fn. 112.

83 Henry Chung, *The Case of Korea*, Fleming H. Revell, 1927, pp76–77.

84 前掲、pp78–79.

85 前掲、p81.

86 前掲、p87.

87 前掲、p83.
88 前掲、p80.
89 prepared by the editors of the Johns Hopkins, Medical Letter, Health After 50, Medletter Associates, Inc., 1992.
90 *Johns Hopkins Medical Handbook: 100 Major Medical Disorders of People over the Age of 50*, p198, p203.
91 スプランガー氏の許可を得て、eメールより引用。
92 *Korea and Her Neighbors*, p33.
93 Homer B. Hulbert, *The Passing of Korea*, 1906; reprint Yonsei University Press, 1969, pp64-65.
94 前掲、p64.
95 Grafting Justice: Crime and the Politics of Punishment in Korea, 1875-1938, pp91-94. マイケル・スプランガー氏はアーカンソー州コンウェイ市のヘンドリックス大学東アジア史准教授。
96 前掲、pp145-46. われわれはここに、本研究の主要なテーマの一つである、日本人の「釣り合いを追求する姿勢」の一例を見るのである。
97 前掲、p150.
98 前掲、p151. 感嘆符は原文のまま。
99 前掲、p156.

100 前掲、pp174-75.

101 前掲、p12, p14, p28.

102 前掲、p23, p233.

103 前掲、p233.

104 前掲、p17, p233, p234, p267.

105 前掲、p235, p257. これは、植民地当局が朝鮮に抑圧的で閉塞的な環境を作ることを願っておらず、実際に作らなかったことを示すさらなる証拠である。

106 Theodore Jun Yoo, *The Politics of Gender in Colonial Korea; Education, Labor and Health, 1910-1945*, University of California Press, 2008, pp169-76. 引用：Grafting Justice: Crime and the Politics of Punishment in Korea, 1875-1938, pp9-10.

107 Grafting Justice: Crime and the Politics of Punishment in Korea, 1875-1938, p170, p174, p264, p267, pp273-74.

108 前掲、p262.

109 前掲、p12.

110 一九九七年四月十七日付ジャパン・タイムズ。

111 『日本近代史』一九三―九四頁。後に単行本 *Foundations of Constitutional Government in Modern Japan, 1868-1900* (Harvard University Press, 1967, pp81-82. 日本語版は荒井孝太郎、坂野潤治訳『明治立憲政と伊藤博文』、東京大学出版会刊、一九七一年）として出版されることになった博士論文で、私は明治憲法第七十一条に関する主張を述べた。だが案の定、当時の学界に深甚な影響を与えていたマルキストの学者たちに完璧に無視され、小著はさざ波一つ立てることなく波間に沈んでしまった。だから、坂野氏がこれを取り上げてくださったことを大変嬉しく思っている。

112　Grafting Justice: Crime and the Politics of Punishment in Korea, 1875-1938, p12, p13, p137, p138, p141, p158, p159, p160, p170, p173, p232, p236, p267.

113　前掲、pp273-75.

114　前掲、p28, p275. 彼はまた、植民地の刑務所に収監された受刑者たちは、仮釈放処分を受けて兵役に就くことができたことを明らかにしている（p276, fn. 106）。

115　前掲、p274.

116　Sebastian Smith, Democratic Reform Irreversible in China: Chen, *The Daily Yomiuri*, using AFP-Jiji, 2 June 2012. 陳氏はまた、二〇一二年度トム・ラントス人権賞を受賞している（*Honolulu Star-Advertiser*, 30 Jan 2013）同賞は、ホロコーストを生き延び、米下院外交委員長を務めたトム・ラントスの功績を記念して創設された。

117　Chulwoo Lee（李哲雨）, Modernity, Legality, and Power in Korea Under Japanese Rule, *Colonial Modernity in Korea*, eds. Gi-Wook Shin and Michael Robinson, p35.

118　Marie Seong-Hak Kim, Customary Law and Colonial Jurisprudence in Korea, *The American Journal of Comparative Law*, vol. 57 no. 1, winter 2009, p205.

119　前掲、p205.

120　前掲、p207.

121　前掲、p209–10.
122　前掲、p210.
123　前掲、p207.
124　前掲、p231.
125　前掲、p209.
126　前掲、p207. 参照：p222, p224.
127　前掲、p246. 前に述べたように、キム女史はカプリオ氏に対して批判的だが、その理由は彼の研究に仏領西アフリカ並びに英領東アフリカにおける植民地政策の分析が含まれていないからである。参照：キム女史の書評（本書一五六頁）。
128　前掲、pp236–37. 参照：p240, p241, p243.
129　前掲、p244.
130　前掲、p211.
131　前掲、pp228–29.
132　前掲、p247.
133　この一文を書いた後で、デイヴィッド・フリン氏がキム女史の優れた筆力のもう一つの理由を発見した。キム女史は以前、韓国の英字紙コリア・タイムズでスタッフ・ライターとして活躍していたのである。
134　*Offspring of Empire: The Koch'ang Kims and the Colonial Origins of Korean Capitalism, 1876–1945*, University of Washington Press, 1991.（小谷まさ代訳『日本帝国の申し子　高

敞の金一族と韓国資本主義の植民地起源1876—1945』（草思社、二〇〇四年）。エッカート氏は、ハーバード大学東アジア言語文化学部朝鮮史（ユーン・セヨン記念）教授。ハーバード大学の韓国研究所の所長〈一九九三—二〇〇四年〉を務め、現在は同研究所の副所長兼実行委員会の一員。

135 Japanese Rule in Korea after the March First Uprising, p530.

136 『日本帝国の申し子　高敞の金一族と韓国資本主義の植民地起源1876—1945』

137 前掲、一—五頁（「日本の読者へ」）。

138 前掲、四四一頁（「解説」）。

139 Agrarian Conflict and the Origins of Korean Capitalism, p1312.

140 前掲、pp1312-13.

141 前掲、p1313. 申氏は禹氏の以下の著作から引用。Jung-en Woo, *Race to the Swift: State and Finance in Korean Industrialization*, Columbia University Press, 1991, p41.

142 Agrarian Conflict and the Origins of Korean Capitalism, p1313.

第18章 「九分どおり公平(フェア)」だった朝鮮統治

日本に見る過去からの継続性

日本統治時代の朝鮮と現代の韓国との間に存在する継続性を証明することが、この研究の一つの主眼だが、では、日本における過去から現在への継続性はどうだろうか。

太平洋における戦いの終結後、国際社会は日本に対してある確信を抱いた。すなわち戦前の日本はほとんどすべての点で救いようのないほど欠陥だらけだったということである。その確信は圧倒的かつ疑問の余地のないものであり、今日に至るもなかなか消え去らないのだが、それゆえ日本に勝利した列強は、新生日本をその忌まわしい過去から一切合財切り離さなければならないと考えた。要するに、「古木は根こそぎ切り倒すしか施す手はない」と考えたのである。アメリカ人あるいはその他の英語圏の国民の目からみれば、列強の努力は成功したのかもしれない。現に最近のアメリカ大統領の一人〔ブッシュ・ジュニア〕は、アメリカは日本を「民主国家にした」と平然と述べている。しかし、相変わらず「戦前の日本は忌まわしい国だった」と信じている向きが最初に答えなければならない問いは、それでは戦前の日本に「多元的で進歩的」な要素が歴然と存在していたことを、どう説明するのかということである。

スメサースト氏の論では、日本では土地改革が進行中だったし、婦人参政権運動の由来ははるか戦前に遡る。クレーマー氏は、日本の戦前に〝ファシスト〟教育などは施行されていなかったとし、なぜなら一九二五年から四五年の間に教育改革に関する活発な論議が展開されていたからだとしている。また、ティーターズ女史は大津事件を通して、日本には強力で独立した司法があったことを証明し、ミッチェル氏は、帝人事件を観察することによって同様の点を明らかにしている。議会制度は継続して機能しており、選挙が行なわれ、国民はその結果を重んじた。東條英機は世界大戦の途中で宰相の任を解かれた、交戦国で唯一の指導者だった……。戦前の日本の肯定的側面は枚挙にいとまがない。日本人は自らの過去に不当な負い目を感じながら生きる必要などないのである。

要するに、日本の朝鮮統治に全面的に問題があったわけではなかったのと同様に、日本の戦前の過去もこれまでに描かれてきたほど問題があったわけではないのだ。そして、今日の韓国が日本統治下の朝鮮と切っても切れない関係があるように、戦後の日本は、一九四五年の敗戦の前の長く豊かな歳月から受け継がれた良き遺産を基盤として、驚異的な発展を遂げたのである。

統治下の日朝協調

私はまた、裵炯逸（ペヒュンイル）女史や、自分たちを監視する任務を負った日本人刑事と親しくなり、戦後は日本人と協調したかどで告発された元上海在住の朝鮮人一家によって提起されたような、日朝間の協調にかかわる非常にデリケートな問題とも対峙しなければならない。また先にも引用したが、これについては民族史観に偏していない一般の朝鮮史がとっている立場とも向き合わなければならない。

一九三〇年代の朝鮮では、誰もが何らかの形で日本と協調することを強いられたから、純粋な政治的意図をもってなされた協調と、単なる協調との境界線は不鮮明だった。植民地時代の大いなる悲劇は、それが終わるまでにあまりにも多くの人間が妥協せざるを得なかったことだった。[1]

私としては、この「強いられた」という表現は、できれば使いたくない。なぜなら、これは朝鮮の人々に選択の自由がまったく許されなかったことを意味する言葉だからであり、それは、修正主義を標榜する学者たちによるこれまでのあらゆる研究結果に反するものだからだ。「誰もが」や「あまりにも多くの人間」などの言葉は、一九三〇年代の朝鮮には対日協力者以外の人間などいなかったことを示唆する。これは立証不可能なことであるばかりか、朝鮮の人々に対してとりわけ残酷な審判なのである。

共同執筆者のパーマー氏は、一九一〇年代から二〇年代の朝鮮の偉大なナショナリストたちの多くが、三〇年代には対日協力者になっていたことを立証している。その代表的な人物には、李光洙（作家）、尹致昊[2]（政治家）、崔南善（歴史家）、ヘレン・キム（教育者）、金季洙（企業家）、そして多くの朝鮮王朝一族〔特に日本の皇族梨本宮守正王の第一王女・方子妃と結婚した李垠親王〕などがいる。日本が多くの朝鮮人ナショナリストの協力を取り付けることができたのは、彼らの経歴からしても、強要の結果ではなくて、それがこれらの朝鮮の人々の自由意思に基づく行動だったからだという説明が妥当なのである。

朝鮮半島における歴史の記憶

日本の朝鮮統治の実態が、われわれが主張してきたように当時のグローバルな規準から見て穏健だったとしたら、なぜ北朝鮮と韓国の人々は日本人に対して、今日に至るも依然として激しい敵意を抱き続けるのだろうか。

裵炯逸女史と塚越由郁女史が挙げる理由のほかに、マイケル・セス氏はいくつかの説明を提示している。第一に、「北朝鮮および韓国政府は、反日感情を愛国心の集合点にしている」という見方だ。[3]南北朝鮮の建国の父である李承晩と金日成は、反日的言動を指導者としての正統性（レジテマシー）の根拠とし、南北の政権は今日に至るも、李と金を国民的英雄として崇め奉る手段の一つとして、日本の朝鮮統治の全体像を著しく歪めて描き出すというのである。

セス氏の二つ目の説明は、「日本人に対する憎悪は、厳しかった日本の統治の結果でもある」というものだ。そしてセス氏は、朝鮮総督府の「強大な官僚・警察機構は村々のレベルにまで浸透した」と指摘する。当時の世界のおおかたの植民地政権は、一般市民とはほとんど接触せずに現地のエリート・グループを通して統治を行なった。他方、朝鮮総督府は日本国内と同様、朝鮮のほぼ全村に日本人の官僚、警察、教育者を配置した。そのため植民地主義は、ほとんどすべての朝鮮人にとって個人的な関心事となったのだった。[4]

日本は本来、朝鮮統治が日朝両国民にとって有益であることを期待したと私は信じている。だが、中国、そして続いて起こったアメリカとの戦争の結果、朝鮮人民の動員が強化され、結局、ほとんどすべての朝鮮人に影響を及ぼすことになった。一九三八年から終戦にかけて、それまでは緩やかで穏健だったアプローチは、無計画で強制的な同化政策にとって代わり、それが日本の朝鮮統治に対する民族史観的非難の焦点になったのだった。

日本に対する、いつまでも冷めやらない露骨な憎悪は、現在も若い世代へと受け継がれている。反日感情はまた、各地の博物館の陳列品（たとえばソウルの独立記念館には「日本の警官から拷問を受ける囚人」を模（かたど）った人形や屋外にはフィギュアを使った「伊藤博文暗殺」の再現シーンが展示され、日本兵を撃つゲーム機が置かれている）、映画（『韓半島』、二〇〇八年公開の『モダン・ボーイ』）、テレビ・ドラマ（『不死身の李舜臣提督』）等で煽り立てられる。

　こうした感情が若い世代に受け継がれていることを示す一つのエピソードを紹介したい。一九九五年、パーマー氏はソウルで中学生のグループに英語を教えていた。食べ物に関する討論の最中、ある生徒が「自分は朝鮮の伝統的な食品であるキムチを食べない」と言った。「なぜかね」と聞くと、「キムチは日本原産の食品だからです」という答えが返ってきた。他の生徒たちは全員、直ちにこの生徒の間違いを糺（ただ）したという。

　このエピソードよりもはるかに深刻だったのが、高麗大学の韓昇助（ハンスンジョ）教授の失脚事件だった。二〇〇五年、本書と同様な趣旨の発言を公の場で行なったことが原因で、高麗大学の教職を辞任せざるを得なくなったのである。韓教授は三つの主張をしたが、それが韓国国民の怒りを買った。第一の主張は、いわゆる〝従軍慰安婦〟を「性的対象として利用したのは日本だけではなかった」というものだ。第二の主張は、朝鮮の民族文化は日本の統治下で発展したというもの。第三は、朝鮮がロシアではなく日本によって植民地化されたことは、「むしろ幸運で、祝福すべきことだった」との主張だった。[5]こうした発言に対する韓国民衆の怒りがあまりにも激しかったため、韓教授は辞任を余儀なくされた。韓国で植民地時代に関する開かれた議論を妨げているのは、このような〝こきおろし〟なのである。

「言葉は正しく用いよ」――アモス・オズ氏とポール・グリーンバーグ記者の提言

イスラエルの代表的作家で評論家のアモス・オズ氏が一九八六年にザ・ニュー・リパブリック誌に寄稿した一文で発した警告は傾聴に値する。

……国によって違いはある。まずまずの国もあれば、酷い国もあるし、やりきれないほど酷い国もある。そして、ものを話し、書く人間たちの専門領域は、物事を敏感にとらえ、正確に表現することであり、少なくともそうした努力はつねに払われて然るべきであり、物事の正邪を識別するのはわれわれの仕事である。邪悪にはさまざまな段階が存在することを無視する者はすべて、思いが言葉となり、言葉が明証に昇華した瞬間に……邪悪の忠実な僕になり下がってしまう。だからこそ、われわれは表現の正確性を厳密に追求し、物事のニュアンスの微妙な差異を鋭敏に嗅ぎ取り、精妙さを的確に察知する責任を負っているのだ（これこそ、エッカート氏が編集した著作で使われた言葉のニュアンスを、私アキタが、きわめて重視する理由である）。よって、邪悪の実態を調べ、等級付けを行ない、その程度を判断する責任が生じるのだ……。単純化への誘惑に屈してはならない。われわれは悪いものと、それより悪いものとの違いばかりか、それよりさらに悪い、つまり最悪のものとの違いをつねに見定めて生きなければならないのである。[6]

オズ氏がこう記してから二十年以上も後になって、アーカンソー・デモクラット・ガゼット紙のポール・グリーンバーグ記者が、言葉の持つニュアンスの微妙な差異を精密に識別することの重要性を説く、秀逸な記事を書いた。実に正鵠を射た文章であり、われわれの研究に直接的に関連するので、読者諸氏と共有したい。

嘘をつくということは、意図的に偽りを語ることである。つまり、あることが真実でないことを、あらかじめ認識しつつ、なおかつ、あえてそれを伝達することによって相手を欺こうとすることである。一方、あることを真実だと心から信じ、結果的に誤ったことを相手に告げることを、嘘とは言わない。……同じように、果たせなかった約束も嘘ではない。……（もし、ある政治家が）減税すると言っておいて、結果的にそうしなかったとしたら、それは嘘をついたのではなくて、約束を反故にしたということだ。……嘘と過ちの間には、れっきとした相違点がある。言語に備わった機能の一つは、言葉の持つニュアンスを精密に識別することであって、混同させることではない。……言語というものは、自由と同様、永遠の警戒心の下に守られなければならない。言葉は、いわば、思考が通貨に形を変えたようなものだ。その〝通貨〟の価値が低下すれば、当然のことながら、われわれの思考も、感情も、行動も、その価値は低下するのである。[7]

今回の研究を通して私は、オズ氏とグリーンバーグ記者のこの金言を座右の銘とするべく努力してきたつもりである。もし、読者諸氏が私の間違いに気づいたら、私は喜んで訂正させていただく所存である。

希望と可能性の地だった植民地朝鮮

オズ氏が定義する正邪のヒエラルキーの下で日本統治下の朝鮮のランク付けをする前に、われわれのこの研究テーマの正当性を支える〝コンクリート・ブロック〟の最後の一つは正しい位置に置かれなければならない。それはつまり、日本と朝鮮総督府は、李氏朝鮮には欠如していた、ぼんやりとしたものながら何かがきっと良くなるに違いないという期待感を朝鮮人民の多くに与えたという点である。ヒルディ・カン女史はそれを暗示するかのごとく、こう述べている。「朝鮮が……駆け足で近代の世界に突入していったとき、人々の生活は多様な可能性を育むときを迎えた」[8]。端的に言えば、朝鮮の人々は日本の統治下で自分たちの地位が向上することが期待できたのである。朴淳遠（パクスンウォン）女史はこの点についてこう述べている。

……（労働者たちは）しきりに勉強したがり、工場生活における日常業務や規則に直ちに適応していった。……工場のある街は人気があった。なぜならそこにはつねに仕事があり、本雇いの労働者は米や牛肉を買い、オンドルのある部屋や一戸建ての家に住むことができたからである。これはほかの土地では、ほとんどあり得ないことだった。……小学校の卒業証書があれば……十代の少年は地方政府の事務員、日本資本の店の店員、あるいは地方の警察署の職員の職に就くことができた。そして、こうした仕事は本人ばかりか、その家族の地位をも向上させたのだった。[9]

カン女史の著作に登場する、信念の人、洪（ホン）ウルス氏は、二つの印象的なコメント[10]によって日本統治時代を是認するのである。

「……日本人にできるなら、私たちにもできるという自信を持つことができました」

「……精神一到何事か成らざらん」

洪氏のこの言葉の中に、日本が同化政策を正当化する理由が記されている。つまりそれは、「もしわれわれ（日本人）にできるのなら、あなた方（朝鮮人）にだってできるはずです。しかし、さらに重要なことは、そうなるように互いに協力し合いましょう、ということなのです」という考え方だったのである。

同化を進め、支配体制を確立させる段階において、日本が朝鮮の人々に深甚な苦痛、屈辱感、そして怒りを味わわせたことは否めない。しかし、民族史観的パラダイムのもとでは、不幸にして、朝鮮の人々のこうした否定的な体験のみに焦点が絞られる。だがそのような体験談では、決して朝鮮統治のすべては語れないのである。われわれは今回の研究を通して、日本政府並びに朝鮮総督府の上層部は公平であることを肝に銘じて統治にあたり、朝鮮の人々の安寧のために懸命に努めたことを示してきた。

もちろん、本研究は朝鮮において日本が行なったことを取り繕うことを意図してなされたものではない。だが、一方でわれわれは、日本による朝鮮統治を可能な限り客観的に検証した本研究の結果を通して、朝鮮・韓国系の人々が往々にして極端に偏見に満ち、反日的な歴史の記憶をあえて選択して記憶に留める傾向を、可能なことなら少しでも緩和するお手伝いをするべく努力してきた。その中でわれわれ二人にとって非常に印象的だったのは、朝鮮の近代化のために、日本政府と朝鮮総督府が善意をもってあらゆる努力を惜しまなかったという事実だった。だから日本の植民地政策は、汚点は確かにあったものの、同時代の他の植民地保有国との比較において、アモス氏の言葉を借りて言うなら、「九分どおり公平 almost fair」だったと判断されてもよいのではないかと愚考するしだいである。

原注

1　*Korea Old and New: A History*, p319, p320.

2　尹致昊は、寺内暗殺計画の一味として一九一一年に逮捕された百五人のキリスト教ナショナリストの一人だった。

3　Michael J. Seth, *A Concise History of Modern Korea: From the Late Nineteenth Century to the Present*, Rowman & Littlefield, 2010, p79.

4　前掲、p79.

5　合同ニュース（二〇〇五年三月六日）、東亜日報（二〇〇五年三月七日）

6　Amos Oz, *The New Republic*, vol. 194, issue 3710, 24 February 1986, p28.
　オズは一九三九年にイスラエルに生まれた小説家にしてジャーナリスト。ノーベル文学賞候補。ヘブライ語で十八冊の著作とおよそ四百五十にのぼる雑誌記事やエッセーを書いている。ちなみに、これらの著作はアラブ語を含む約四十カ国語に翻訳されている。現在、ベールシェバのベングリオン大学文学教授。

7 Paul Greenberg, "Lies" in the *Chicago Tribune*, cited in *The Daily Yomiuri*, 11 November 2008. ポール・グリーンバーグ、シカゴ・トリビューン紙掲載の「嘘」より引用（二〇〇八年十一月十一日付、ザ・デイリー・ヨミウリ）

8 *Under the Black Umbrella: Voices from Colonial Korea, 1919-1945*, p3.

9 *Colonial Industrialization and Labor in Korea*, p75, pp78-79.

10 *Under the Black Umbrella: Voices from Colonial Korea, 1919-1945*, p27, p31.

訳者あとがき

「世界で最も残虐な植民地政策だった」と容赦なく非難されてきた日本の朝鮮統治（一九一〇―四五年）には、現代の日本人が誇りを持って語れない汚点があったことは否めません。この点は、もちろん謙虚に受け止めなければなりません。しかし、これまでの内外の研究者の多くは、いわゆる民族史観的視点から、日本統治時代を朝鮮にとって全く無益な、史上最悪の「闇黒時代」とみなしてきたことも事実です。

そのような見方に疑義を唱える二人のアメリカ人歴史学者が、日韓の豊富な史料を駆使し、日本統治の実態を十余年にわたって包括的に検証しました。本書は、その検証結果の邦訳です。原著は、厳選された東アジア関係の書籍の出版で知る人ぞ知るアメリカ・メイン州ポートランド市の出版社、マーウィンプレスから近く発刊される予定です（＊二〇一五年に発刊。三七二ページ参照）。

アジアとアフリカにおける同時代の列強の植民地政策との比較を含む今回の検証を通して、二人は、日本の統治がさまざまな恩恵を朝鮮とその人民にもたらしたことを証する多くの事実を掘り起こしました。つまり、日本の植民地政策は「当時としては驚くほど現実的、穏健かつ公平で、日朝双方の手を携えた発展を意図した」ものであり、朝鮮の近代化に大きく貢献し、韓国の戦後の驚異的発展の礎となったことを実証したのです。

本書は、日本の朝鮮統治の実態をより深く、より公正に理解したいと願っている人々の座右の書になることでしょう。主たる執筆者は日系二世のジョージ・アキタ氏。ハワイ大学歴史学名誉教授で、専門は明治・大正期の政治史の研究です。補佐役を務めたブランドン・パーマー氏は、サウスカロライナ州のコースタル・カロライナ大学歴史学教授で、専門は朝鮮半島の政治史です。日本における長年の研究生活に終止符を打ち、生まれ故郷のホノルルに帰還する直前のアキタ教授にお目にかかれたのは、大変光栄なことでした。「日本の人々が自分たちの素晴らしい歴史と伝統に対する誇りを失ってほしくないと願って執筆しました」と言って手渡された約六万語の原稿を拝読し、即座に翻訳させていただきたい旨申し出たものです。

国際社会には、朝鮮統治を含め、日本とアジア諸国との過去の関係のもろもろの局面に対する誤解が少なくありません。しかし日本はこれまで、この誤解を解くための自己主張を積極的にしてきませんでした。これからの日本人は、祖国の来し方について正しく知り、その知識をもとに国際社会に向かって堂々と情報発信をしていかなければならないと思います。原稿を拝読していて、そこに記された重要な事実の数々は、われわれがきちんと「理論武装」するにあたって、願ってもない財産になるに違いない、と確信したしだいです。

英語版が発刊された暁には、心ある日本人読者にはぜひ一冊手元に置き、アメリカのトップブレーンが駆使する明快で理路整然とした英語表現の数々を、暗唱できるようになるまでじっくりと読み込んでいただきたいと思います。そうすれば、日本の統治が朝鮮の近代化に貢献したという事実について、説得力のあるロジックと英語で書き、語る力は必ず身に付きます。激変する国際社会で日本人が自らの過去や未来に関して沈黙を守る果てに待つのは、再起不能にまで衰亡した日本の姿だと思うのです。

歴史を正しく理解する必要を説くにあたり、アキタ氏は、まず歴史学者は決して拙速に陥ることなく、歴史を真摯に検証すべきであると説き、その結果を世に発表する際の提言として、「正しい言葉を用いよ」と訴えるイスラエルの著名な言論人、アモス・オズ氏の以下の言を引用しています。「……われわれは表現の正確性を厳密に追求し、物事のニュアンスの微妙な差異を鋭敏に嗅ぎ取り、精妙さを的確に察知する責任を負っているのだ」。歴史家のみならず、すべての政治家とジャーナリストが心して耳を傾けるべき名言だと思います。

朝鮮統治をめぐって諸外国が執拗に繰り返す非難の対象の一つが、〝従軍慰安婦〟問題に対するわが国の認識と対応です。この点について、これまでに何度となくアメリカや韓国の言論人と論議してきましたが、議論は堂々巡りをするのみでした。事実を共有できないままで〝共通の歴史認識〟を持つことは、生易しいことではないと思い知らされてきました。本書は、訳者の理論武装にとっても、きわめて有益でした。次はいつ朝鮮統治に関して海外の言論人と意見を交わせるのか、その機会を楽しみにしています。

ちなみに、〝従軍慰安婦〟問題をめぐる非難の主因は、ご承知のように朝日新聞による報道でした。一九九二年一月、日本軍は「朝鮮人女性を女子挺身隊の名で強制連行した」と朝日新聞が報道したことが発端となって、〝従軍慰安婦〟がまず日韓の間で政治問題化したのです。朝日新聞は、慰安婦に関して報道するにあたり、アキタ、パーマーの両氏が説く「史実を真摯に検証」することの重要性を肝に銘じることもなければ、アモス・オズ氏が求める「表現の正確性を厳密に追求」することもなく、朝鮮における女子挺身隊と慰安婦の「ニュアンスの差異を鋭敏に嗅ぎ取る」努力も、「精妙さを的確に察知する」努力も払わなかったのです。対日非難の嵐は、たちまち世界中で吹き荒れました。

本書には、日本の朝鮮統治を冷徹に検証し、判明した事実について可能な限り正確な言葉で綴ることにコミットした歴史学者のひたむきな姿勢が貫かれています。ですから、説得力があります。ぜひ、韓国語でも出版されてほしいものです。

「日本は歴史を正しく認識していない……」。二〇一三年五月にワシントンを訪問した韓国の朴槿恵大統領は、公式な場で二度にわたり、英語でこう非難しています。では、大統領自身、慰安婦問題の沿革をどのように認識しておられるのでしょうか。大統領が本書にどのように反応されるのか、ぜひ知りたいところです。

「日本人は、朝鮮統治に関して、正しい知識を身につけてほしい。反省すべき点は謙虚に反省すべきだが、民族史観の下で一方的に描かれた日本の過去に負い目を感じる必要はない……」

二人の筆者は、そう訴えかけているのです。

パーマー氏とハワイ在住のリサーチャー、フリン松藤・育美氏には、文中のハングル名に該当する漢字を含む、もろもろの事実関係の調査で一方ならぬお世話になりました。謹んで謝意を表します。また、本書発刊の意義を速やかに察知してくださった草思社の編集者、増田敦子女史の慧眼に感服すると同時に、深い敬意を表します。

平成二十五年七月十七日

塩谷　紘（ジャーナリスト）

文庫版訳者あとがき

文庫版の発刊によって、本著が日韓問題に関心を持つ人々の目に触れる機会が再び生まれるのは、訳者として嬉しいことだ。

二〇一二年の春、ジョージ・アキタ（ハワイ大学マノア校歴史学科）名誉教授にずしりと重い英文原稿を手渡された時の言葉が思い出される――「日本の朝鮮統治には誇りとすべき面が多い。そのことを正しく知ってほしいと願い、十年の歳月を費やして書き上げた作品です」

本著のアメリカ版は二〇一五年二月、*The Japanese Colonial Legacy in Korea 1910-1945: A NEW PERSPECTIVE* の題で MerwinAsia Publishers 社から発刊された。厳選されたアジア関連の出版物で知られるメイン州ポートランド市の版元である。

スタンフォード大学の歴史学者、ピーター・ドウス名誉教授（ノンフィクション作家、ドウス昌代氏の夫君）の献辞を紹介したい。

「本書に啓発される読者もいれば、反感を覚える読者もいるだろう。だが、いずれの読者も、この未解決かつ重要なテーマに対する理解は確実に深まるのである」

文庫版発刊の知らせを伝えると、アキタ教授は、目下〝従軍慰安婦〟の真実について執筆中だと語り、慰安婦問題は日韓関係改善のために両国が何としても抜かざるを得ない〝深く刺さった棘〟だと述べた。

「前作では、日本の朝鮮統治が他の植民地宗主国に比べて極めて穏健かつ公平になされたことを実証しました。次作では、朝鮮人〝従軍慰安婦〟は日本の官憲に強制連行され、性奴隷として扱われたという韓国側のこれまでの民族史観的な主張がフィクションに基づくものであることを証します。

「日本人は戦後、慰安婦や南京大虐殺などにかかわる中韓の反日プロパガンダにきちんと対応してこなかった。そのため、国際社会における日本のイメージは著しく損なわれました。日本は史実に基づく情報を堂々と国際社会に伝えることによって、反日歴史プロパガンダに対峙すべきです。国際情報戦において、対外情報発信は日本にとって不可欠な武器なのですから。

「歴史を正しく知らなければ、中韓のしたたかなプロパガンダに太刀打ちできません。私は、誇るべき祖国の歴史を心ある日本の人々にぜひ正しく知ってほしい。そして、ささやかながら、自分の作品を通してそのお手伝いがしたいのです」

　慰安婦問題で日韓両国が和解するのは至難の業だろう。だがそれでも、本著日本版の発刊（二〇一三年八月）以来、両国関係の改善が期待できる環境が日韓双方において、徐々にではあるが生まれつつあったと思う。以下の出来事にご注目頂きたい。

（一）朴裕河（世宗大学日本文学科）教授著、『帝国の慰安婦』の刊行（韓国版、二〇一三年）。
（二）朝日新聞による、慰安婦報道関連記事の〝一部〟撤回（二〇一四年八月）。
（三）日韓両政府による慰安婦問題の〝最終的かつ不可逆的〟な解決合意（二〇一五年十二月二十八日）。
（四）李栄薫（ソウル大学経済学部）教授によるインターネット歴史講義（二〇一六年八月二十二日〜二十三日）。

それぞれの意義について考えてみたい。

（一）『帝国の慰安婦』は〝従軍慰安婦〟神話（強制連行説や慰安婦性奴隷説など）を否定したことによって、韓国で一大物議をかもした（因みに、日本語版は二〇一四年十一月、朝日新聞出版から刊行され、第二十七回アジア・太平洋賞特別賞、第十五回石橋湛山記念早稲田ジャーナリズム大賞受賞）。韓国版発刊から二年を経た二〇一五年十一月、ソウル東部地方検察庁は名誉棄損で朴教授を在宅起訴し、その結果ソウル東部地方裁判所は著書を虚偽とし、著書の三十四か所の削除の仮処分を命じている。検察側は、二〇一六年十二月二十日に開かれた公判で懲役三年を求刑した。判決は二〇一七年一月二十五日の予定。

だが、削除された内容が韓国のマスコミに報じられたことで、少なくとも一部の心ある韓国の人々が民族史観を離れて慰安婦像を見るきっかけとなったのではないか。英語版が発刊されれば、慰安婦問題を巡る国際社会の日本観に変化が生ずる可能性も出てくるだろう。

（二）朝日新聞による記事撤回の発表は、八月五〜六日の朝刊でなされた。一九八二年来、同紙が掲載してきた慰安婦関連の記事に虚偽あるいは誤謬があったことを認めてのことだった。「虚偽」は、フィクションだった「吉田証言」に関連して十六回にわたって掲載した記事を指し、「誤謬」は〝慰安婦は女子挺身隊員だった〟との誤認に基づいて植村隆・元記者（二〇一四年三月退社）が九一年八月以来書いた一連の記事を指す。

朝日は、日本の主要紙として海外のマスコミに高く評価されてきたから、同紙をソースとして各国で報じられた「吉田証言」絡みのニュースは、日本の国際的なイメージを著しく損なった。また「吉田証言」は、「河野談話」と相まって、九六年に慰安婦を〝性奴隷〟と認定した国連人権委員会の「クマラスワミ報告書」の裏付資料となり、その後のアメリカ合衆国下院外交委員会の「従軍慰安婦問題の対日謝罪要求決議」(二〇〇七年可決)を支える重要な文献となった。

朝日による記事撤回は確かに遅すぎたが、同紙が重大な瑕疵を認めた点は一応評価できよう。もっとも、その後朝日は、国際社会に対して本件に関する釈明も謝罪も全く行なっていないし、今後も行なうことはあるまい。また、慰安婦問題に対する政府の対外広報の姿勢は、依然としてあきれるほど無気力な体たらくである。

となれば、アキタ教授も指摘されるように、日本人はどうしても本格的な対外情報発信機関を民間で立ち上げ、国際社会に対して果敢な情報発信を展開することによって、朝日ばかりか、日本を貶めることに情熱を注ぐ〝反日的〟日本人によって損なわれてきた国際的なイメージを、何としても修復しなければならない。

(三) 慰安婦問題の〝最終的かつ不可逆的〟な解決を謳った日韓合意に達するに当たって、日本側は元慰安婦支援の目的で韓国に新設される財団に十億円余を拠出し、韓国側は日本大使館前の慰安婦像の撤去について「適切に解決されるよう努力する」と発言した。この合意は、外相会談で日本側が〝当時の軍の関与〟に言及したことでわが国論壇の保守派の反発を買ったが、安倍総理の決断による政治決着だった。その後日本は約束どおり拠出金を支払ったが、韓国が慰安婦像を撤去する兆しはまだないばかりか、釜山市当局は昨年十二月末、日本総領事館前における市民団体による新たな慰安婦像の設置を容認しているのである。親友の国政関与および不正資金集めに関わる疑惑をめぐる朴槿恵大統領の弾劾決議が韓国憲法裁判所によって承認されて大統領罷免となれば、新政権が「慰安婦問題合意」を破棄にする可能性は大きい。三名の有力大統領候補は、筆頭とされる元弁護士で左派大物政治家の文在寅（最大野党「共に民主党」前代表、六十三歳）をはじめ、いずれも対日強硬派で、すでに日韓合意の破棄を公言しているからだ。国際公約である〝最終合意〟は、慰安婦問題の解決の方途を模索する両政府にとって苦肉の策であり、現状では一歩前進だった。事実、合意後に朴政権は、韓国はユネスコ世界記憶遺産への〝従軍慰安婦〟の登録に参加しないと言明していたのである。

（四）好著『大韓民国の物語』（韓国版、二〇〇七年。日本語版、文藝春秋、二〇〇九年）の著者でもある李栄薫教授は、民族史観に基づく近代朝鮮発展論に与せず、朝鮮半島における資本主義は日本統治下で発展したと主張する近代韓国経済史の大家である。李教授に対する韓国社会の風当たりは極めて強く、反対派から暴行を受けたこともある。だが教授は、二〇一六年に行なった韓国近現代史のインターネット連続講義、

「李栄薫教授の幻想の国」の最終回（八月下旬、演題「慰安所の女性たち」）で、慰安婦強制連行説と性奴隷説を改めて明確に否定した。韓国のネット社会は、李教授の講義にどう反応したのだろうか。

朝鮮半島問題の専門家で東京基督教大学教授の西岡力氏は、講義内容がネットに上がってから五十日を経ても（二〇一六年十月中旬）、教授のブログは〝炎上していない〟点に注目し、これは日韓合意の後、韓国の対日認識が確実に変化したためと分析している（産経新聞、「阿比留瑠比の極言御免」、二〇一六年十月二十日）。因みに、阿比留記者はこう記している――。

「……日韓合意により、（約八割の元慰安婦が日本からの資金を受け取る意向を示したことで）韓国挺身隊問題対策協議会（挺対協）が対立し、二分された……挺対協の力は落ち、本当のことを言いやすい社会になっている」

阿比留記者が報じたように、日韓関係の好転を約する注目すべき環境が漸く生まれつつあるかのように思えた。だが、その後わずか数週間のうちに状況は一変した。朴大統領の弾劾騒動をめぐり、韓国政界はのっぴきならぬ事態に陥ってしまった。日韓関係改善への道が再び険しくなることは避けられない状況である。

平成二十九年一月十日

（ジャーナリスト）
塩谷　紘

＊本書は、二〇一三年に当社より刊行した著作を文庫化したものです。

草思社文庫

「日本の朝鮮統治」を検証する 1910-1945

2017年 2月 8日 第1刷発行
2019年10月24日 第2刷発行

著 者 ジョージ・アキタ
　　　ブランドン・パーマー

訳 者 塩谷 紘

発行者 藤田 博

発行所 株式会社 草思社

〒160-0022 東京都新宿区新宿 1-10-1
電話 03(4580)7680(編集)
　　03(4580)7676(営業)
http://www.soshisha.com/

印刷所 株式会社 三陽社

付物印刷 日経印刷 株式会社

製本所 加藤製本 株式会社

本体表紙デザイン 間村俊一

ISBN978-4-7942-2259-6 Printed in Japan

草思社文庫既刊

西岡 力
増補新版 よくわかる慰安婦問題

90年代に突如として巻き起こった「慰安婦問題」はさまざまな検証を経て、真実でなかったことが明らかにされている。なぜ慰安婦問題は繰り返し浮上し、日本は糾弾されるのか。問題の核心に迫る！

新井佐和子
サハリンの韓国人はなぜ帰れなかったのか
帰還運動にかけたある夫婦の四十年

戦後、サハリン残留を余儀なくされた朝鮮人がいた。彼らを救うべく帰還運動に取り組むある日韓夫妻。やがてその運動は政治利用されていく——。慰安婦問題につながる戦後補償問題を検証する貴重な記録。

渡辺惣樹
朝鮮開国と日清戦争
アメリカはなぜ日本を支持し、朝鮮を見限ったか

維新まもない日本が日朝修好条規を結んで朝鮮開国の役割を担い、その後朝鮮の独立を承認させるために清国と戦ったのはなぜか？　米国アジア外交の視点を加えることで謎が解き明かされる新・日清戦争開戦史。

草思社文庫既刊

白善燁

若き将軍の朝鮮戦争

1950年、北の奇襲により朝鮮戦争が始まった。北の狙いは何だったのか、いつから米中対決の場となったのか、南北分断の真因とは？ 第一線で指揮をとった韓国軍名将が明かす知られざる真実の数々。

ロー・ダニエル

竹島密約

解決せざるをもって、解決したとみなす――1965年、日韓政府で竹島に関する密約が交わされた。韓国側の新史料と証言から、合意に至るまでの熾烈な駆け引き、密約が反故にされた理由を鋭く考察する。

横田早紀江

めぐみ、お母さんがきっと助けてあげる

北朝鮮に拉致された横田めぐみさんの母が、事件から二十年以上にも及ぶ辛苦の日々とその心中を綴った手記。「拉致事件」というものの、あまりに理不尽で悲痛な現実が切々と伝わってくる。

草思社文庫既刊

兵頭二十八
北京が太平洋の覇権を握れない理由

太平洋をめぐる米国と中国の角逐が鮮明化しつつある。中国共産党が仕掛ける〝間接侵略〟の脅威とは？　米中開戦を想定し、日本はじめ周辺諸国がこうむるであろう影響を、軍事評論家がリアルにシミュレート。

兵頭二十八
「日本国憲法」廃棄論

マッカーサー占領軍が日本に強制した「日本国憲法」。自衛権すら奪う法案を日本が丸呑みせざるを得なくなった経緯を詳述。近代精神あふれる「五箇条の御誓文」の理念に則った新しい憲法の必要性を説く。

兵頭二十八
日本人が知らない軍事学の常識

戦後日本は軍事の視点を欠いてきた。軍事学の常識から尖閣、北方領土、原発、TPPと日本が直面する危機の本質をとらえる。極東パワー・バランスの実状を把握し、国際情勢をリアルに読み解く。